國家古籍整理出版專項經費資助項目

吐魯番出土文獻散録 上

榮新江 史睿 主編

中華書局

圖書在版編目(CIP)數據

吐魯番出土文獻散録/榮新江,史睿主編. —北京:中華書局,2021.4
ISBN 978-7-101-15108-4

Ⅰ.吐… Ⅱ.①榮…②史… Ⅲ.出土文物-文書-目録-吐魯番地區 Ⅳ.K877.91

中國版本圖書館CIP數據核字(2021)第044887號

責任編輯:李 勉

吐魯番出土文獻散録
(全二册)
榮新江 史 睿 主編
*
中 華 書 局 出 版 發 行
(北京市豐臺區太平橋西里38號 100073)
http://www.zhbc.com.cn
E-mail:zhbc@zhbc.com.cn
北京瑞古冠中印刷廠印刷
*
787×1092毫米 1/16 · 44印張 · 42插頁 · 607千字
2021年4月第1版 2021年4月北京第1次印刷
印數:1-1500册 定價:416.00元

ISBN 978-7-101-15108-4

主編

榮新江　史　睿

編纂人員

孟憲實　朱玉麒　姚崇新　劉　屹　雷　聞　余　欣　畢　波

游自勇　陳懷宇　裴成國　陳　昊　文　欣　林曉潔　李芳瑶

劉子凡　徐　暢　田衛衛　趙　洋　李　昀　何亦凡

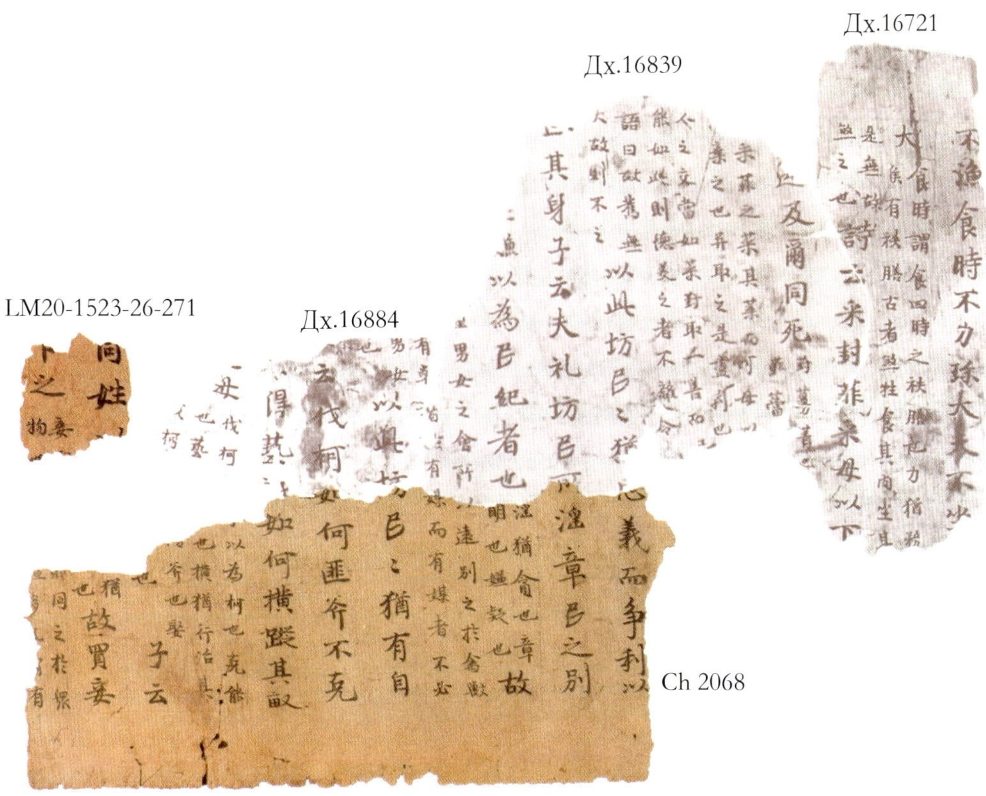

經部　圖一　禮記坊記綴合圖

　圖二　春秋經傳集解（Ch 2432r，舊照片）

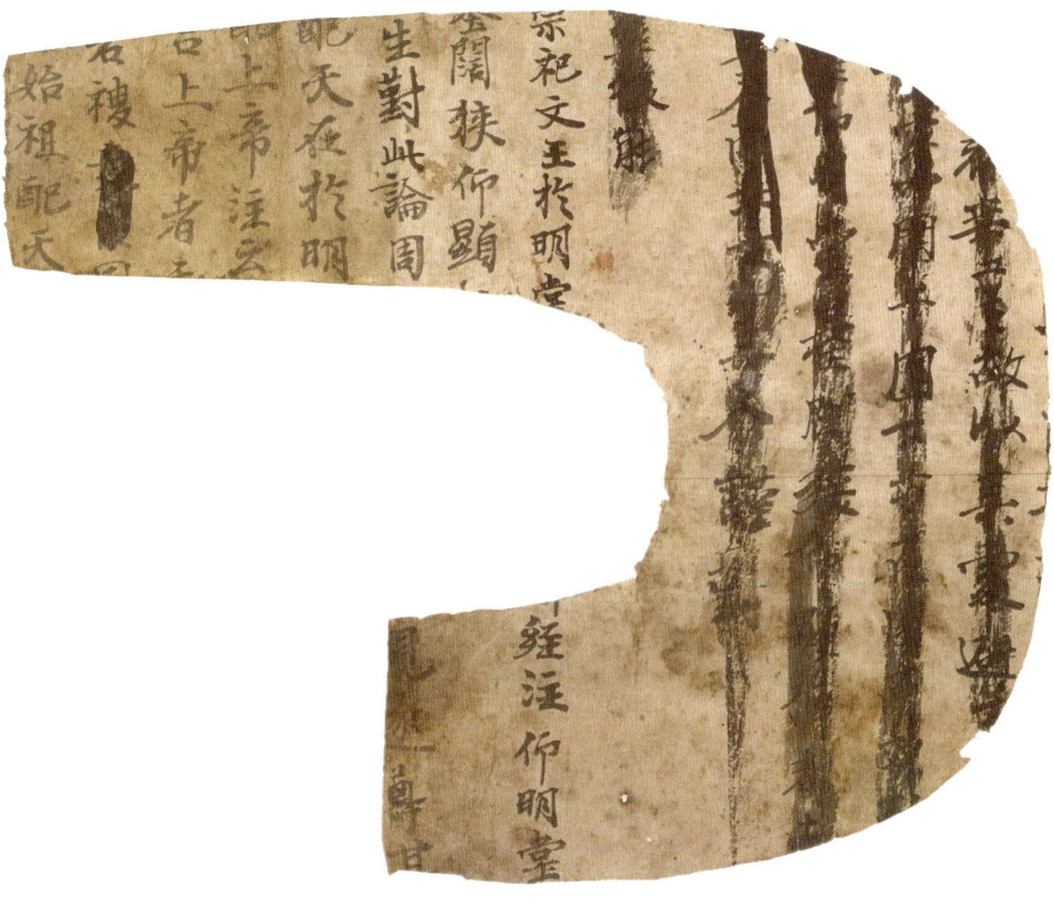

經部　圖三　策孝經經義文綴合圖

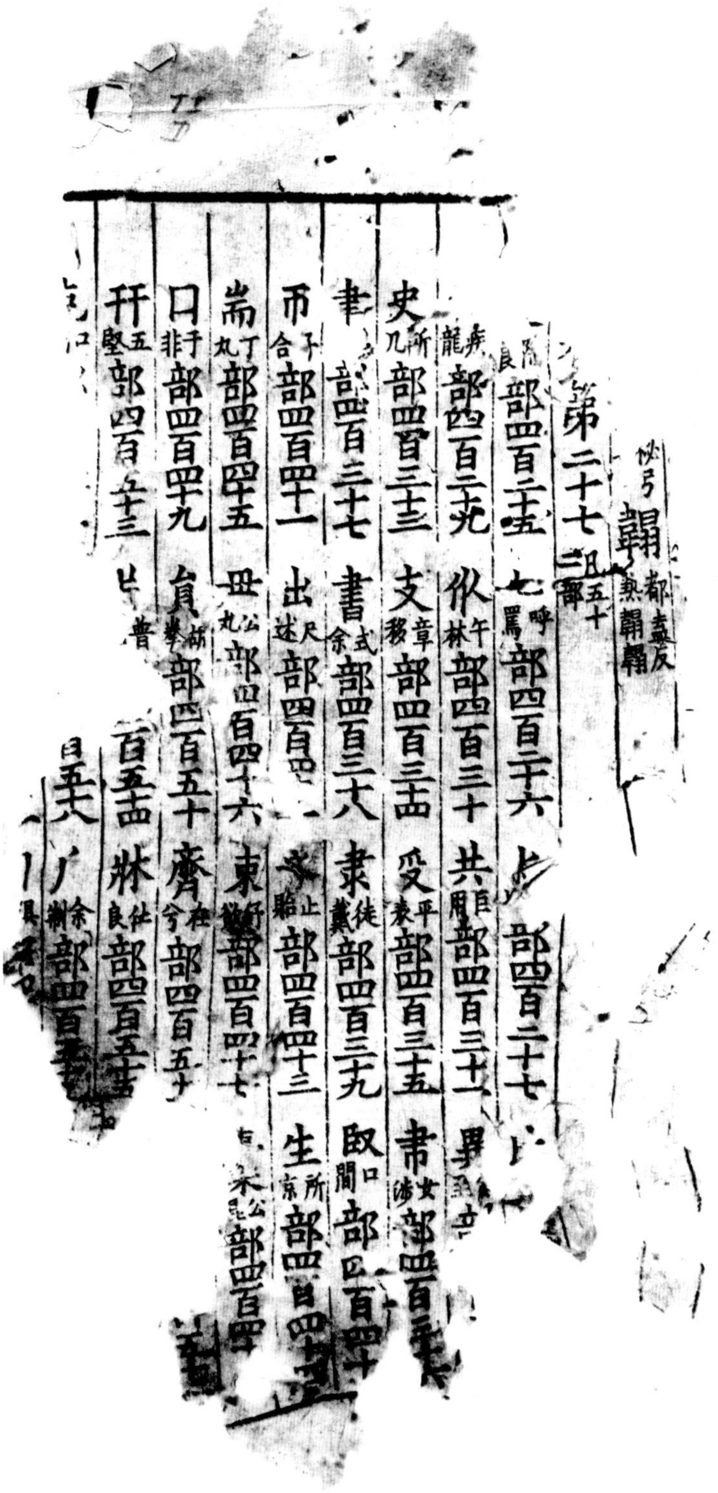

小學　圖一 玉篇部目（Ch 2241，舊照片）

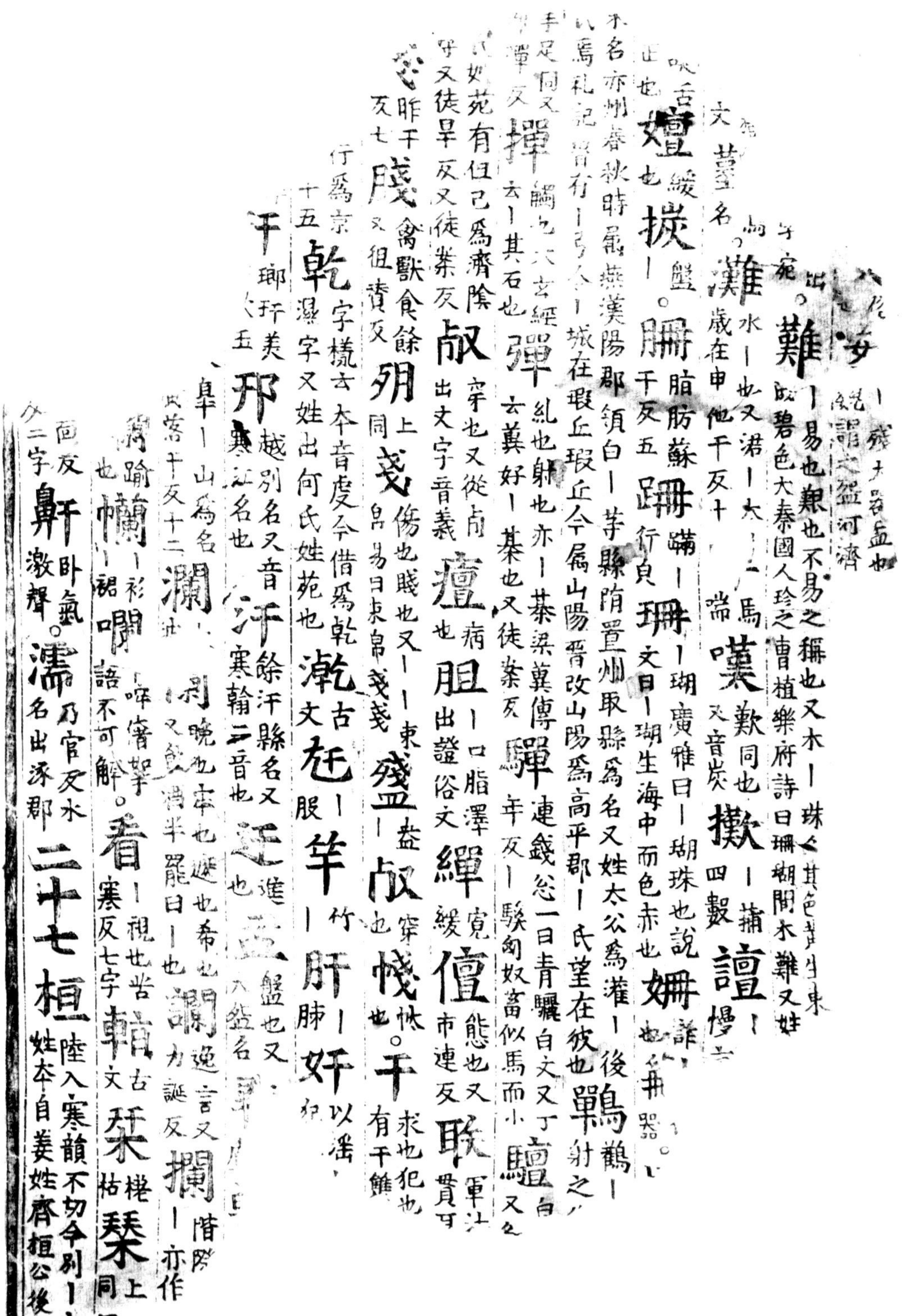

小學　圖二　切韻（TIL 1015，舊照片）

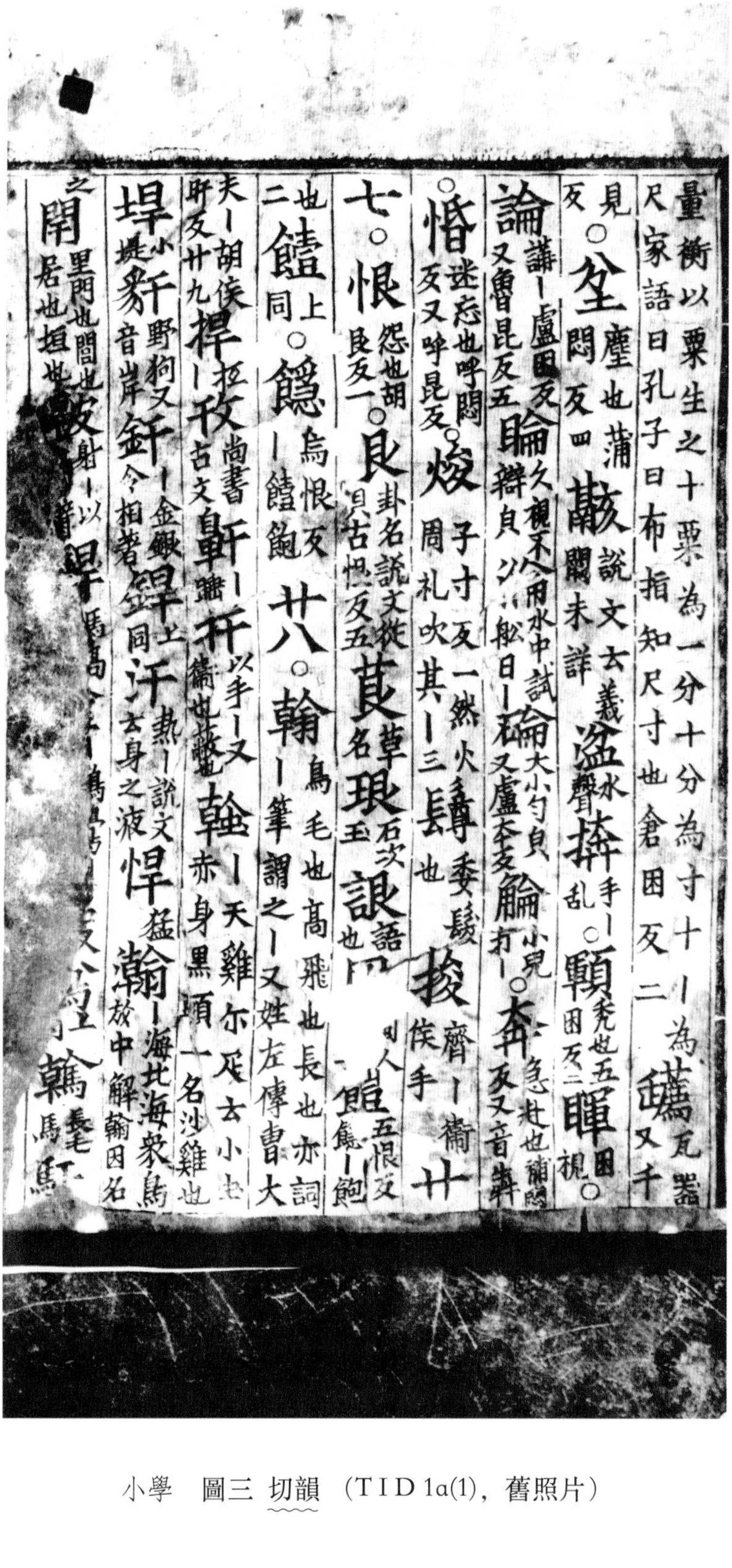
量衡以粟生之十粟為一分十分為寸十丨為尺家語曰孔子曰布指知尺寸也倉困反二 [illegible] 瓦器又千
見。坌 塵也蒲悶反四 [illegible] 說文去義闕未詳 湓 水聲 捹 手丨乱。顐 秃也五困反二 睴 視
論 講丨盧困反又魯昆反五 睔 久視不[illegible]用水中試 碖 大小勻皃 [illegible]又盧本反 [illegible]。奔 急赴也 甫悶反又音犇
。惛 迷忘也呼悶反又呼昆反。焌 子寸反一然火 周礼吹其丨 三 鐏 [illegible] 捘 擠丨 [illegible] 侯手 廿
七。恨 怨也胡艮反一。艮 卦名說文從 [illegible] 古恨反五 茛 草名 琨 石次玉 詪 語也 [illegible] 五恨反 [illegible] 丨飽
也上二 饐 同上。饐 烏恨反 丨饐飽 廿八。翰 鳥毛也高飛也長也亦詞 丨筆謂之丨又姓左傳曺大
夫丨胡侯 [illegible] 反廿九 捍 扞 以手丨又 攼 古文 [illegible] 尚書 [illegible] 雞尔疋 [illegible]
[illegible] 野狗又 [illegible] 音岸 釺 丨金 銲 上同 汗 熱丨說文 人身之液 悍 猛 瀚 丨海 [illegible]
閈 里門也閭也 [illegible] 居也 [illegible] 馬 [illegible]

小學　圖三　切韻　（TID 1a(1)，舊照片）

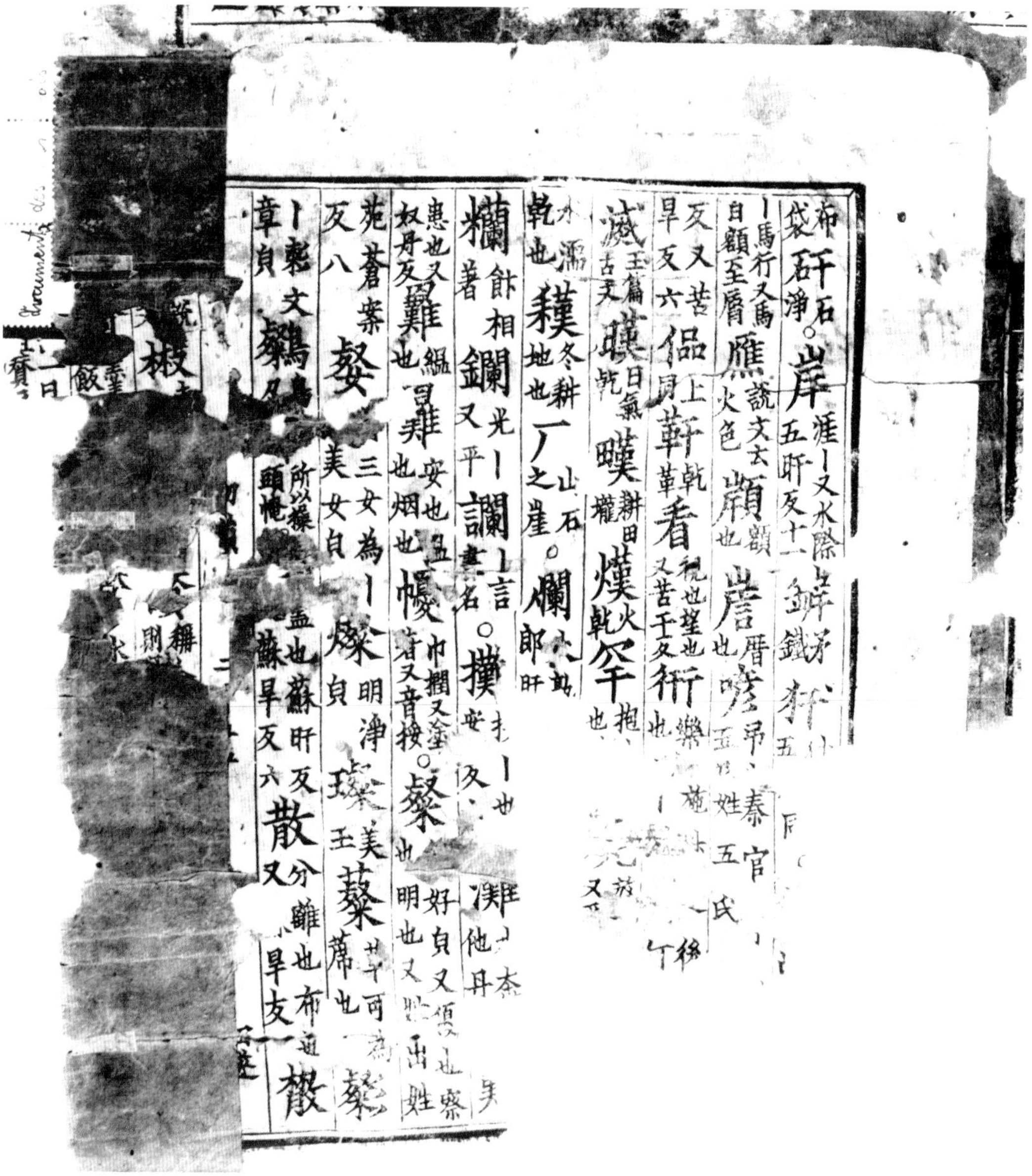

小學　圖四　切韻（T II D 1a(2)，舊照片）

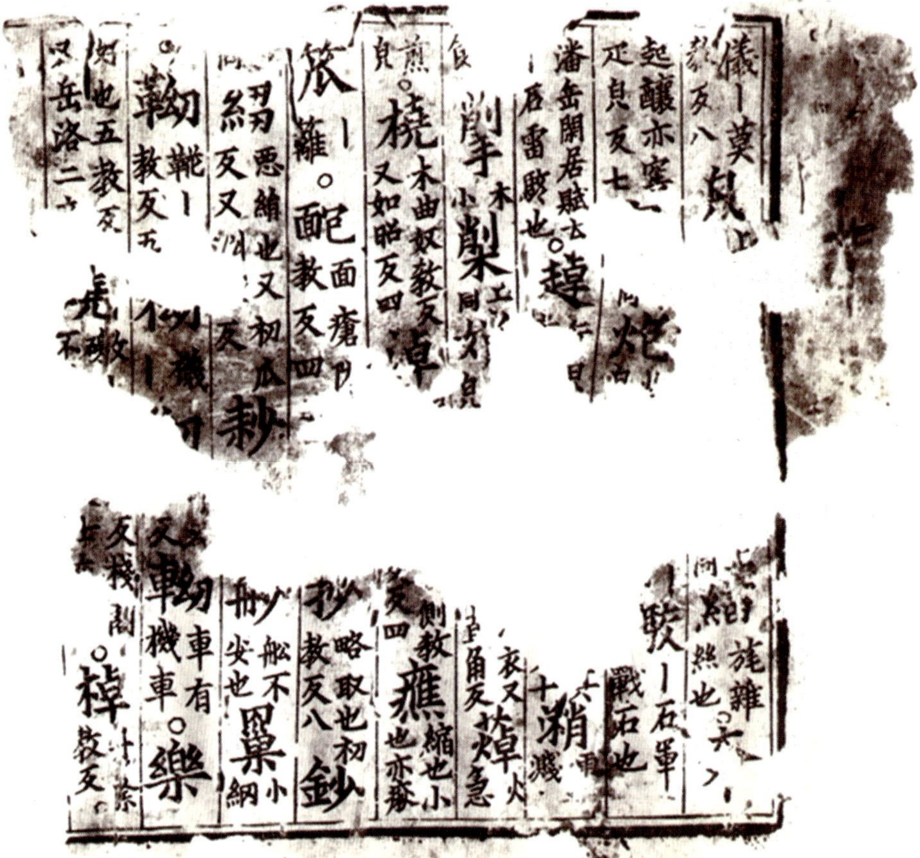

小學　圖五　切韻（TⅡD 1a(3)，舊照片）

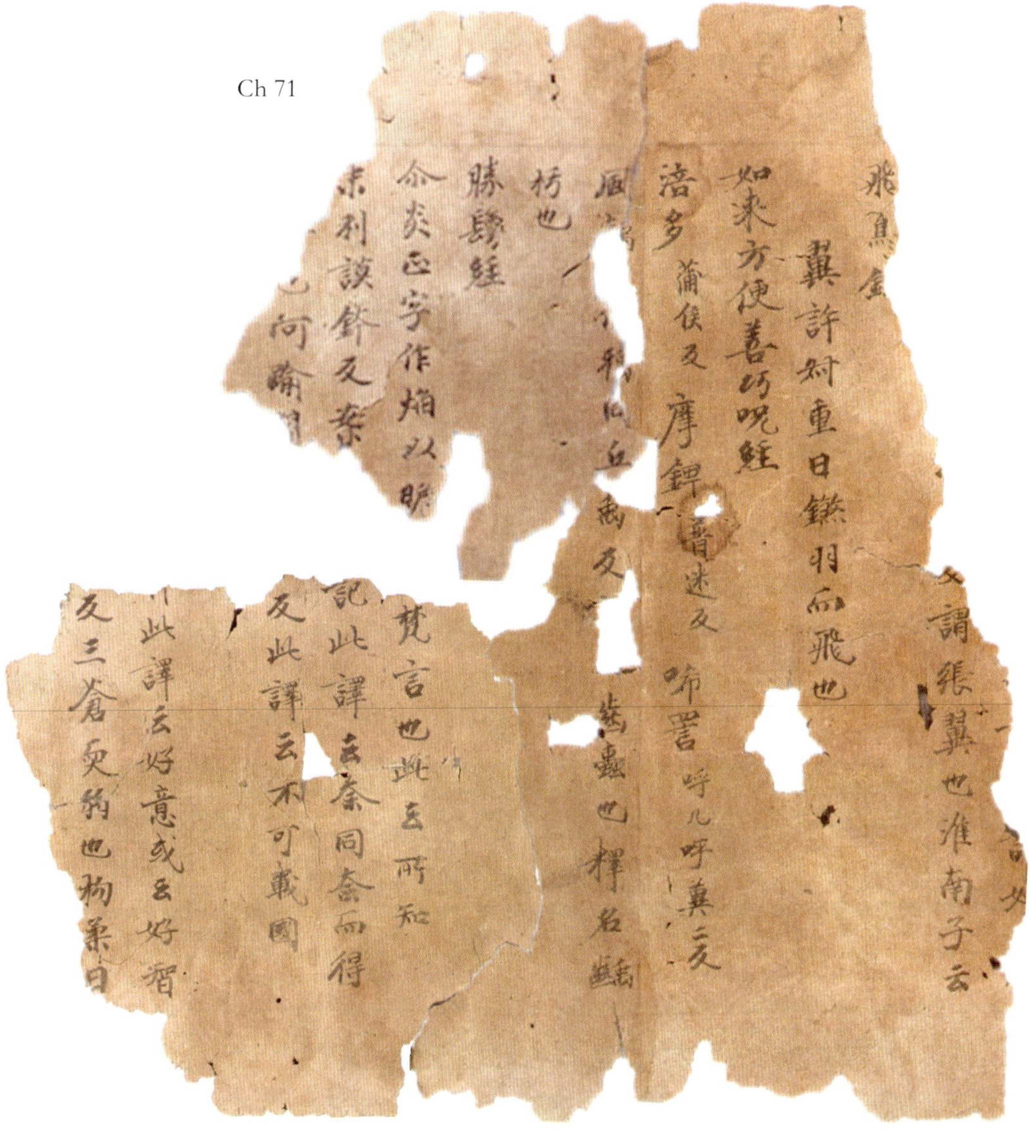

Ch 71

Ch 3122

Ch 2259

圖六 一切經音義卷五綴合圖

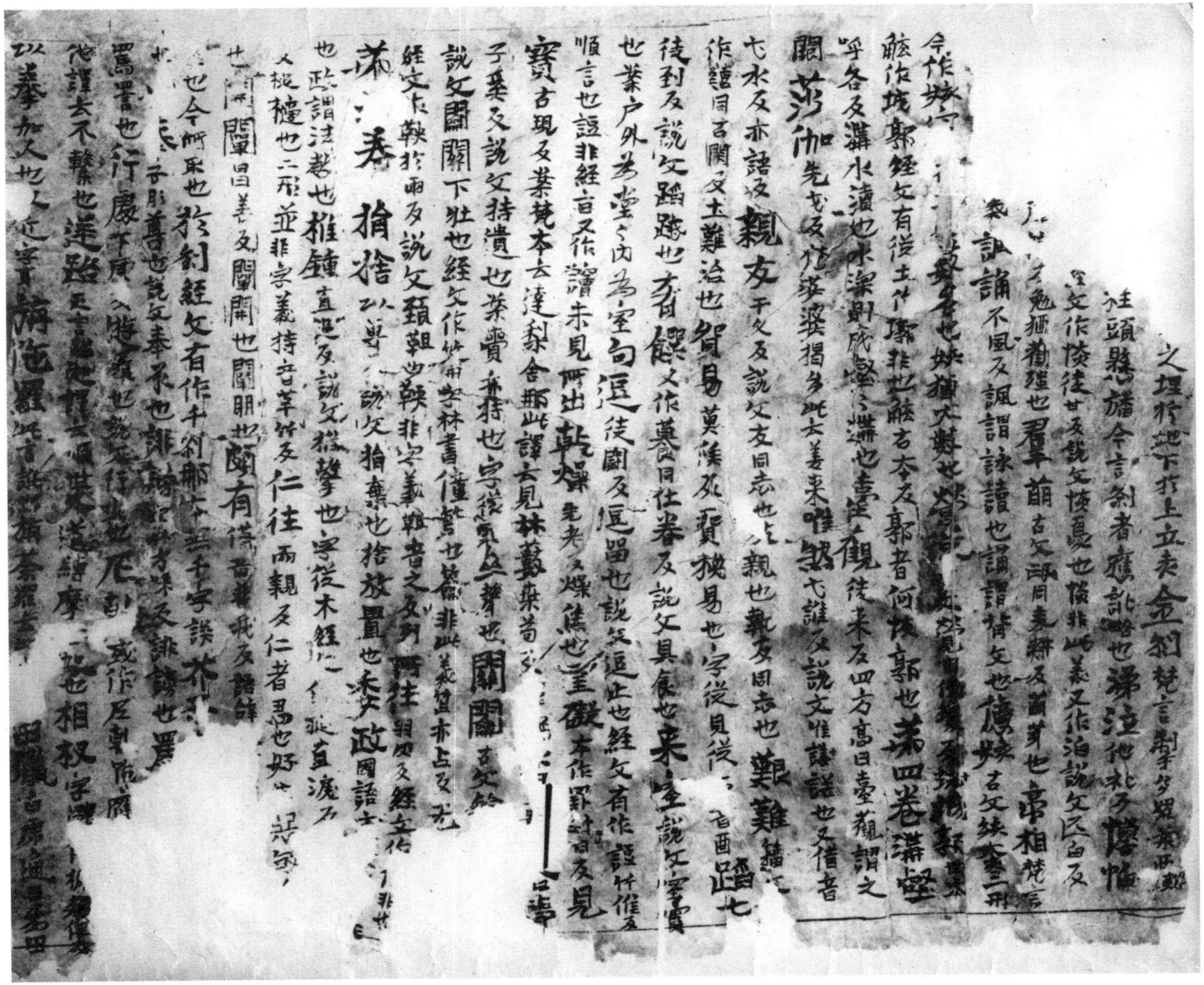

小學　圖七A　一切經音義卷六（王重民照片一）

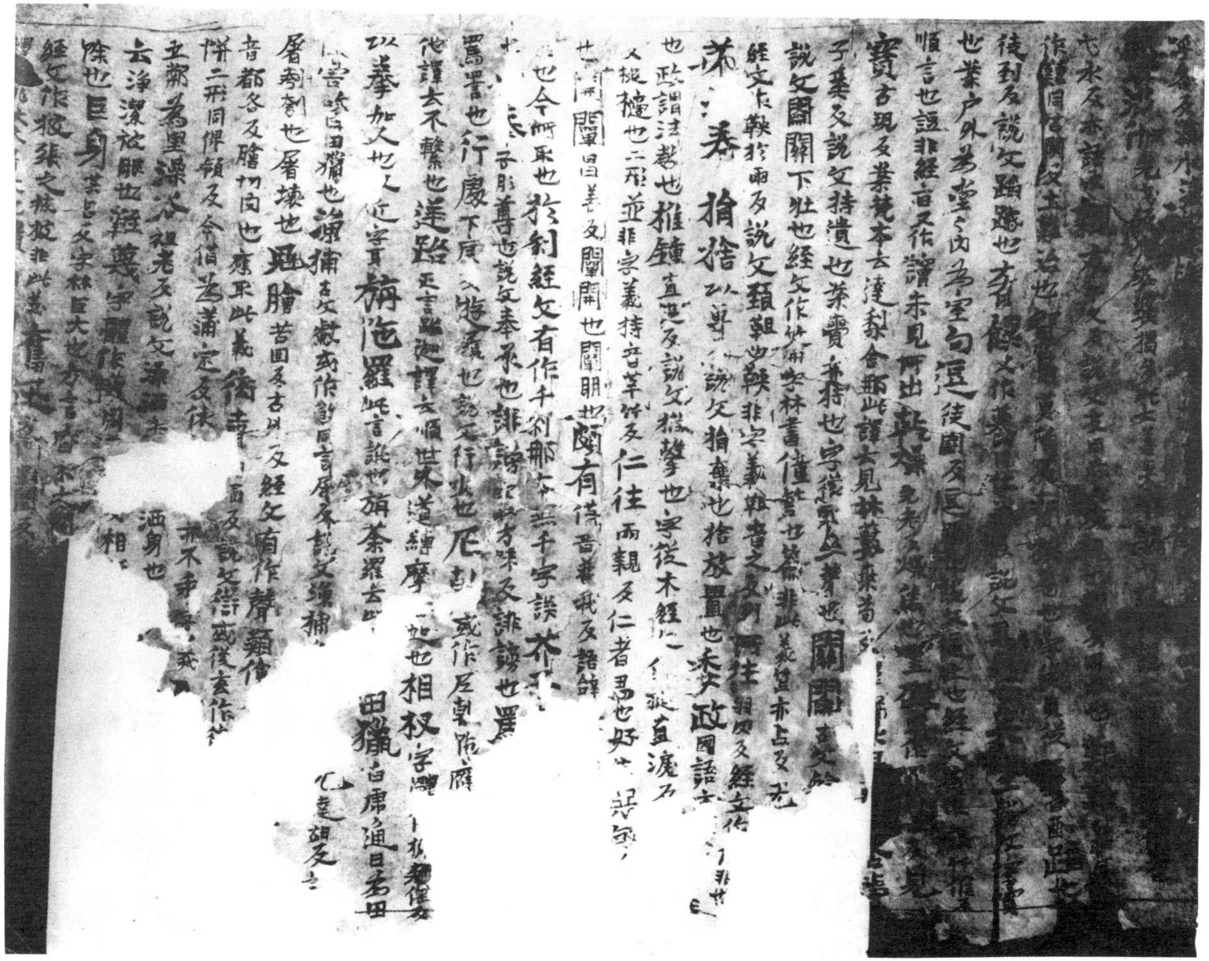

小學　圖七B 一切經音義卷六（王重民照片二）

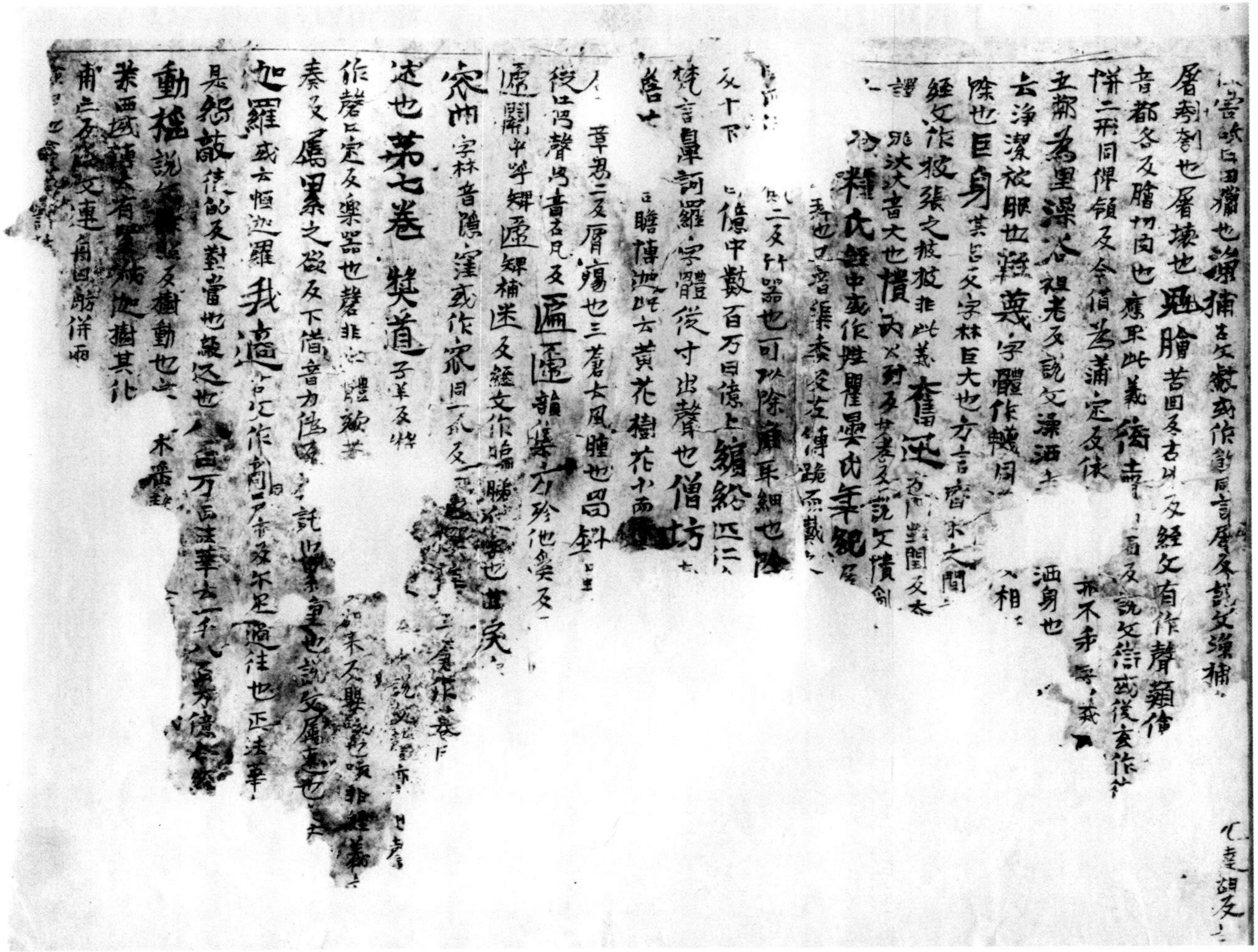

小學　圖七C　一切經音義卷六（王重民照片三）

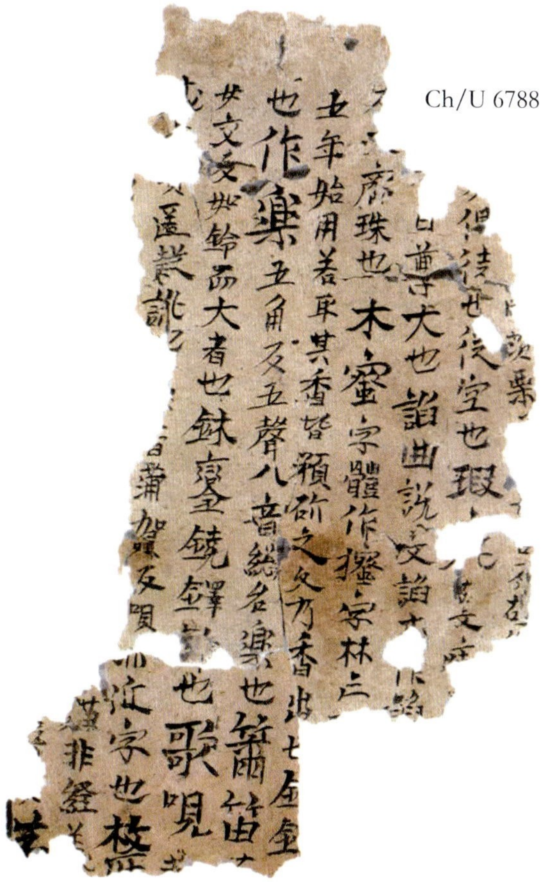

小學　圖八A　一切經音義卷六綴合圖

Дх.12340R

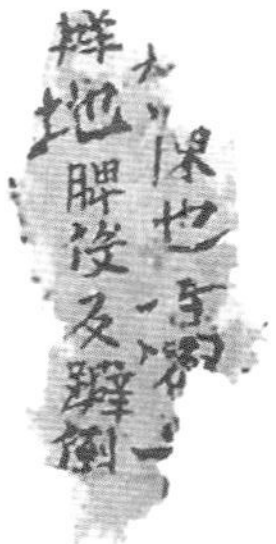

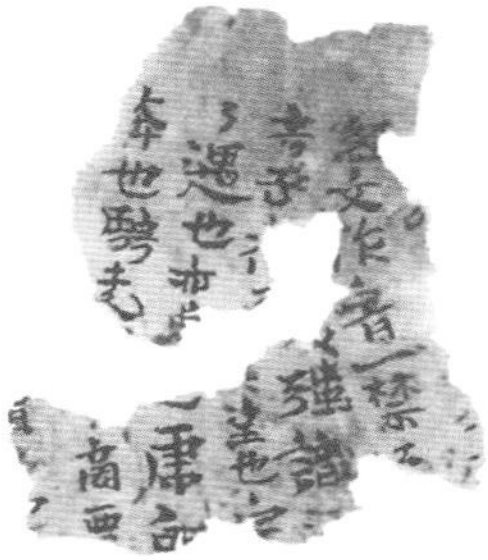

Дх.12409-C

Дх.12409R-B

Дх.12380R

Дх.10149R

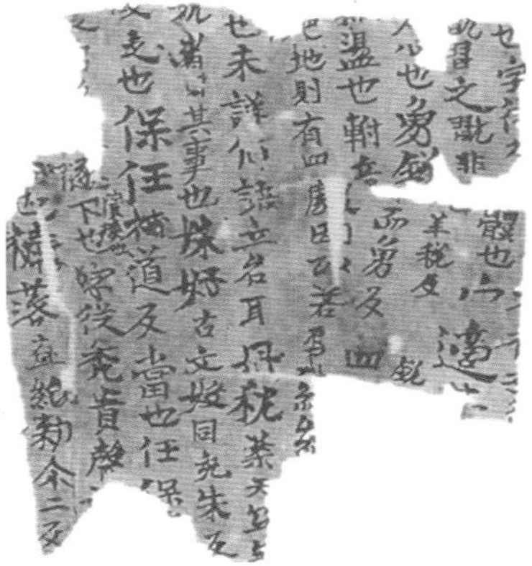

小學　圖八B　一切經音義卷六綴合圖

小學　圖八C 一切經音義卷六綴合圖

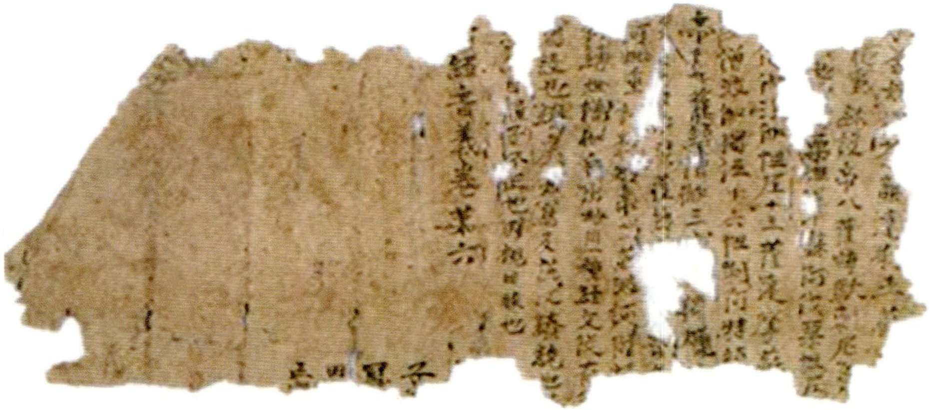

Ch/U 8093

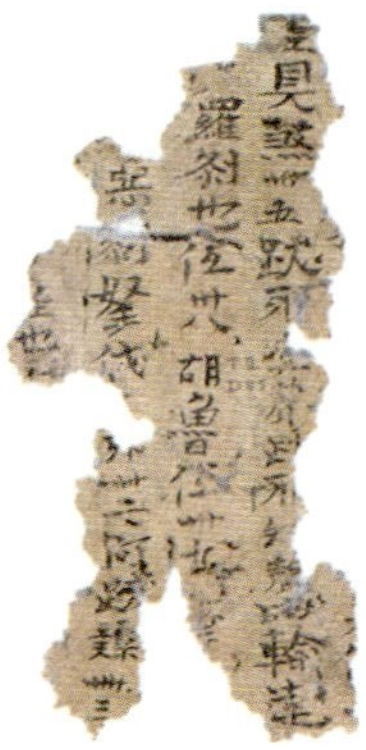

Ch/U 8063

Дx.12287R

小學　圖八D 一切經音義卷六綴合圖

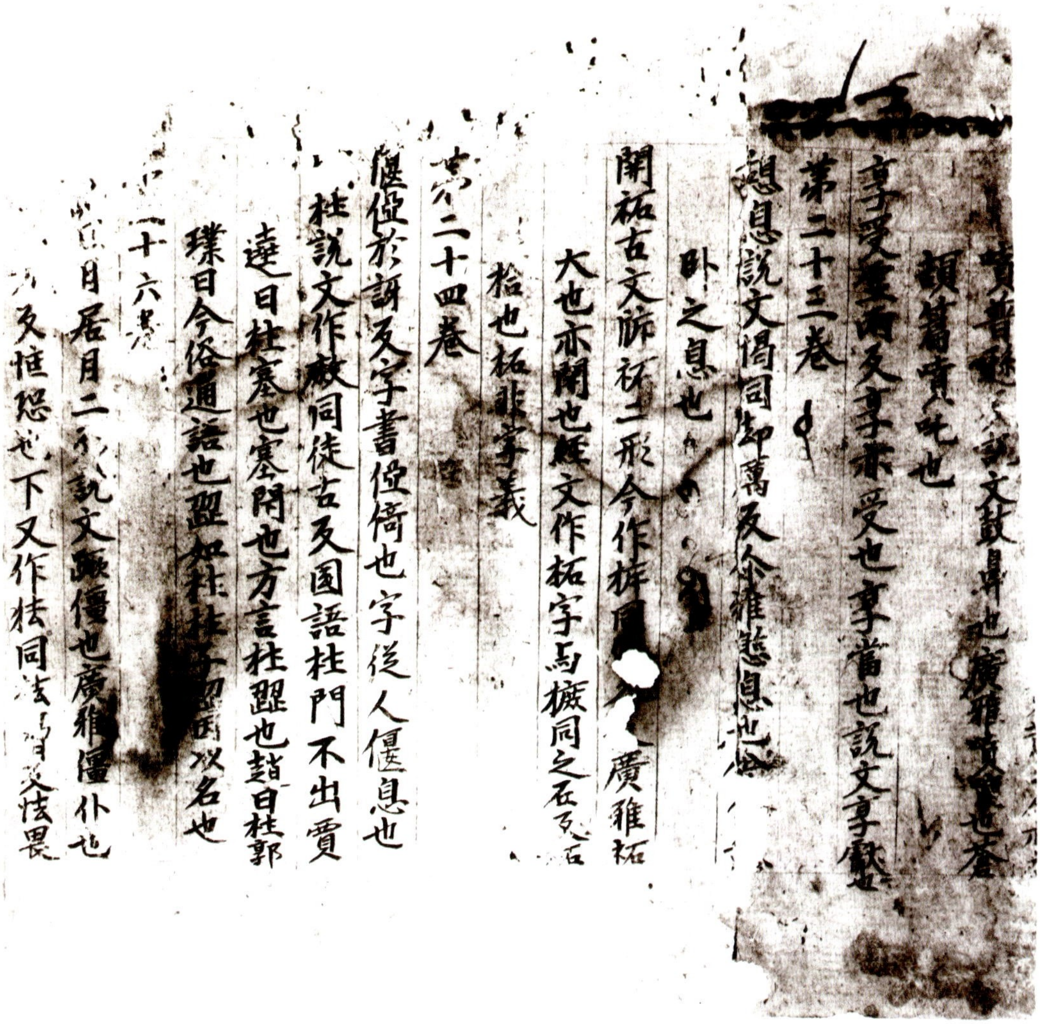

[illegible]說文[illegible]也廣雅[illegible]也
[illegible]責[illegible]也
享受虛兩反享亦受也享當也說文享獻也
第二十三卷
憩息說文愒同却厲反爾雅憩息也
卧之息也
開拓古文𢪠袥二形今作拆同[illegible]廣雅拓
大也亦開也經文作拓字與摭同之石反
拾也拓非字義
第二十四卷
偃促於訝反字書促倚也字從人匽息也
杜說文作𢾕同徒古反國語杜門不出賈
逵曰杜塞也塞閉也方言杜蹈也趙魏曰杜郭
璞曰今俗通語也蹈如杜杜[illegible]以名也
第二十六卷
[illegible]居月二反說文蹶僵也廣雅僵仆也
[illegible]反恇怯也下又作怯同[illegible]反恇畏

小學　圖九　一切經音義（T III M 131/T II Y 60，舊照片）

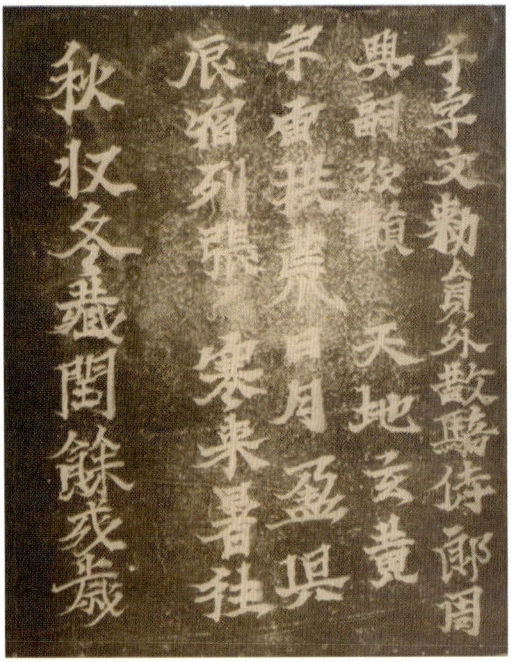

B

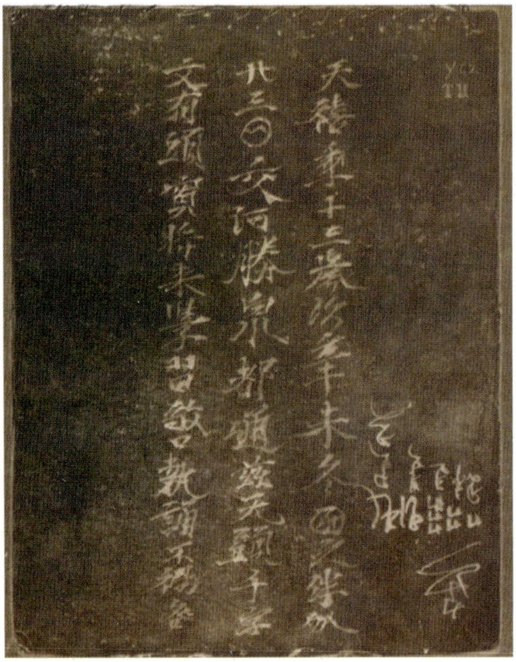

A

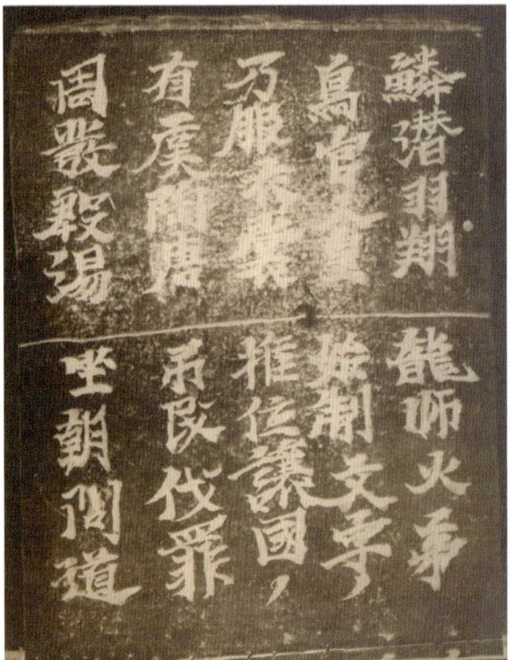

D

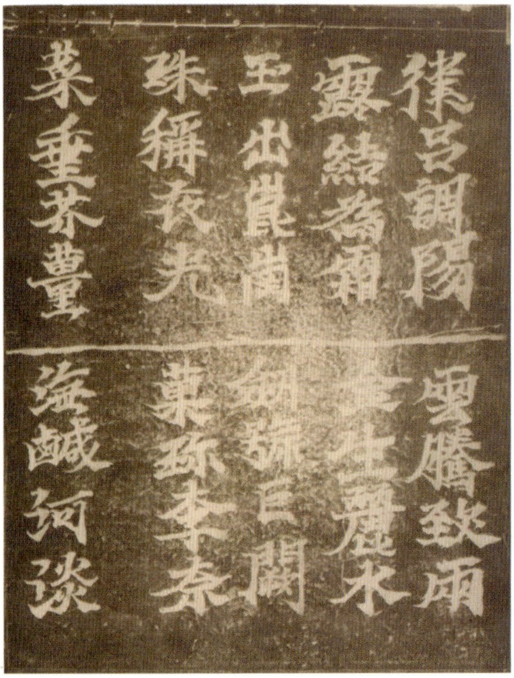

C

小學　圖一〇 千字文（Ch 3716，舊照片）（一）

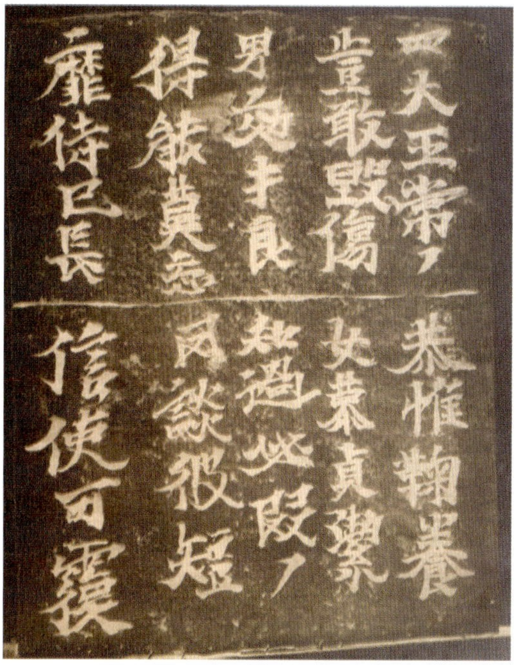

F

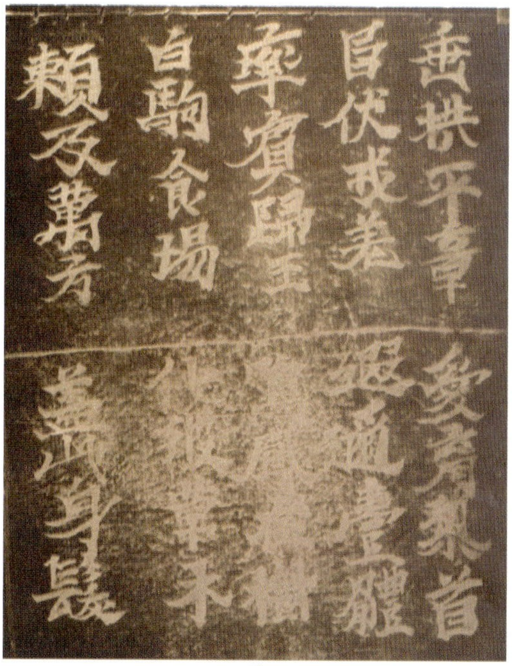

E

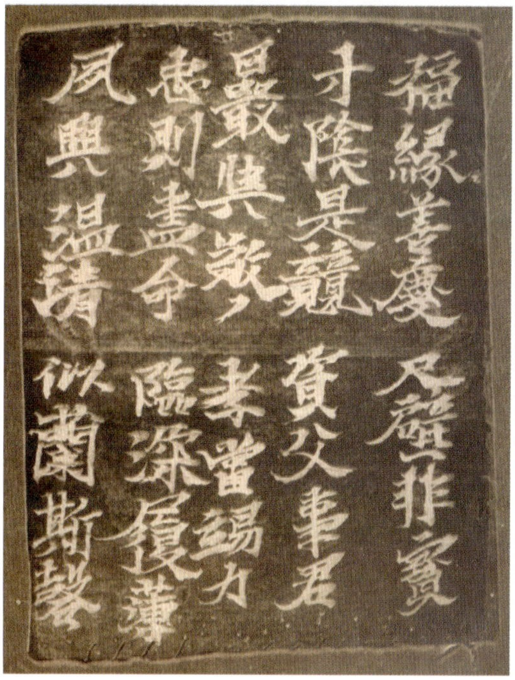

H

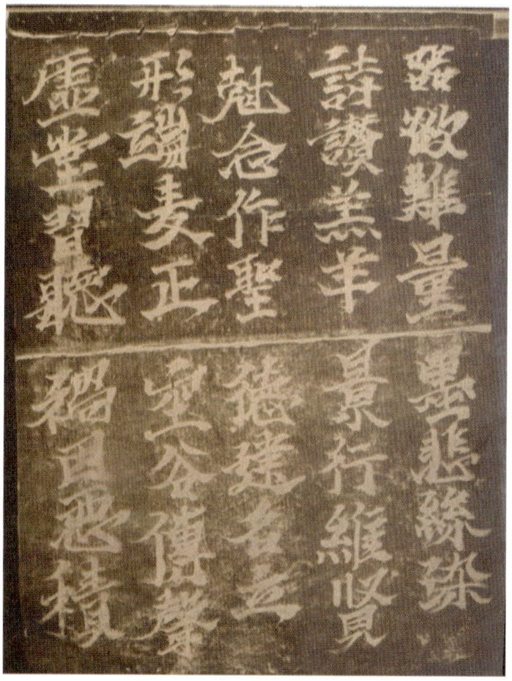

G

小學　圖一〇　千字文（Ch 3716，舊照片）（二）

大谷文書

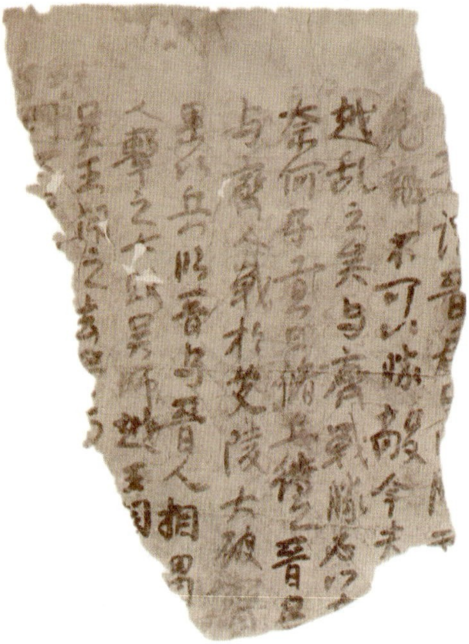

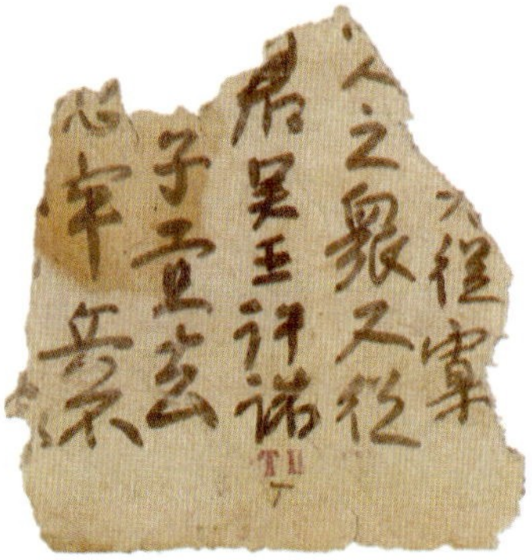

Ch 938v

大谷文書

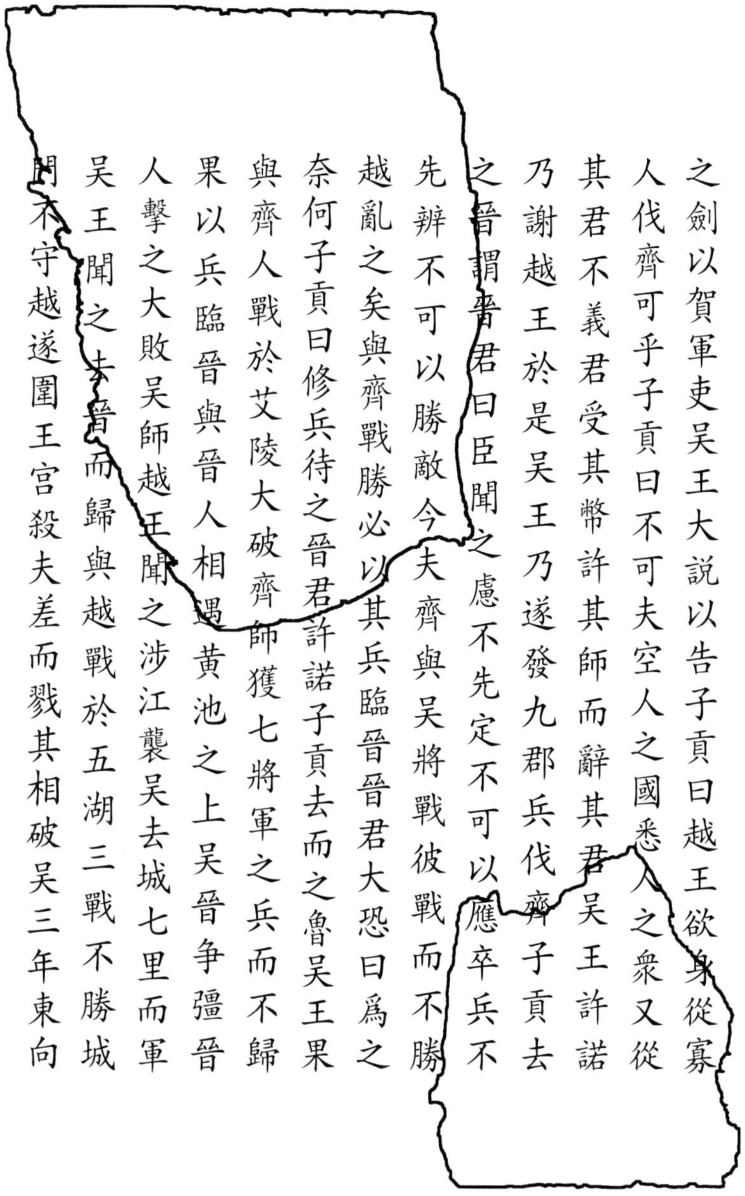
之劍以賀軍吏吴王大説以告子貢曰越王欲身從寡
人伐齊可乎子貢曰不可夫空人之國悉人之衆又從
其君不義君受其幣許其師而辭其君吴王許諾
乃謝越王於是吴王乃遂發九郡兵伐齊子貢去
之晉謂晉君曰臣聞之慮不先定不可以應卒兵不
先辨不可以勝敵今夫齊與吴將戰彼戰而不勝
越亂之矣與齊戰勝必以其兵臨晉晉君大恐曰爲之
奈何子貢曰修兵待之晉君許諾子貢去而之魯吴王果
與齊人戰於艾陵大破齊師獲七將軍之兵而不歸
果以兵臨晉與晉人相遇黄池之上吴晉争彊晉
人擊之大敗吴師越王聞之涉江襲吴去城七里而軍
吴王聞之去晉而歸與越戰於五湖三戰不勝城
門不守越遂圍王宮殺夫差而戮其相破吴三年東向

Ch 938v

史部　圖二　史記殘片復原圖

Ch 938r

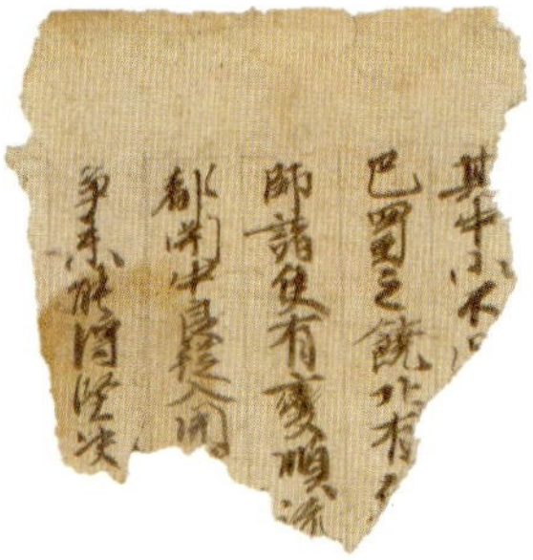

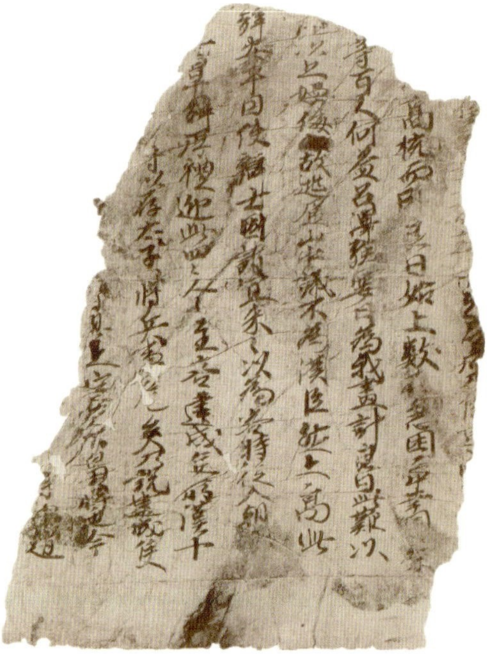

大谷文書

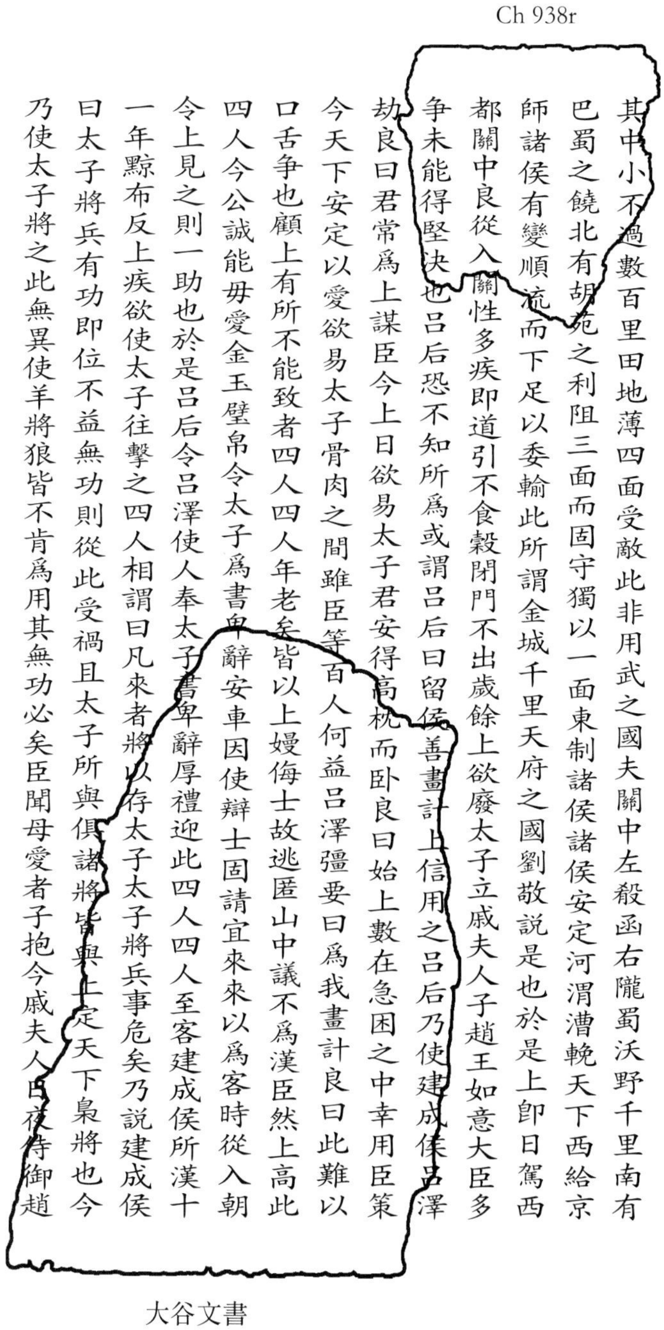
Ch 938r
其中小不過數百里田地薄四面受敵此非用武之國夫關中左殽函右隴蜀沃野千里南有
巴蜀之饒北有胡苑之利阻三面而固守獨以一面東制諸侯諸侯安定河渭漕輓天下西給京
師諸侯有變順流而下足以委輸此所謂金城千里天府之國劉敬說是也於是上卽日駕西
都關中良從入關性多疾卽道引不食穀閉門不出歲餘上欲廢太子立戚夫人子趙王如意大臣多
争未能得堅決也呂后恐不知所爲或謂呂后曰留侯善畫計上信用之呂后乃使建成侯呂澤
劫良曰君常爲上謀臣今上日欲易太子君安得高枕而卧良曰始上數在急困之中幸用臣策
今天下安定以愛欲易太子骨肉之閒雖臣等百人何益呂澤彊要曰爲我畫計良曰此難以
口舌争也顧上有所不能致者四人四人年老矣皆以上嫚侮士故逃匿山中義不爲漢臣然上高此
四人今公誠能毋愛金玉璧帛令太子爲書卑辭安車因使辯士固請宜來來以爲客時從入朝
令上見之則一助也於是呂后令呂澤使人奉太子書卑辭厚禮迎此四人四人至客建成侯所漢十
一年黥布反上疾欲使太子往擊之四人相謂曰凡來者將以存太子太子將兵事危矣乃說建成侯
曰太子將兵有功卽位不益無功則從此受禍且太子所與俱諸將皆與上定天下梟將也今
乃使太子將之此無異使羊將狼皆不肯爲用其無功必矣臣聞母愛者子抱今戚夫人日夜侍御趙
大谷文書

史部　圖四　漢書殘片復原圖

史部　圖五 春秋後語注（Ch 734，舊照片）

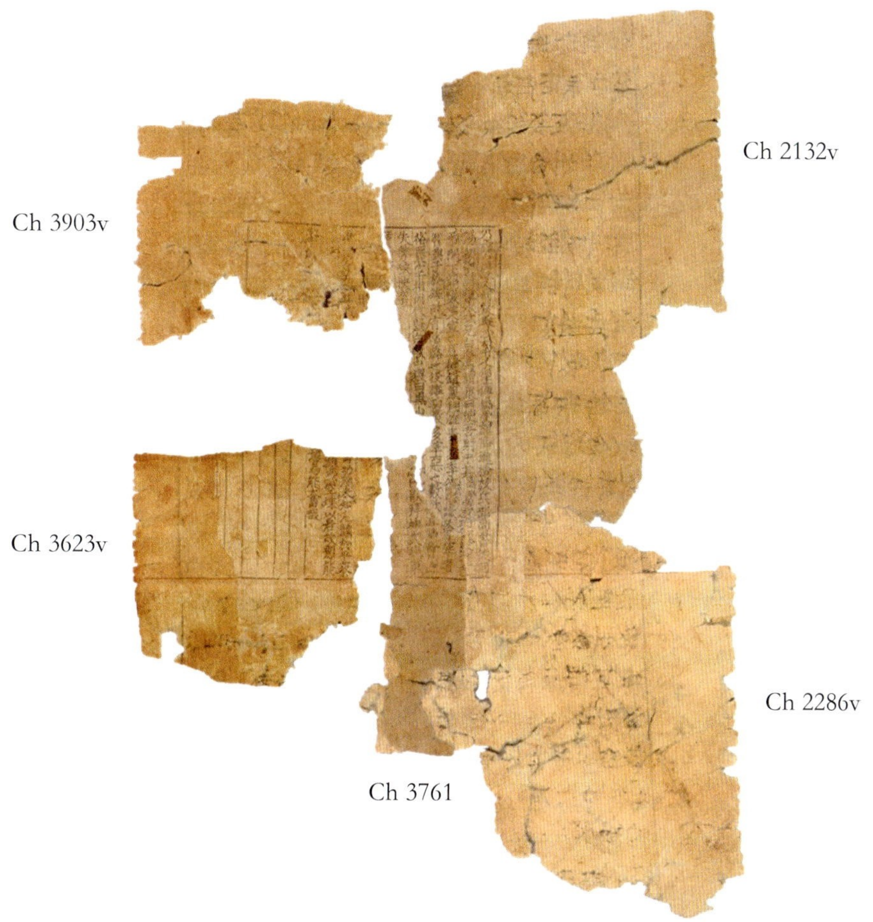

史部　圖六 新唐書殘片綴合圖

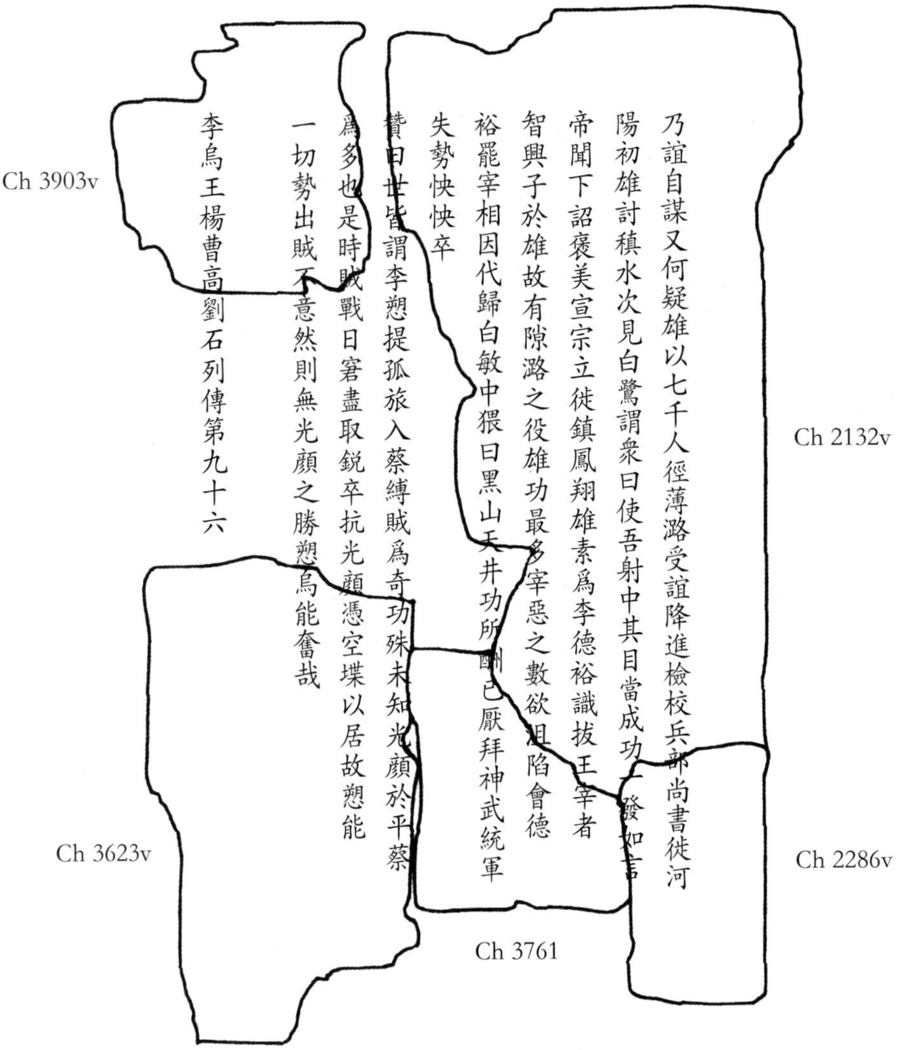
Ch 2132v
Ch 2286v
Ch 3761
Ch 3623v
Ch 3903v
乃誼自謀又何疑雄以七千人徑薄潞受誼降進檢校兵部尚書徙河
陽初雄討積水次見白鷺謂衆曰使吾射中其目當成功一發如言
帝聞下詔褒美宣宗立徙鎮鳳翔雄素爲李德裕識拔王宰者
智興子於雄故有隙潞之役雄功最多宰惡之數欲沮陷會德
裕罷宰相因代歸白敏中猥曰黑山天井功所酬已厭拜神武統軍
失勢怏怏卒
贊曰世皆謂李愬提孤旅入蔡縛賊爲奇功殊未知光顔於平蔡
爲多也是時賊戰日窘盡取鋭卒抗光顔憑空壖以居故愬能
一切勢出賊不意然則無光顔之勝愬烏能奮哉
李烏王楊曹高劉石列傳第九十六

圖七 新唐書殘片復原圖

黃[illegible] 白歛 黃芩各二兩 右三味搗篩傅[illegible]
[illegible]去滓適冷洗瘡日十度 ▲治小兒[illegible]
[illegible]澤蘭 黃芩 蛇床子 黃連[illegible]
右六味以水一斗五升煎取六升去滓[illegible]
治熱瘡洗浴瘡生地榆根湯方 生地榆根一斤 右[illegible]
煎取五升去滓適冷暖以[illegible]日三度 ▲治諸惡瘡
戎鹽洗湯方 戎鹽二合 蛇銜 石南 [illegible]
黃芩 礬石各[illegible] 右[illegible]味以水[illegible]升[illegible]三升[illegible]
日二 ▲治小兒[illegible] 梔子湯方 梔子[illegible]
白芷 甘草[illegible] 右[illegible]味以水一斗二升煎取六升[illegible]
▲治小兒丹[illegible]合[illegible]根[illegible]湯方 [illegible]根葉 小豆四升 右二味[illegible]水
[illegible]五升去滓適冷洗浴日二三度 ▲治小兒丹慎火汁
[illegible]大[illegible]搗取汁以拭[illegible]赤處日十度 ▲治小兒丹洗[illegible]
湯方 煩柳葉一斤 右一味以水一斗煎取五升去滓[illegible]
[illegible]度 ▲治小兒丹腫[illegible]老[illegible]根[illegible]

子部　圖一 劉涓子鬼方正面（舊照片）

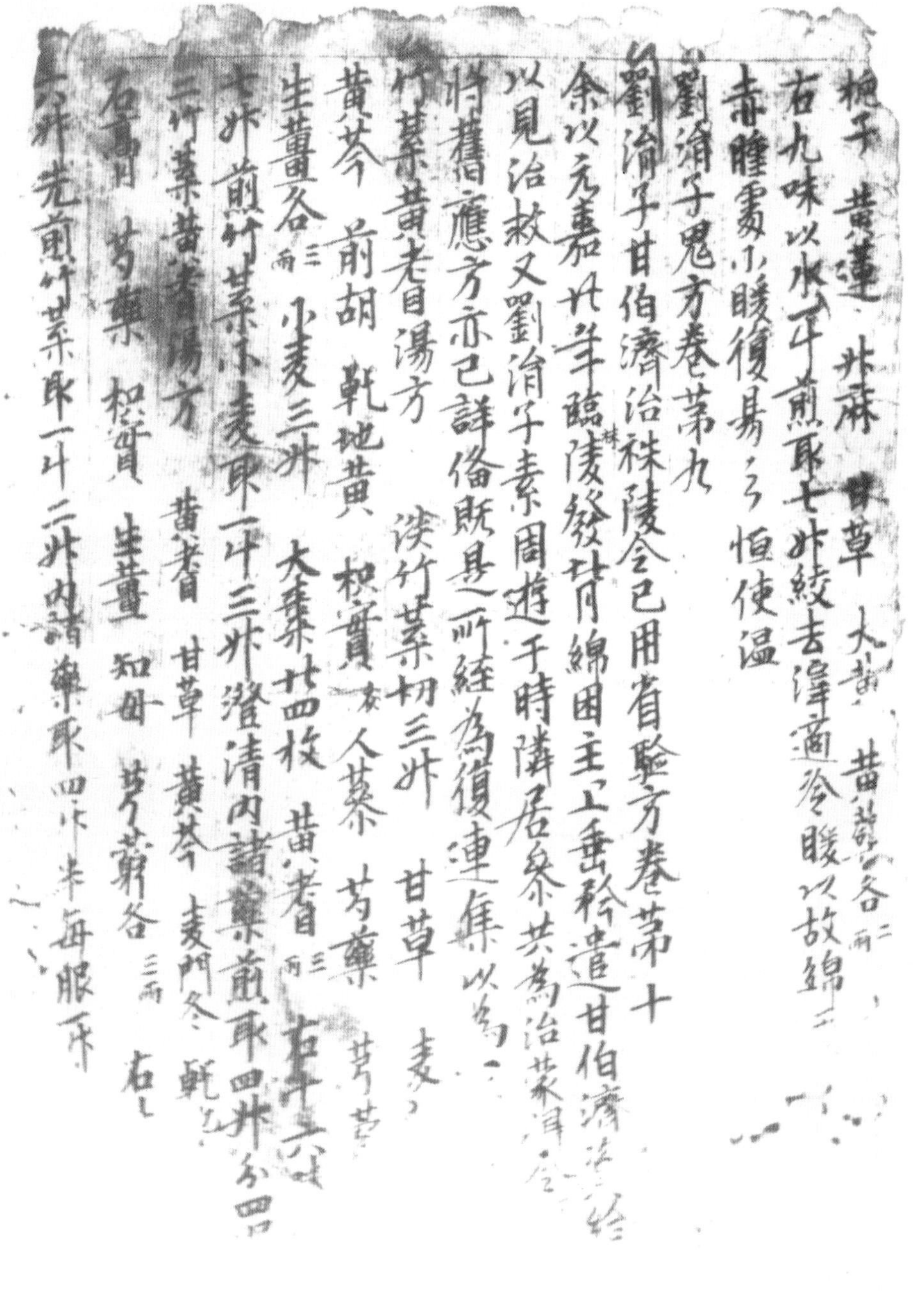

梔子 黃蓮 升麻 甘草 大黃 黃蘗各二兩

右九味以水一斗煎取七升絞去滓適冷暖以故綿二

搨腫處小暖復易之恒使溫

劉涓子鬼方卷第九

劉涓子甘伯濟治秣陵令已用省驗方卷第十

余以元嘉廿年臨陵發背綿困主上垂矜遣甘伯濟治之給

以見治救又劉涓子素周遊于時隣居參共爲治藥得全

將獲癒方亦已詳備既是所經爲復連集以爲一

竹葉黃耆湯方

淡竹葉切三升 甘草 麦門

黃芩 前胡 乾地黃 枳實炙 人參 芍藥 芎藭

生薑各三兩 小麦三升 大棗卅四枚 黃耆各三兩 右十六味

七升煎竹葉小麦取一斗三升澄清內諸藥煎取四升分四

三竹葉黃耆湯方 黃耆 甘草 黃芩 麦門冬 乾地

右剉 芍藥 枳實 生薑 知母 芎藭各三兩 右七

六升先煎竹葉取一斗二升內諸藥取四升半每服一升

子部　圖二　劉涓子鬼方背面（舊照片）

子部　圖三　京氏易占正面（Ch 1635r，舊照片）

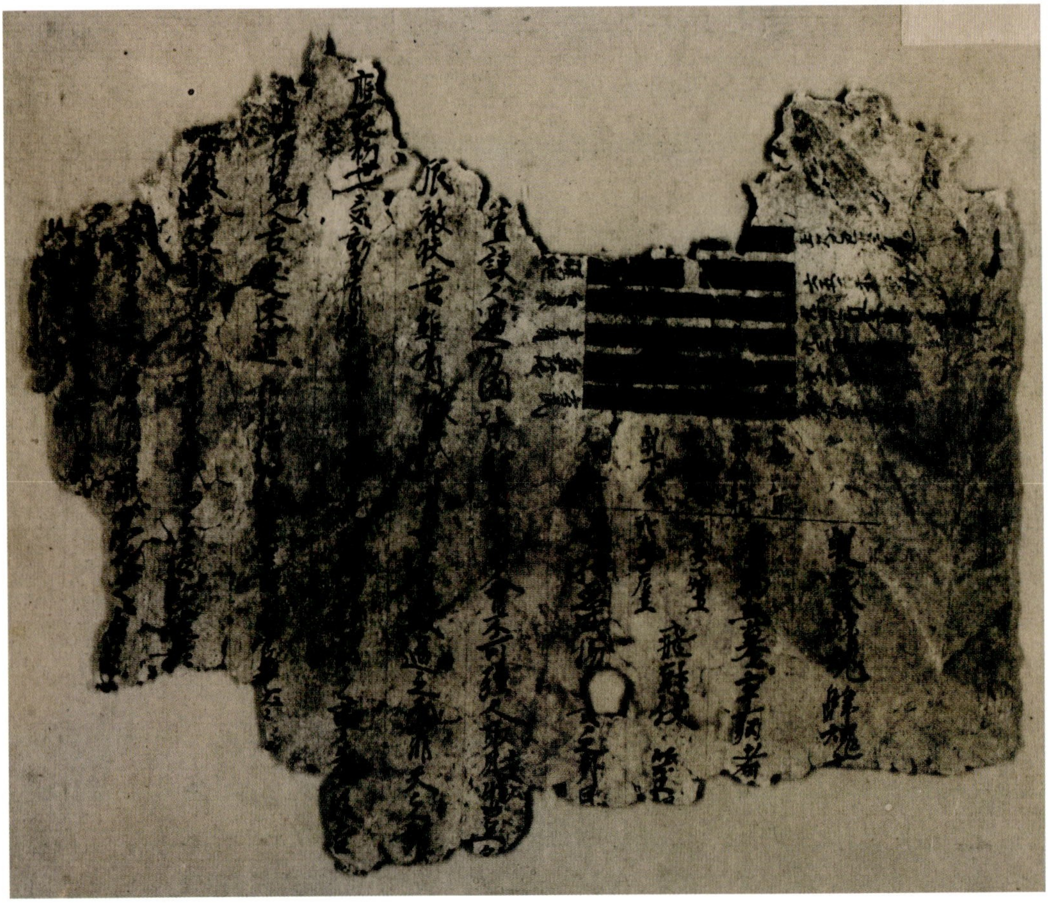

子部　圖四 京氏易占背面（Ch 1635v，中國國家圖書館藏舊照片）

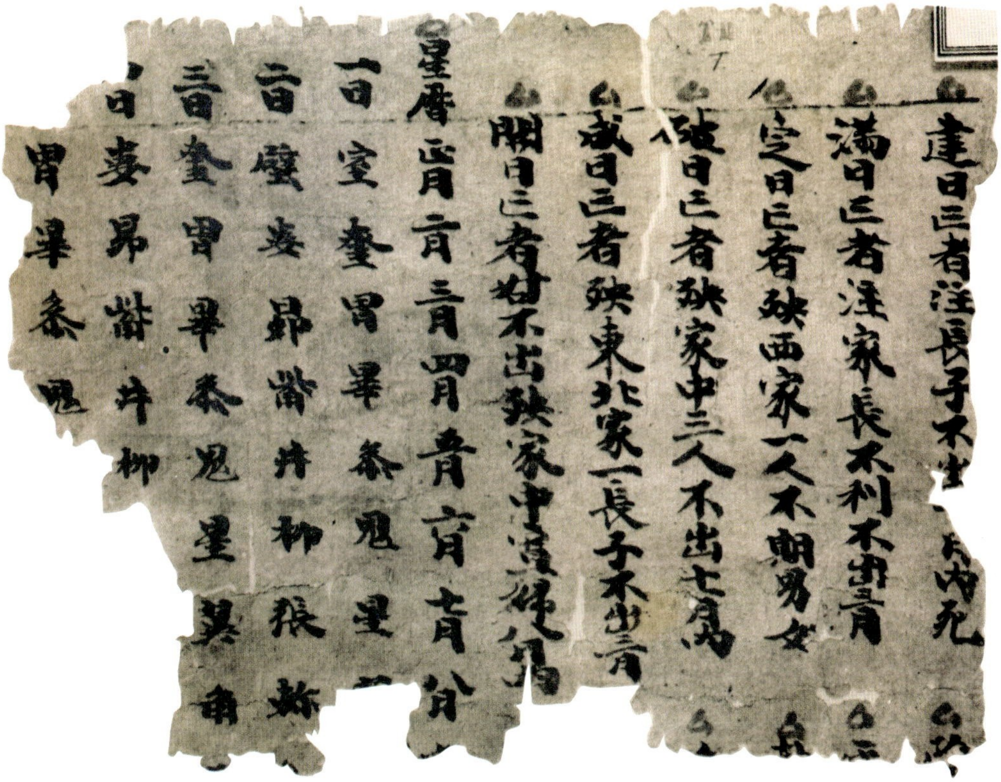

子部　圖五　推建除亡殃法推人上計及合死不合死法

（Ch 217，舊照片）

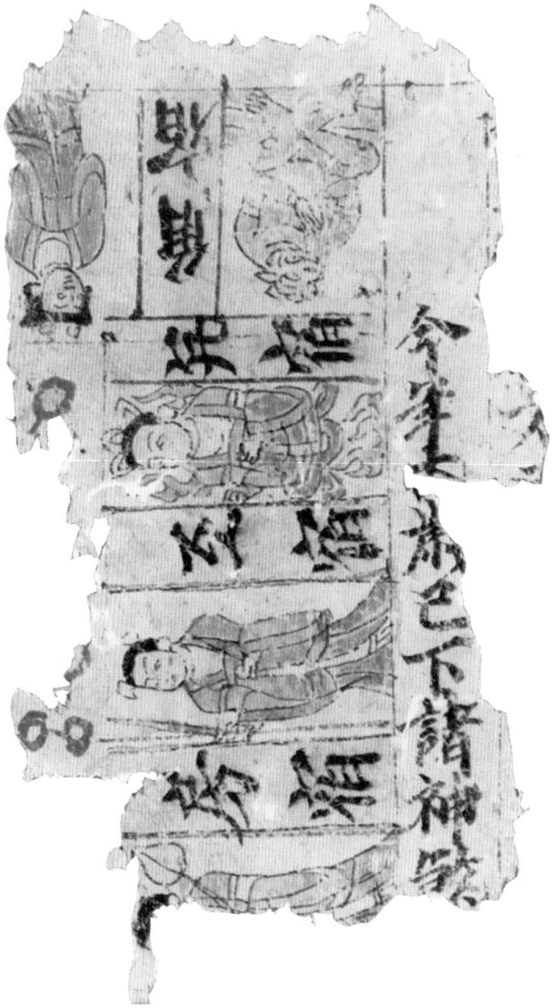

子部　圖六 具注曆日（MIK III 4938）

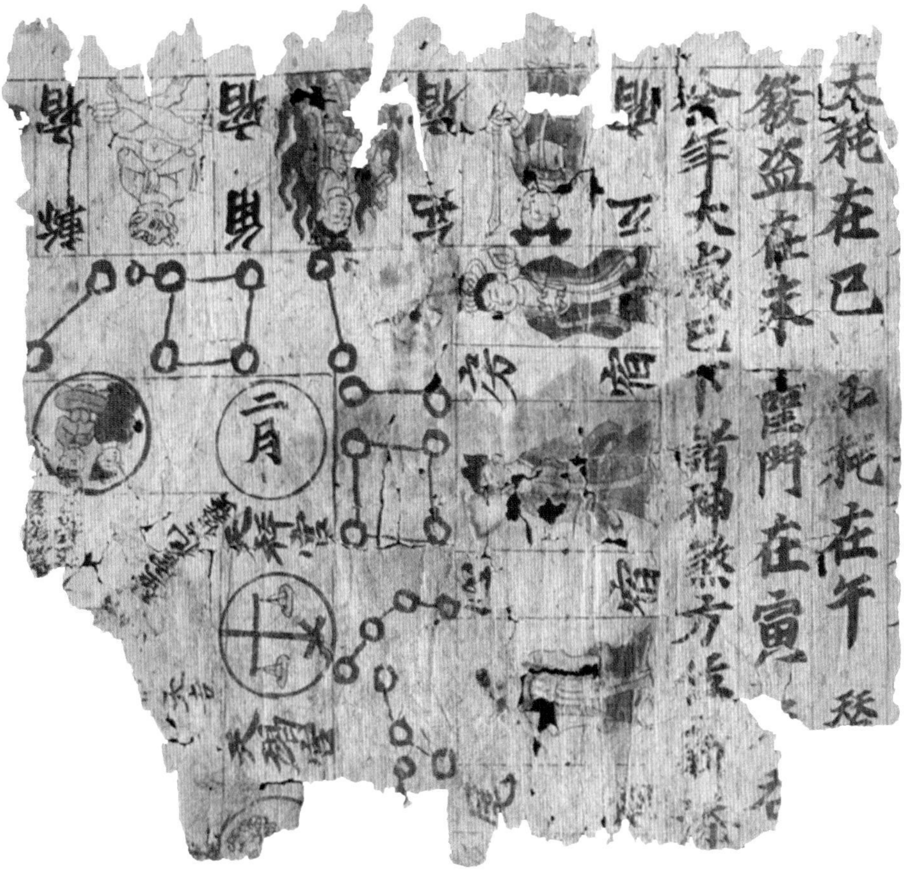

子部　圖七　具注曆日（MIK III 6338）

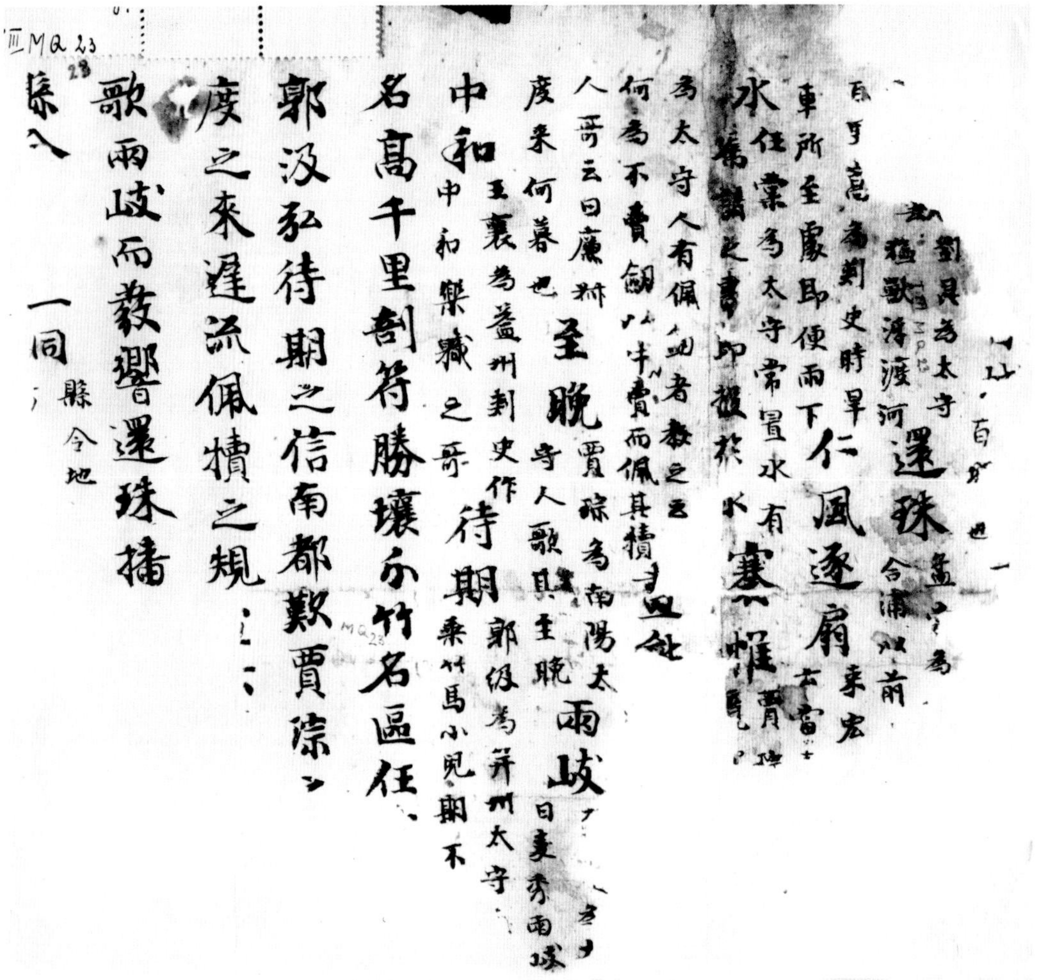

子部　圖八 類書刺史縣令篇（舊照片）

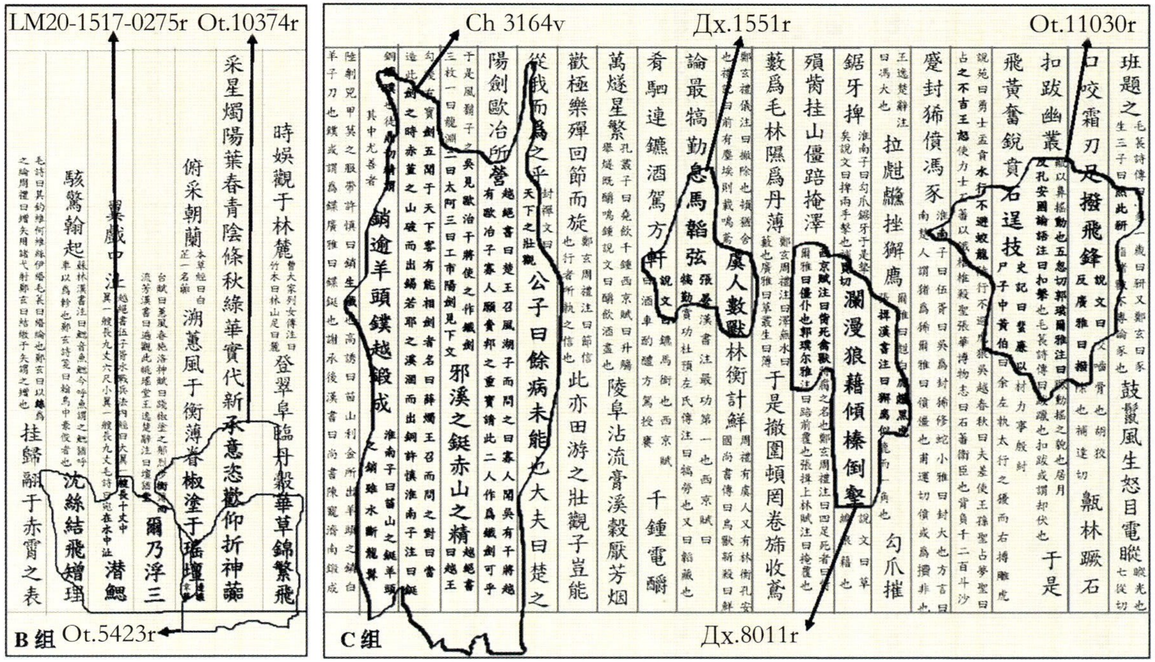

集部　圖一　文選李善注卷三五張景陽七命綴合復原圖

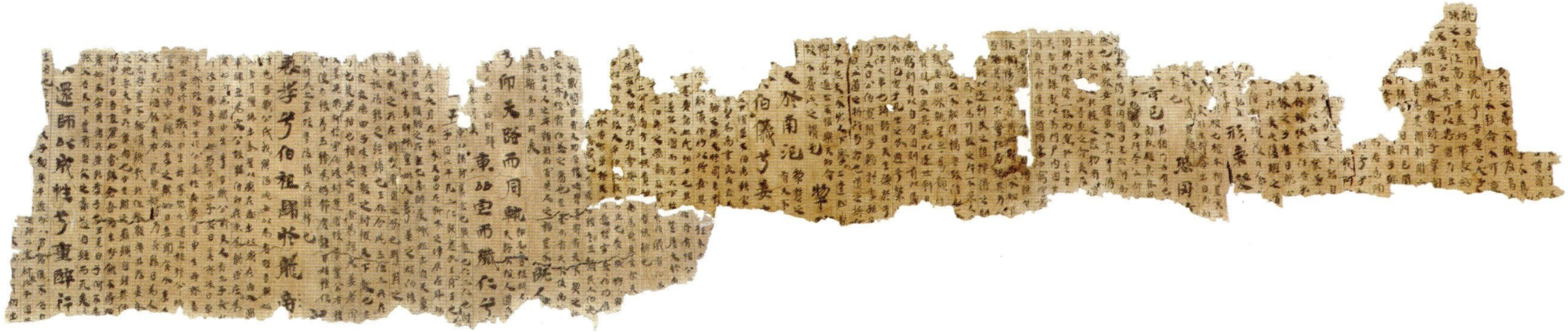

集部　圖二　幽通賦注綴合圖

集部　圖三　東晉毛伯成等詩卷綴合圖

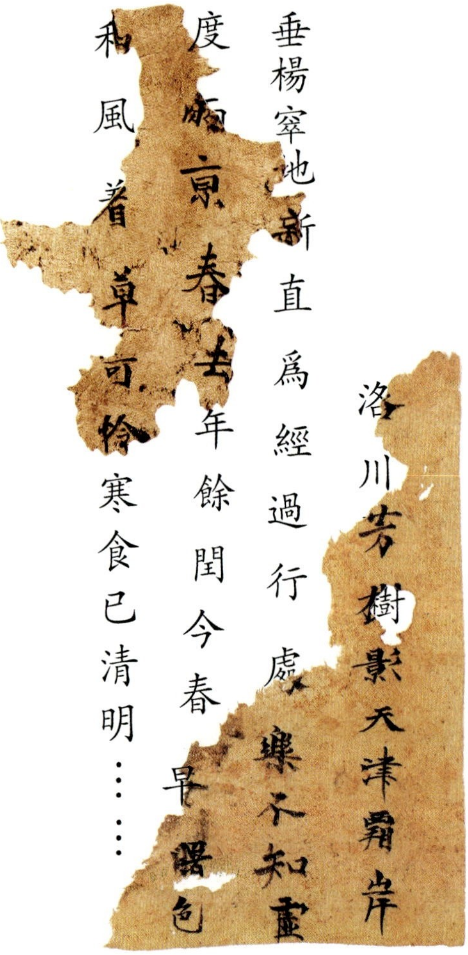

集部　圖四　唐玄宗初入秦川路逢寒食詩殘片復原圖

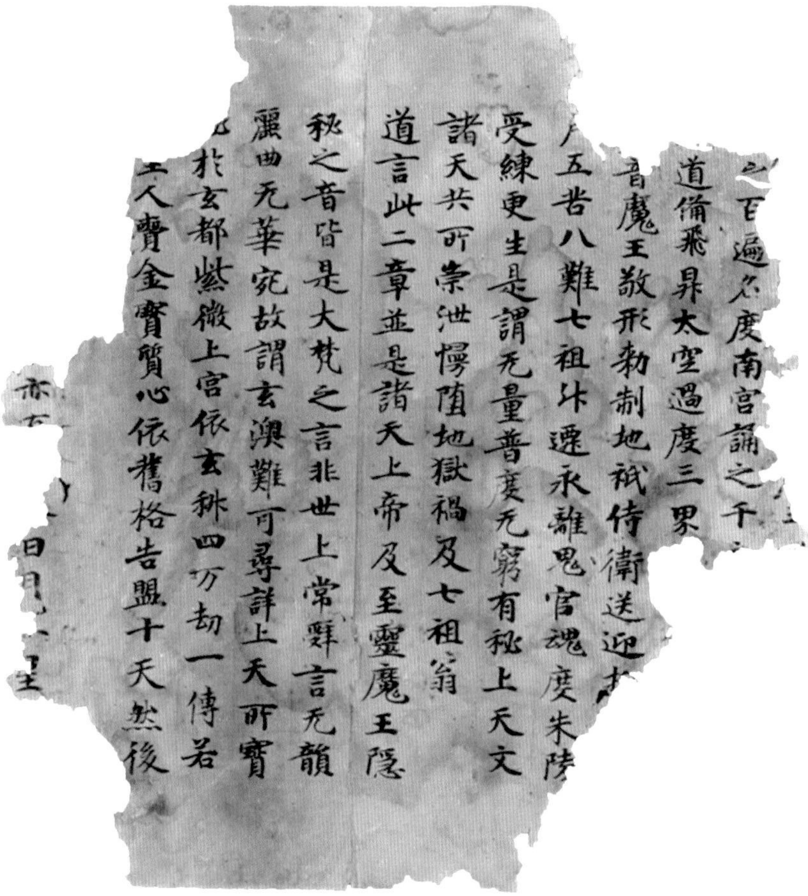

道教文獻　圖一　太上洞玄靈寶無量度人上品妙經（MIK III 7484r）

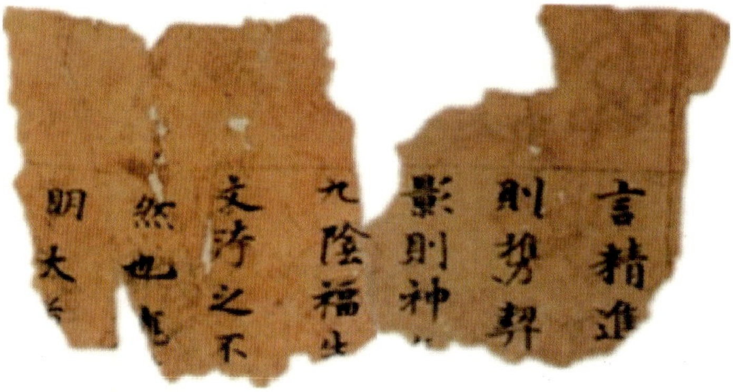

SH.174-2-50　　SH.174-2-58

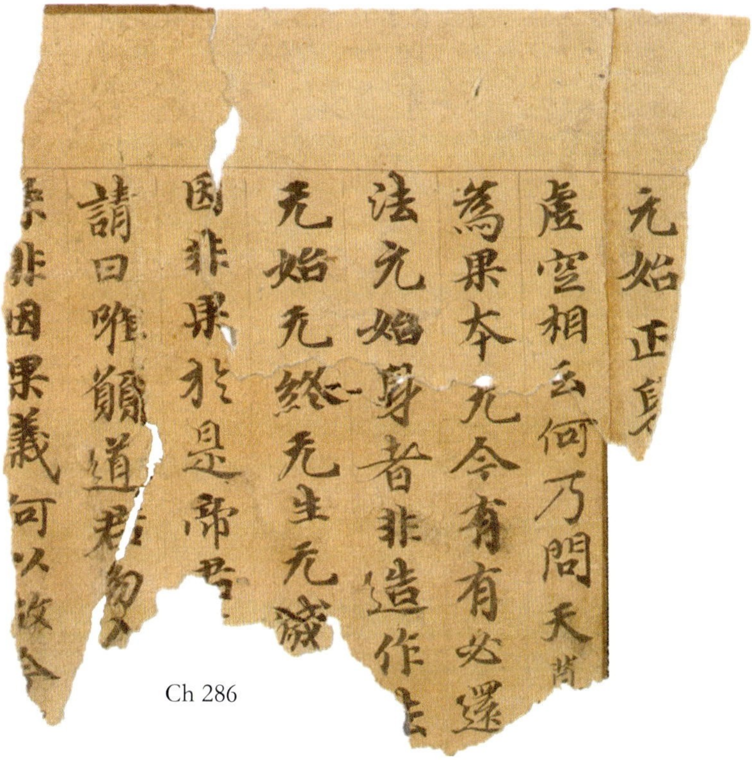

　道教文獻　圖三　太玄真一本際經卷八綴合圖

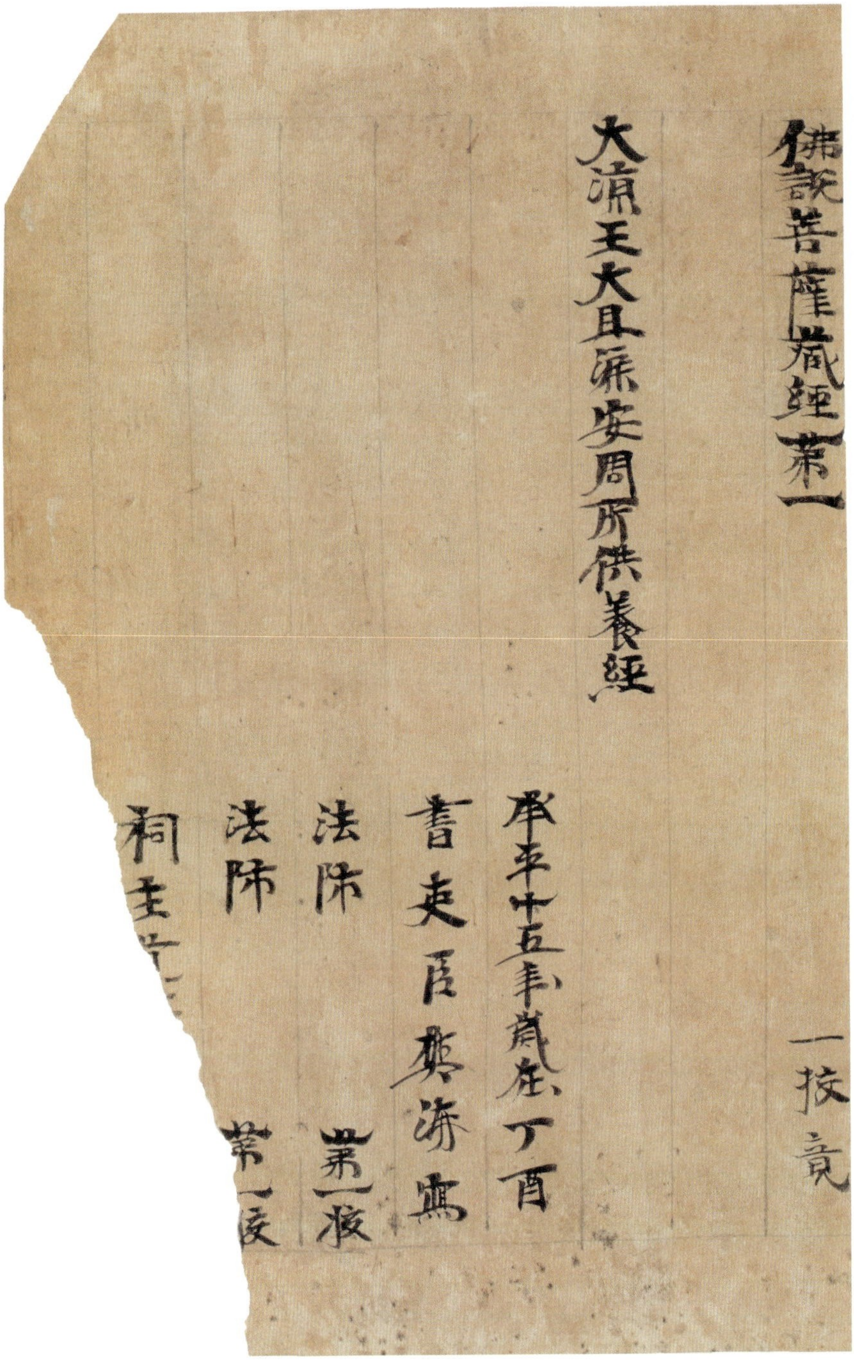

圖一 大涼承平十五年（457）大涼王大且渠安周供養佛説菩薩藏經第一題記（SH.009）

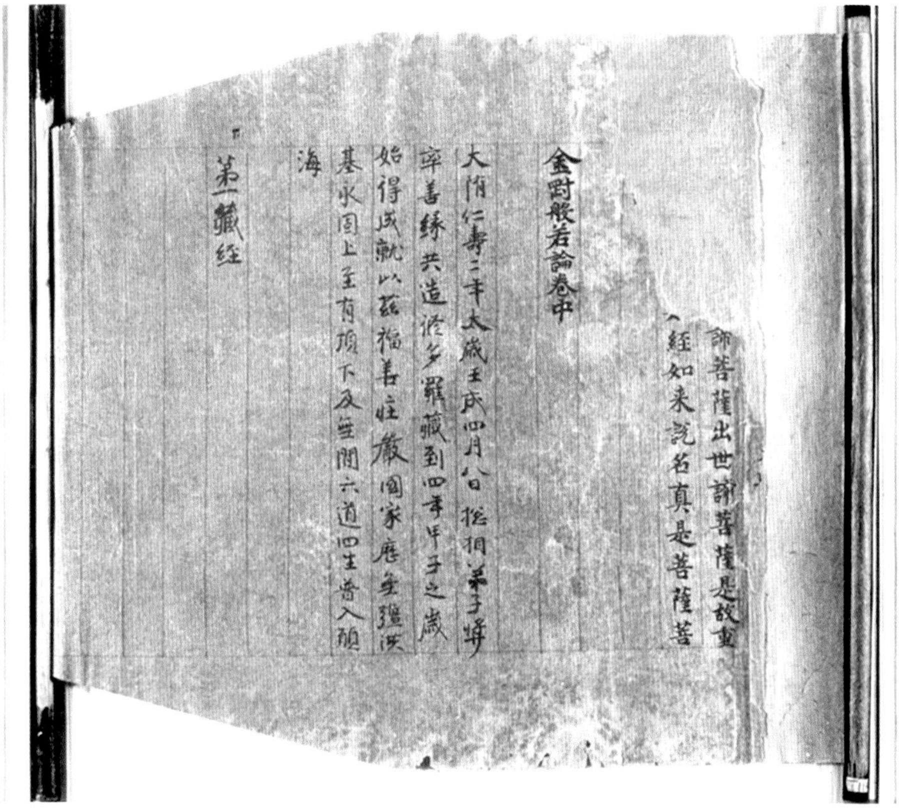

圖二　隋仁壽二年（602）寫金剛般若波羅蜜經論卷中題記
（MIK III 114）

總目

序

與敦煌藏經洞出土文獻相比，吐魯番出土文獻號稱難治，因爲它們來自盆地内許多遺址，有石窟，有地上寺院，也有墓葬，時代跨度長，内容也更加分散，加上各國探險隊的分裂轉移，使其支離破碎，甚至一些原本是同一寫卷，卻被分割數段，散在四方。因此，研究吐魯番文獻，首先需要盡可能地調查文獻所在，進行殘片綴合或文書匯總的工作。

筆者自一九八四年負笈萊頓，即以訪查敦煌、吐魯番文獻殘卷爲己任。翌年走訪英、法、德、丹麥、瑞典等國，收集資料，抄録文本，在倫敦接觸斯坦因第三次探險所獲吐魯番文書，於西柏林獲得原藏美因茨科學院之德國探險隊收集品圖片。一九九〇年訪學日本，得東友之助，除遍覽龍谷大學大宫圖書館藏大谷文書外，又走訪東京、京都兩國立博物館，探訪藤井有鄰館、寧樂美術館、天理圖書館，以及藏有吐魯番文書舊照片的羽田紀念館，於吐魯番所出片紙隻字，亦不放過。一九九六年五月至八月，有機會到德國柏林自由大學講學，盡三月之力，通檢德國國家圖書館、印度藝術博物館、德國柏林與勃蘭登堡科學院吐魯番研究所三地所藏吐魯番文獻，將所有非佛教文書悉數依原大録出，收穫極大。同年末及翌年初，以耶魯大學爲基地，走訪美國藏品，喜見普林斯頓大學葛思德東方圖書館藏一組吐魯番文書，尚不爲學界所知。與此同時，於國内所藏吐魯番文獻，也隨時訪查，多所寓目，尤其在旅順博物館、新疆維吾爾自治區博物館、吐魯番地區博物館所見最多，其餘甘肅省博物館、中國國家圖書館、中國國家博物館、北京大學圖書館、上海圖書館等，所藏雖不算多，但也不乏精品。此外，又有機會數次訪問列寧格勒和後來的聖彼得堡，於東方文獻研究所敦煌、西域文獻收藏中，得見吐魯番文書真跡，後來也在日本東洋文庫，瀏覽所有俄藏吐魯番寫本縮微膠卷。

世界範圍收藏的吐魯番文獻，有些已經集中刊佈，如新疆博物館、英國圖書館、龍谷大學、寧樂美術館等處所藏，都有録文專集。但吐魯番文獻分散凌亂，作爲一名歷史學研究者，將散藏之非佛教文獻匯爲一編，是筆者很早就産生的想法。然而此事頭緒紛雜，非一人之力所能完成，因此邀約同好，共同推進。尤其海外藏品的調查，由此得以接力進行，如普林斯頓藏卷，先後有陳懷宇、姚崇新的訪查；日本藏品，則有余欣、朱玉麒先後拓展；俄國藏卷，曾與孟憲實在涅瓦河畔分工抄録；還有劉屹在柏林、付馬在赫爾辛基，均有所推進。

將散藏吐魯番文獻真正開始匯於一編，則發端於二〇〇五年。當年筆者獲得教育部人文社科基金支持，與李肖、孟憲實合組工作小組，開始進行「新出土及海内外散藏吐魯番文獻的整理與研究」重點研究項目，因爲擔心合作方吐魯番地區博物館所藏新出文書不敷所用，因此把散藏吐魯番文獻也作爲重點。結果新獲吐魯番文獻的豐富材料，足以支撑起整個項目，到二〇〇八年十二月結項時，僅僅新獲吐魯番出土文獻，即爲圖文對照本兩巨册，加上新獲吐魯番出土文獻研究論集、秩序與生活：中古時期的吐魯番社會兩本論集，碩果累累。我們同時提交的結項報告書吐魯番出土文獻散録的初稿，也就不夠彰顯，其中提交的一册，還出現在布衣書局網上書店中，被我們高價購回。但項目一結，人員分散，散録的工作，也就耽擱下來。

十年來，雖然不時發奮加力，始終没能告成。一旦推延下來，就不斷有新的材料出現，這雖然不是壞事，但對於編輯一部書來説，牽一髮而動全身，所以修修補補，曠日持久。最近一年來，不斷發力，在史睿、游自勇、朱玉麒諸君協助下，終於接近完稿。

本書所收各個館藏文獻情形，以及分類原則、編排格式等等，前言與凡例都做了清楚的交待，此不贅述。總體來説，把這些零散的漢文典籍，即傳統中國的四部典籍，以及道經、摩尼教文獻和佛典題記匯聚在一起，更加展現了西域地區的多元文化面貌，特别是古代高昌地區漢文化的普及，有些寫卷更表明當地文化水平之高，以及與中原内地的密切交往。公私文書則表現從高昌郡、經高昌國，到唐西州時期當地社會、經濟、文化的方方面面，中原王朝各項制度有條不紊地在那裏運行，漢文文書爲這種行政運作提供了物質保證。這些散藏的吐魯番文獻，與其他各組吐魯番文書一起，構成我們認識絲綢之路以及絲路城市高昌的整體面貌，文字不論多少，都是不可或缺的典籍資料。

經過三十多年的努力，本書終於即將出版。掩卷之際，感慨繫之。這本書的産生，凝聚了編纂小組成員的多少汗水；也得到許多海内外同行友人的鼎力支持，太多的名字需要列出，太多的感激需要言説。爲了不要讓這篇序言過於冗長，我想對本書所收文獻所在單位的各位先生表示誠摯的謝意，感謝你們爲我們調查相關材料給予的幫助，也感謝爲這項工作提供幫助的其他人員，最後還要感謝中華書局承擔繁瑣的出版工作，以及責任編輯李勉女史的辛勤勞動。

在這本書的編撰過程中，筆者再次感到衆人合作的力量，感受到爲學術而凝聚的友情。現在，編纂小組與幫忙朋友中的許多人天各一方，彼此恐怕不再有機會往來，在此謹以此序，記録下這段友情，也表達我深深的感念。

榮新江

二〇一九年五月二十日於朗潤園

前言

榮新江

與敦煌文獻相比，吐魯番出土文獻的流散情況更爲複雜。目前所知，數量較多的吐魯番文獻收藏在德國國家圖書館、英國國家圖書館、芬蘭赫爾辛基大學圖書館、日本龍谷大學圖書館、書道博物館、中國國家博物館、新疆維吾爾自治區博物館、吐魯番地區博物館、旅順博物館，而少量的收集品則分散在多家中外博物館、圖書館，甚至私人手中。

吐魯番文獻的來源也比敦煌文獻複雜，分別來自吐魯番盆地多處遺址，有城址，也有石窟（千佛洞），還有墓葬，大多數比較零碎。吐魯番文獻的內容雖然也是以佛典居多，但其他宗教如摩尼教、景教的文獻也不在少數，而且世俗文書也豐富多彩，年代從十六國時期的高昌郡時代甚至更早，經高昌國、唐西州，到高昌回鶻和元朝統治下的畏兀兒王國時期，都有留存。

到目前爲止，一些比較集中的文獻已經做過系統的整理和刊佈，比如日本龍谷大學圖書館藏大谷文書、英國國家圖書館藏斯坦因所獲吐魯番文書、日本奈良寧樂美術館藏蒲昌府文書、中國國家博物館藏黄文弼文書、旅順博物館藏大谷探險隊所獲文書，以及新疆博物館、新疆文物考古研究所與吐魯番博物館所藏解放後出土吐魯番文獻等，都整理出版過圖文對照的合集，或隨考古報告而刊佈。我們編輯這本吐魯番出土文獻散録，專收這些合集之外的各處吐魯番文獻收集品中的非佛教文獻材料，既包括傳統的經史子集，也包括道教、摩尼教文獻和佛典題記，最後是篇幅較多的公私文書，典籍與文書分爲上下兩編。我們相信，這些散藏文書的重新匯聚，必將有助於今後吐魯番文獻的整理與研究，並爲更廣闊領域的學者提供有價值的文獻信息。

以下就本書所收吐魯番文獻的館藏情況和文獻價值，略作闡述。

一、德國國家圖書館和亞洲藝術博物館

德國的國家圖書館（Staatsbibliothek Preussischer Kulturbesitz）和亞洲藝術博物館（Museum für Asiatische Kunst der Staatlichen Museen zu Berlin）是世界上收藏吐魯番出土文獻最多的機構之一，其來源是二十世紀初由格倫威德爾（Albert Grünwedel）和勒柯克（Albert von Le Coq）率領的德國四次吐魯番考察隊的收集品。

四次吐魯番考察隊所獲資料最初入藏於柏林民俗學博物館，在入藏時給每件材料都編過號碼。這種舊編號以T開頭，指吐魯番考察隊所得資料；然後空格接寫羅馬數字 I、II、III、IV 表明是第一、二、三、四次考察所得；後再空格寫出土地的縮寫字母，主要有 B = 葡萄溝（Bulayïq）景教寺院遺址，D = 高昌故城，K = 高昌故城 K 寺遺址，K = 庫車地區（均爲第四次探險所得，前面作 T IV），Kurutka = 庫魯塔格遺址，M = 木頭溝石窟，S = 勝金口，Š = 碩爾楚克，T = 吐峪溝，TB = 柏孜克里克石窟，B TV（或 TV）= 吐魯番山前坡地，x = 出土地不詳，Y = 雅爾湖（交河古城），α = 高昌故城 α 寺遺址；μ = 高昌故城 μ 遺址。遺址縮寫後空格寫數字編號。此外，還有一些編號是整理者所加，如 TM 表示突厥語摩尼教文獻。這種編號比較混亂，時有差錯，但它能指明一些寫本的原始出土地，所以仍值得重視。

這些出土文獻在第二次世界大戰期間分藏在德國各地，二戰後分別歸東、西德所有。東德所藏均入藏於東

德科學院歷史與考古中央研究所（Zentralinstitut für Alte Geschichte und Archäologie），並按文種重新編號，即Ch＝漢文文書，Ch/U＝漢文和回鶻文分别在正背面或混寫在一面的文書，M＝摩尼文文書，MongHT＝蒙文文書，So＝粟特文文書，Ch/So＝漢文和粟特文在正背面或混寫在一面的文書，編號順序與So相同，Syr＝叙利亞文文書，Tib＝古藏文文書，Tu＝吐魯番發現的古藏文文書，U＝回鶻文文書，等等。西德所藏的一批文獻材料，於一九四七年轉移到美因茨（Mainz）科學院收藏，編爲Mainz號，後歸入德國國家圖書館東方部，編號未變。藏在各處的文物資料則歸印度藝術博物館（Museum für Indische Kunst，即亞洲藝術博物館前身之一）收藏，編號爲MIK III，後接數字，其中也有部分文書，或者是寫在繪畫正背面的文字資料。兩德統一後，凡文獻類材料一律歸德國國家圖書館收藏，文物材料則歸印度藝術博物館收藏，部分從萊比錫博物館移交的文書則兩屬，即Ch/U 8000～8182號，同時也編作MIK III 028417～031776號。

德藏吐魯番出土文獻數量巨大，内容豐富，自從被帶回柏林之日起，就有各科專家分别加以整理，迄今未曾中斷。我們這裏只涉及漢語文獻。

漢語文獻原本主要收藏於東德科學院，自一九六七年開始，東德學者在日本學者的幫助下，編製了兩本目録，即施密特（G. Schmitt）與梯婁（Th. Thilo）主編的漢文佛典殘片目録第一卷和梯婁主編的第二卷，著録了兩千多號的佛典斷片，按大正藏的順序排列〔一〕。兩德統一後，德國方面因無研究吐魯番漢文佛典的人才，佛典的編目工作主要由日本龍谷大學的百濟康義負責。多年來，他一直從事這些非常破碎的佛教文獻的編目工作，做出

〔一〕G. Schmitt & Th. Thilo, *Katalog chinesischer buddhistischer Textfragmente I*, in Zusammenarbeit mit Taijun Inokuchi, mit einem Anhang von Akira Fujieda und Th. Thilo（BTT VI）, Berlin 1975; Th. Thilo; *Katalog chinesischer buddhistischer Textfragmente II*（BTT XIV）; Berlin 1985.

了巨大的貢獻。他曾把二戰後收藏在美因茨、現歸德國國家圖書館的佛典殘片編了一個簡要目録，即美因茨資料目録——原西柏林所藏中亞出土漢文佛典資料〔一〕。此外，他生前還編有一本柏林所藏新疆出土漢文文獻總目（試行本）〔二〕，是一份簡要的對照目録，但其中給出了不少過去没有比定過的佛典的大正藏編號和位置，這無疑是近年來電子佛典對吐魯番佛典殘片編目工作幫助的結果。二〇〇五年，百濟康義所編柏林藏吐魯番收集品中的漢文佛教文獻第三卷得以刊行〔三〕。這是上述柏林吐魯番文獻叢刊中漢文佛典殘片目録第一—二卷的延續，主要著録漢文佛典殘片目録第一—二卷中未比定的德藏吐魯番文獻 Ch 和 Ch/U 編號的佛典，雖然還没有把這兩個編號的佛典殘片全部比定，但已經相當可觀了。

至於德藏吐魯番出土文獻中的非佛典文獻的編目工作，早年梯婁做過一些户籍、摩尼教文獻殘片的研究。兩德統一後，德國方面委托給京都大學的西脇常記整理，他從一九九五年開始陸續發表一些相關的研究文章，二〇〇一年出版了所編的柏林吐魯番收集品中的漢文文獻目録〔四〕，二〇一四年又出版了所編柏林吐魯番收集品中的漢文印本目録〔五〕。非佛典文獻的内容豐富而龐雜，包括摩尼教讚美詩和發願文、道教經文、儒家典籍、音韻

〔一〕マインツ資料目録——舊西ベルリン所藏中央アジア出土漢文佛典資料，龍谷紀要第二十一卷第一號，一九九九年，一—二三頁。

〔二〕ベルリン所藏東トルキスタン出土漢文文獻總目録（試行本），京都：龍谷大學佛教文化研究所西域研究會，二〇〇〇年。

〔三〕K. Kudara, *Chinesische und manjurische Handschriften und seltene Drücke*, 4. *Chinese Buddhist Texts from the Berlin Turfan Collections*, vol. 3, ed. by Toshitaka Hasuike and Mazumi Mitani, Stuttgart: Franz Steiner Verlag, 2005.

〔四〕T. Nishiwaki, *Chinesische und manjurische Handschriften und seltene Drucke*, 3. *Chinesische Texte vermischten Inhalts aus der Berliner Turfansammlung*, Stuttgart 2001.

〔五〕T. Nishiwaki, *Chinesische und manjurische Handschriften und seltene Drucke*, 7. *Chinesische Blockdrucke aus der Berliner Turfansammlung*, Stuttgart 2014.

書、醫方書、占卜書、籍帳等等，史書中還有史記和漢書的殘片。它們爲研究西域的經濟文化、社會風俗、民間信仰等提供了寶貴材料，各類文獻大多已得到研究利用〔一〕。印本大多數是大藏經的刻本殘片，少量屬於世俗文獻。

一九九六年六—八月間，筆者在柏林德國國家圖書館、印度藝術博物館、柏林科學院吐魯番研究所，系統翻閲了德藏吐魯番文獻，抄録了所有非佛教文獻，並陸續就所關心的典籍和文書做過一些探討，一九九八年在德國吐魯番收集品中的漢文典籍與文書一文中，給出了非佛典文獻的草目〔二〕。在此基礎上，結合以上所示漢文佛典殘片目録第一—二卷、柏林所藏新疆出土漢文文獻總目（試行本）、美因茨資料目録、柏林藏吐魯番收集品中的漢文佛教文獻第三卷、柏林吐魯番收集品中的漢文文獻，以及已刊相關論文，二〇〇七年編成吐魯番文書總目（歐美收藏卷）〔三〕。目前，所有德藏吐魯番漢文文獻的圖版都已經在IDP網站（http://dp.bl.uk/）上公佈，因此相關的研究論著也不斷涌現。

德國吐魯番收集品主要來自寺院的圖書館，因此典籍類較多，這些典籍寫本有的就是寺院的正式藏書，有的則因背面抄寫佛經而留存，其中經部有毛詩小雅采薇至出車、毛詩小雅魚藻之什、毛詩正義、尚書虞書大禹謨、禮記坊記、御注孝經五刑章（唐玄宗）、春秋經傳集解、爾雅釋天至釋地（郭璞注）、爾雅音義、玉篇、切韻，史部有史記卷六七仲尼弟子列傳、漢書卷四〇張良傳、春秋後語卷一秦語上（盧藏用注）、大唐西域記、歷代法寶記，子部

〔一〕部分比較集中的研究，如關於音韻書，參高田時雄敦煌・民族・語言，鍾翀等譯，北京：中華書局，二〇〇五年；關於醫方書，參馬繼興當前世界各地收藏的中國出土卷子本古醫藥文獻備考，敦煌吐魯番研究第六卷，北京：北京大學出版社，二〇〇二年，一一九—一八二頁；關於籍帳，參池田温中國古代籍帳研究，東京：東京大學出版會，一九七九年。

〔二〕饒宗頤主編華學第三輯，北京：紫禁城出版社，一九九八年，三〇九—三二五頁。

〔三〕榮新江主編吐魯番文書總目（歐美收藏卷），武漢：武漢大學出版社，二〇〇七年。

有耆婆五藏論、諸醫方髓、本草經集注、療諸風方、劉涓子鬼方，還有各類占卜文書，如廿八宿日占日月蝕、地動法、京氏易占（擬）、解夢書，集部有古詩集、幽通賦注單行本、文選李善注；還有一些道經，如莊子齊物論疏（成玄英）、靈寶經目録、太上洞玄靈寶無量度人上品妙經、太上洞玄靈寶昇玄内教經、太玄真一本際經，甚至有摩尼教文獻，如惠明布道書、下部讚、發願文。因爲佛典往往用公文書的背面抄寫，因此也有不少文書得以留存下來，如户籍、田畝簿、兵役名籍、契約、各種牒狀，等等，内容涵蓋面廣，是本書主要的構成部分。

附：日本大阪四天王寺出口常順藏卷

這個現存日本的小宗收集品原本是德藏吐魯番文獻，一九三二—一九三三年出口常順曾逗留柏林，從土耳其人阿合買提（G. R. Rahmati）手中買到這批德藏吐魯番殘卷。一九七八年，藤枝晃做了初步整理，按原大全部影印爲高昌殘影——出口常順藏吐魯番出土佛典斷片圖録（非賣品），使學界得見這批文書的全貌。此後，藤枝晃主持讀書班，繼續整理釋讀，於二〇〇五年出版吐魯番出土佛典之研究：高昌殘影釋録[一]。其中包括高昌吉凶書儀、祭法書、廿八宿日占日月蝕、地動法、太上洞玄靈寶業報因緣經、道德經河上公注，以及户籍、牒狀之類的公私文書，與德藏文書有的可以直接綴合。

二、俄羅斯科學院東方文獻研究所

由於俄國版圖與中國新疆比鄰，在中亞探險考察方面，俄國早就走在了西方列强的前面。與之同步，俄國駐

〔一〕藤枝晃主編トルファン出土佛典の研究：高昌殘影釋録，京都：法藏館，二〇〇五年。

新疆喀什、烏魯木齊等地的外交官也早就開始收集中亞文物和文獻。這些西域文獻現在主要收藏在俄羅斯科學院東方文獻研究所(Institute of Oriental Manuscripts, Russian Academy of Sciences)。俄羅斯的收集品來路衆多，內容廣泛，因此比較混亂。這些文書大多没有原始編號，因爲有不少是從挖寶人那裏得來的，其來歷本來就是不清楚的，一般只是在SI(＝Serindia，西域)的後面，加上收集者的名字的縮寫，包括B.(＝Berezovsky／別列佐夫斯基)、Kr.(＝Krotkov／克羅特科夫)、Kle.(＝Klementz／克萊門茨)、Rob.(＝Roborovsky／羅波洛夫斯基)、M.(＝Malov／馬洛夫)、O.(＝Oldenburg／奥登堡)、P.(＝Petrovsky／彼得羅夫斯基)、S.(＝Strelkov／斯特雷爾科夫)。二〇〇九年起，這些收集品統一採用SI編號。

由於俄藏中亞各地所獲文獻數量龐大，大多數是按照語言分別編號收藏的，有些漢文文書因爲另一面有回鶻文、粟特文或其他文字，而歸入其他編號系列；相反，有些回鶻文、粟特文或其他文字的文書，也可能因爲有漢文或其他文字而闌入漢文或其他編號系列。辨清這些文獻是一件困難的事，過去學者們曾經利用文書的內容、印鑒等，從Φ. 和Дх. 兩個敦煌文書的編號中，辨別出一些混入的吐魯番文書，關尾史郎俄羅斯聖彼得堡所藏敦煌文獻中的吐魯番文獻[一]、陳國燦俄藏敦煌文獻中吐魯番出土的唐代文書對此有所輯録[二]。可喜的是，隨着二〇〇一年俄藏敦煌文獻第一七册的出版，編作Дх. 17015～17435號的克羅特科夫收集的部分吐魯番漢文文獻首次面世[三]，

〔一〕關尾史郎ロシア、サンクト＝ペテルブルゲ所藏敦煌文獻中のトゥルファンについて，敦煌文獻の綜合的・學際的研究(平成十二年度新瀉大學プロジェクト研究成果報告)，二〇〇一年，四〇—四九頁。

〔二〕載敦煌吐魯番研究第八卷，北京：中華書局，二〇〇五年，一〇五—一一四頁。

〔三〕俄羅斯科學院東方學研究所聖彼德堡分所、俄羅斯科學出版社東方文學部、上海古籍出版社合編俄藏敦煌文獻第一七册，上海：上海古籍出版社，二〇〇一年。

其中主要都是刻本佛典，從版本學、文獻傳播史來看都有不少有價值的材料。此外，Sl. Kr. 編號的回鶻文文書中，還有大量的漢文寫本，這部分的縮微膠卷由日本東洋文庫拍攝入藏，近年來我們在走訪俄羅斯科學院東方文獻研究所和東洋文庫時，看到部分非佛教文書，各國學者在研究回鶻語文書時也發表了一些漢文寫本，可資參考。

俄藏吐魯番文獻中有不少重要的文本，如與德藏寫本可以綴合的禮記坊記、一切經音義、耆婆五藏論、諸醫方髓、文選李善注本，表明兩地收集品存在密切關聯；另外，還有史記、高昌國編年史、唐律令抄本、黄石公三略、針灸甲乙經、淮南子、前秦擬古詩等其他地方未見收藏的文獻。文書部分則有前秦建元十三年（三七七）買婢契、建元十四年（三七八）買田券、高昌石垂渠諸地見種青苗曆，都是珍貴的公私文書，而周大足元年（七〇一）西州高昌縣順義鄉籍殘卷，與龍谷大學藏大谷文書、旅順博物館藏吐魯番文書、書道博物館藏卷、芬蘭馬達漢（Carl Gustav Emil Mannerheim）收集品屬於同一户籍文本，是一件難得的多國藏品拼合成一件文書的佳例。

三、美國普林斯頓大學葛思德東方圖書館

美國普林斯頓大學的葛思德東方圖書館（Gest Oriental Library, Princeton University）也收藏有少量出自吐魯番的文書，它們是與一些敦煌文獻一起購自旅居此地的羅寄梅，而羅氏則從畫家張大千那裏得到這批文書，推測應當是一九四〇年代張大千在敦煌期間所得。一九八九年，布里特（J. O. Bullitt）普林斯頓收藏的敦煌寫本殘卷一文做過簡單介紹[一]，但作者不是專門研究吐魯番文獻的學者，所以有些説明不夠準確，所刊佈的圖版也不全，

〔一〕J. O. Bullitt, "Princeton's Manuscript Fragments from Tun-Huang", *The Gest Library Journal*, III, 1-2, 1989, pp. 7-29.

一件完整的文書往往只發表了局部。陳國燦美國普林斯頓所藏幾件吐魯番出土文書跋一文，根據該文所刊佈的照片，對其中一些文書做了精細的研究，並説明了文書的價值〔一〕。陳懷宇把這組吐魯番文書做了系統的整理，撰成普林斯頓葛思德圖書館藏敦煌吐魯番漢文寫本一文，二〇一〇年發表在葛思德圖書館的館刊上，公佈了全部彩色照片，並做了録文和詳細的解題〔二〕。此外，他還另撰普林斯頓所見羅氏藏敦煌吐魯番文書一文，介紹了一件没有入藏普大的吐魯番文書〔三〕。

一九九六年末，筆者有幸走訪葛思德圖書館，看到了所有的吐魯番文書，也訂購了一些照片。葛思德的吐魯番文書數量不多，但其中有一些是其他地方没有的收藏，如一組考試策問答卷，是十分珍貴的唐朝教育史料；還有一些比較有研究價值的文書，如高昌郡時期的隨葬衣物疏、唐開元二十三年（七三五）告身、唐天寶八載（七四九）一組官文書，都是很有價值的材料。

四、芬蘭國家圖書館

一九〇六—一九〇八年，在沙皇俄國供職的芬蘭人馬達漢奉命前往新疆、甘肅等地刺探軍事、地理等方面的情報，同時也接受赫爾辛基的芬烏協會（The Finno-Ugrian Society）的委托，收集古物和人種學資料。他在吐魯

〔一〕魏晉南北朝隋唐史資料第一五輯，武漢：武漢大學出版社，一九九七年，一〇九—一一七頁。英譯見 Chen Guocan（tr. J. K. Skaff），"The Turfan Documents at Princeton's Gest Collection", *Early Medieval China*, 6, 2000, pp. 74-103.

〔二〕Chen Huaiyu, "Chinese Manuscripts from Dunhuang and Turfan at Princeton's Gest Library", *The East Asian Library Journal* 14/2, 2010, pp. 1-208.

〔三〕載敦煌學第二五輯，二〇〇四年，臺北：樂學書局，二〇〇四年，四一九—四四一頁。

番、和田等地收集的文書資料，一九七一年由芬烏學會移交赫爾辛基大學圖書館（The Helsinki University Library）保存。一九七七年，哈倫（Harry Halén）在所著芬蘭東方收集品手册中，對這批收集品的全貌做了簡要的記録，計有漢文寫本一千九百一十七件、回鶻文七十件、梵文九件、于闐文二件，還有一些粟特文和中古波斯文的卷子〔一〕。一九八〇年代初，百濟康義前往赫爾辛基，拍攝了所有文書的照片，帶回龍谷大學，並撰寫了簡要介紹〔二〕，但一直没有對這批文書進行整理編目。

一九九九年，哈倫發表馬達漢男爵對古代中亞寫本的獵取一文，對馬達漢在吐魯番的交河和高昌故城所獲數以千計的漢文寫本做了簡要介紹，指出其中除了常見佛典外，還有早期的高昌郡寫經、兩件高昌王寫經，以及佛經注疏和疑僞經。至於非佛教文書，數量很少，只提到一件帶有朱印的官府文書〔三〕。二〇〇八—二〇〇九年，西脇常記兩次前往赫爾辛基，對馬達漢收集的吐魯番文獻做了調查，撰寫了關於馬達漢收集品一文，提示其中有價值的佛典、道經和世俗文書，并編製了簡要的目録〔四〕。學界由此得窺馬達漢收集的吐魯番文獻的全貌。北京大學歷史系博士生付馬於二〇一〇—二〇一一年赴赫爾辛基大學進修期間，筆者也托他對馬達漢收集品進行調查，獲得不

〔一〕H. Halén, *Handbook of Oriental Collections in Finland*, London & Malmö, 1977.

〔二〕K. Kudara, "Chinese Buddhist Manuscripts from Central Asia in the Mannerheim Collection", *Proceedings of the Thirty-First International Congress of Human Sciences in Asia and North Africa*, II, ed. T. Yamamoto, Tokyo, 1984, pp. 995-997.

〔三〕H. Halén, "Baron Mannerheim's Hunt for Ancient Central Asian Manuscripts", *Studia Orientalia*, 87, 1999, pp. 109-116; also in *C. G. Mannerheim in Central Asia* 1906-1908, ed. by P. Koskikallio and A. Lehmuskallio, Helsinki: National Board of Antiquities, 1999, pp. 47-51.

〔四〕西脇常記マンネルヘイム・コレクションについて，作者中國古典時代の文書の世界——トルファン文書の整理と研究，東京：知泉書館，二〇一六年，一六九—一八五頁。

少重要的信息。近年，赫爾辛基大學圖書館改名爲芬蘭國家圖書館，馬達漢收集品仍歸芬烏協會管理。

這批吐魯番文獻雖然主要是佛典，但也有非常值得關注的非佛教文獻，如道教的老子道德經序訣，可以與旅順博物館藏卷綴合；道經有太上消魔保真安志智慧本願大戒上品。此外還有前面提到的周大足元年户籍及其他户籍殘片，不過有一些因爲未見圖版，没有收入本書，十分遺憾。

五、書道博物館

位於東京台東區的書道博物館，原來是畫家中村不折（一八六八—一九四三年）的庭院，裏面收藏着他陸續獲得的晚清任職新疆、甘肅兩地的官員王樹枏（晉卿）、梁玉書（素文）、何孝聰、孔憲廷等人舊藏的敦煌吐魯番文物，還有一些得自曾經旅行陝甘等地的老田太文、旅行新疆的陸軍大佐日野强、文求堂主人田中慶太郎以及勝山岳陽、江藤濤雄、黑田久馬等人之手，多少不等〔一〕。直到一九九六年之前的編目、研究情況，筆者在海外敦煌吐魯番文獻知見録一書中，曾做了詳細的分類叙述〔二〕。一九九六年，陳國燦先生東訪吐魯番文書紀要（三）一文，依據書道博物館所藏經卷文書目録附解説，將書道博物館所藏確屬吐魯番出土的文獻進行了編目〔三〕，這一目録後來增補修訂爲陳國燦、劉安志主編吐魯番文書總目（日本收藏卷）的書道博物館部分〔四〕。

〔一〕中村不折新疆卜甘肅ノ探險，東京：雄山閣，一九三四年，五—七頁。

〔二〕榮新江海外敦煌吐魯番文獻知見録，南昌：江西人民出版社，一九九六年，一七四—一八三頁。

〔三〕魏晉南北朝隋唐史資料第一四輯，武漢：武漢大學出版社，一九九六年，一五三—一六六頁。

〔四〕武漢：武漢大學出版社，二〇〇五年，四八七—五五一頁。

由於書道博物館經營管理不善，最後私家無法繼續經營，於是轉歸東京都台東區政府。二〇〇〇年，台東區立書道博物館正式重新開館，原來蚊蠅滿室的舊樓，變成窗明几净的新館。更讓學界感激不盡的是，經過磯部彰教授等人的不懈努力，主編的大型圖録台東區立書道博物館中村不折舊藏禹域墨書集成一函三巨册（以下簡稱中村集成）在二〇〇五年出版，收録了書道博物館藏幾乎全部敦煌吐魯番文獻的彩色照片，雖然是「非賣品」，但學術界可以利用這些珍貴的資料〔一〕。

雖然書道博物館所藏的一些重要典籍、佛經題記、官私文書已經有圖版和録文發表，如新疆布政使王樹枏新疆訪古録、中村不折禹域出土墨寶書法源流考、書苑雜誌的第六卷第九號和第七卷第二號兩輯書道博物館藏西域出土寫經專號、金祖同流沙遺珍等，但中村集成首次提供了書道博物館所藏敦煌吐魯番文獻的全部清晰圖片，讓我們得以全面把握這批多數爲早期出土於吐魯番的文獻材料，比如清末王樹枏、梁玉書收集並已裝裱在卷子上的寫經斷片，數量非常之多，有的「寫經殘卷」上甚至多達數百片殘片。筆者曾囑托研究生包曉悦利用大藏經電子數據庫，比定斷片，考證内容，編成日本書道博物館藏吐魯番文獻目録〔二〕，據此可知書道博物館的豐富收藏。

屬於中原傳統典籍的有春秋左氏傳服虔注、三國志卷五七吴書虞翻傳、三國志卷六五吴書韋曜華覈傳，已爲人熟知。新比定的有漢紀孝武皇帝紀，出自鄯善吐峪溝，從書法看應是高昌郡時期寫本。此前一九八〇—一

〔一〕磯部彰編集台東區立書道博物館中村不折舊藏禹域墨書集成，東京：文部科學省科學研究費特定領域研究東亞出版文化研究總括班，二〇〇五年。

〔二〕分見吐魯番學研究二〇一五年第二期、二〇一六年第一期、二〇一七年第一期。

九八一年吐魯番柏孜克里克千佛洞也曾出土漢紀孝武皇帝紀，從書法看寫本時代稍早。有意思的是，兩篇荀悅漢紀的寫本，所抄内容都是有關西域的部分，這恐怕不是偶然的巧合。過去不爲學界所知的新材料是編號SH. 130的一個卷軸，卷首題籤「吐魯番出土唐人墨蹟，宣統辛亥嘉平月，素文所藏，四十四」，可知爲晚清新疆財務清理官梁玉書舊藏，其上共粘貼有十八塊大小不等的殘片，中村集成定名爲「月令」〔一〕。經學者們的整理和考釋，其内容包括梁武帝會三教、天安寺疏圃堂詩，梁簡文帝侍游新亭應令、經琵琶峽、漢高廟賽神詩，古詩文雜鈔，唐玄宗御製初入秦川路逢寒食詩殘片，而篇幅最長的是一篇唐人的朋友書儀，可以和磯部武男所藏書儀殘片綴合。書儀之外，間有雜寫〔二〕，其中的唐玄宗詩，可與英國圖書館藏Or. 8212/599(Kao. 094. b)綴合，知原爲高昌故城出土〔三〕。此外，還有唐「向者逞高才」詩文殘片、別本開蒙要訓、唐人習字。

屬於道教經典的寫本也很重要，有老子道德經序訣、老子道德經、太上洞玄靈寶昇玄内教經、洞玄靈寶長夜之府九幽玉匱明真科、洞真太一帝君太丹隱書洞真玄經。前三件據所裱册頁的題籤，可以知道爲吐峪溝出土，故此被原收藏者當作佛經斷片；最後一件所在的册頁，「收新疆出土真跡殘片九九種」，所以也是吐魯番出土的道

〔一〕中村集成中，二八四—二八七頁。

〔二〕王三慶中村不折舊藏禹域墨書集成月儀書研究，慶賀饒宗頤先生九十五華誕・敦煌學國際學術研討會論文集，北京：中華書局，二〇一二年，六六〇—六六五頁；吳麗娛、陳麗萍中村不折舊藏吐魯番出土朋友書儀研究：兼論唐代朋友書儀的版本與類型問題，黃正建主編中國社會科學院敦煌學回顧與前瞻學術研討會論文集，上海：上海古籍出版社，二〇一二年，一六三—一九五頁；又刊西域研究二〇一二年第四期，八七—一〇四頁；王三慶再論中村不折舊藏禹域墨書集成月令卷之整理校勘及唐本月儀書之比較研究，成大中文學報第四〇期，二〇一三年，三三—七六頁。

〔三〕朱玉麒吐魯番文書中的玄宗詩，朱玉麒主編西域文史第七輯，北京：科學出版社，二〇一二年，六三—七五頁。

經斷片。書道博物館還有不少早期佛典都有題記，大涼王且渠安周供養經、南朝蕭齊與蕭梁的寫經等都包含豐富的信息。

書道博物館藏卷中，還有不少世俗文書，早爲學者所知，如唐儀鳳二年（六七七）西州都督府案卷爲北館廚請酬價直事、唐開元四年（七一六）西州柳中縣高寧鄉籍、唐開元年間西州交河縣名山鄉差科簿等，成爲研究唐代社會經濟史的基本史料。

附：静岡縣磯部武男藏卷

磯部武男收藏有若干零碎的敦煌、吐魯番文獻，據丸山裕美子的調查，原本是羽田亨所藏，後歸磯部武男所有〔一〕。其中的朋友書儀、祭文、周聖曆二年（六九九）二月西州五品子鄧遠牒爲勘問銀錢價等事等爲吐魯番文書，書儀寫本可以與書道博物館藏朋友書儀直接綴合〔二〕，故附記於此。

六、東京國立博物館

東京國立博物館所藏非佛教文獻，主要是吐魯番出土絹本樹下人物圖背面裱糊的唐開元四年（七一六）西州柳中縣高寧鄉籍和唐開元年間西州交河縣名山鄉差科簿，與書道博物館藏卷是同一文書，爲現存西州户籍和

〔一〕丸山裕美子静岡縣磯部武男氏所藏敦煌・吐魯番資料管見，唐代史研究第二號，一九九九年，一六—二六頁。

〔二〕丸山裕美子磯部武男氏所藏朋友書儀断簡について（再論）——敦煌秘笈及び中村不折舊藏吐魯番寫本朋友書儀との關係をめぐって，土肥義和、氣賀澤保規編敦煌・吐魯番文書の世界とその時代，東京：汲古書院，二〇一七年，三九九—四一一頁。

差科簿中最長的一件，歷來受到研究者的重視〔一〕。這幅樹下人物圖原來是王樹枏的收藏品，後經顧巨六（名鼇）之手，於一九二五年轉歸日人江藤濤雄，最後入藏東京國立博物館。熱海美術館收藏的樹下美人圖，原爲大谷探險隊收集品，應當是和東京國立博物館的畫卷同出吐魯番某個墓葬，是同組的屏風畫，但其背面的開元四年籍和差科簿早已不知所蹤〔二〕，希望仍然保存在天壤之間。

七、静嘉堂文庫

静嘉堂文庫收藏的吐魯番文獻是一九三五年前後由三菱財團岩崎小彌太在日本購自某個中國書商，此前較少爲敦煌吐魯番學界所知。筆者一九九〇年曾走訪該文庫，對其所藏吐魯番文獻做了詳細的調查，並撰寫静嘉堂文庫藏吐魯番資料簡介一文，對於藏卷内容和原藏者梁玉書，做了詳細的介紹和考索〔三〕。陳國燦、劉安志根據筆者所獲照片，對殘片做了比定工作，編目收入吐魯番文書總目（日本收藏卷）〔四〕。近年來，西脇常記又論證其中大量版刻佛典殘片，實際上出自契丹藏〔五〕。

静嘉堂文庫所藏，應當是梁玉書藏卷中比較零碎的部分，其中也有一些佛典之外的材料，但都比較殘損，筆

〔一〕池田温中國古代籍帳研究，二四三—二四七、二八六—二九〇頁；T. Yamamoto and Y. Dohi, *Tun-huang and Turfan Documents concerning Social and Economic History*, II Census Registers, Tokyo: Toyo Bunko, 1984-1985, (A), pp. 74, 133-134; (B), pp. 115, 207-208.

〔二〕東野治之傳トルファン出土樹下美人圖について，佛教藝術第一〇八號，一九七六年，五三—六四頁。

〔三〕敦煌吐魯番學研究論集，北京：書目文獻出版社，一九九六年，一七六—一八八頁；又收入海外敦煌吐魯番文獻知見録，一八三—一九三頁。

〔四〕吐魯番文書總目（日本收藏卷），五一二—五六一頁。

〔五〕西脇常記静嘉堂文庫藏漢語版本斷片について，文化史學第六九號，二〇一三年，一四五—一九五頁。

者在上述文章中，已經録文並介紹了春秋左氏傳昭公二十五年（杜預集解）、論語顔淵第十二（何晏集解本），還有一些發願文類殘片。但文書的價值有時候並不是由文字多少而確定的，這裏所藏一件唐貞元十一年（七九五）正月録事某牒，就是迄今所知最晚的帶有唐朝年號的吐魯番文書，因此對於唐朝西州政權的權力轉移問題，是一件難得的記録〔一〕。

八、國立歷史民俗博物館

設立於千葉縣的日本國立歷史民俗博物館，收藏有一件唐儀鳳二年西州北館廚牒文。此件文書曾經在一九九〇年十一月的東京「古典籍下見展觀大入札會」上陳列，文書本身部分的圖版，登載在同期展覽圖録上〔二〕。此後，大津透先生根據圖版，把這件文書放到書道博物館和大谷文書中一組北館廚牒的文書群中去研究〔三〕。二〇一四年四月，筆者與朱玉麒教授拜訪大津透先生，得知此件現已入藏國立歷史民俗博物館。後來朱玉麒前往該館，獲觀包括跋文在内的所有圖版，並録出跋文全部内容。此件編號H-1315-20，原裱在一卷軸中，外有原題籤「唐儀鳳二年北館廚殘牒，吐魯番出土，素文珍藏」，與梁玉書藏卷規制完全相同。卷首有甲寅（一九一四）五月

〔一〕參看榮新江摩尼教在高昌的初傳，柳洪亮主編吐魯番新出摩尼教文獻研究，北京：文物出版社，二〇〇〇年，二一五—二三〇頁。

〔二〕筆者曾根據荒川正晴先生提供的跋文信息，知道是梁玉書舊藏，可能是來自藤井有鄰館，見拙著海外敦煌吐魯番文獻知見録，一九〇頁。

〔三〕大津透唐日律令地方財政管見——館驛・驛傳制を手がかりに，日本律令制論集上卷，東京：吉川弘文館，一九九三年，三八七—四四〇頁；收入作者日唐律令制の財政構造，東京：岩波書店，二〇〇六年，二四三—二九六頁。按，此文書的圖版早就爲羽田亨所攝，收藏在京都大學羽田紀念館中，張娜麗曾有調查記録，見所撰羽田亨博士收集西域出土文獻寫真とその原文書——文獻の流散とその遞傳・寫真攝影の軌跡，（築波大學人文社會科學研究科）論叢——現代語・現代文化第五號，二〇一〇年，一二—一四頁。

順德羅惇㬊題記，後有姑臧段永恩跋稱：「右唐高宗儀鳳二年北館廚殘牒，出吐魯番三堡。與余前觀晉卿方伯所藏爲弌紙，惜士人割裂，多售價耳。」[一]這裏所説的晉卿方伯所藏，即現存書道博物館的王樹枏舊藏品。段跋後還有安吴胡璧城、順德羅惇㬊短跋，没有什麼特殊的内容[二]。

九、杏雨書屋

屬於大阪武田科學振興財團的杏雨書屋，收藏有大量敦煌、西域出土文獻。二〇〇九年三月開始，杏雨書屋編集出版敦煌秘笈·影片册，總共九册，刊佈了一直秘不示人的所藏全部資料，其中前四百三十二號爲李盛鐸舊藏敦煌寫本。第433號以後的文獻，主要應當是羽田亨收集的敦煌寫本，但也有少量吐魯番出土文書，本書予以收録。

羽561號的包首題籤：「唐時物價單殘紙，吐魯番出土，素文珍藏」，裱紙有題記：「右唐人物價表，有交河都督府印，當時物直猶可考見，殊可寶也。甲寅五月惇㬊。」可見是梁玉書舊藏吐魯番出土文書，後轉售日本，歸杏雨書屋。卷軸中裱有十九件殘片[三]，均爲唐天寶二年（七四三）交河郡市估案之裂，與學者在大谷文書中找到的屬於同一文書。羽田亨曾拍攝這十九件殘片，但未及研究，其去世後照片歸京都大學文學部所屬羽田亨紀

[一] 朱玉麒段永恩與吐魯番文書的收藏與研究，王三慶、鄭阿財編二〇一三敦煌、吐魯番國際學術研討會論文集，台南：成功大學中國文學系，二〇一四年，四五—四六頁。

[二] 朱玉麒北館文書流傳及早期研究史，西域研究二〇一八年第二期，一二—一三頁。

[三] 杏雨書屋編敦煌秘笈·影片册第七册，大阪：武田科學振興財團，二〇一二年，二八四—二八八頁。

念館收藏，一九九〇—一九九一年筆者在京都時曾快速瀏覽，未及措意。後來池田温抄出並做了仔細的研究〔一〕。杏雨書屋公佈這組殘片的彩色圖版後，片山章雄又續有討論〔二〕。目前看來，有必要對包括旅順博物館藏同一文書殘片的所有交河郡市估案做一個透徹的整理和研究。

羽620爲兩紙官文書，一爲唐開元二年閏二月一日典蒲洪率牒，一爲唐開元二年六月某日府某牒〔三〕，從其前後「連慶示」、「付司玉示」及紙縫所押「玉」字，應當是西州蒲昌府文書，與寧樂美術館、遼寧省檔案館所藏爲同組文書。

十、上野淳一藏卷

著名的晉寫本三國志吴志虞翻陸績張温傳，存字八十行，亦爲吐魯番出土文獻，原爲王樹枏所得，存於其子禹敷處。一九二四年爲白堅所得，十一月白氏撰有跋文，稱「此卷出自新疆鄯善土中，今年秋至都」〔四〕。白堅邀王樹枏、羅振玉撰寫跋文，並用西法影印，奉送同好。王氏跋文頗長，撰寫於乙丑（一九二五）元日，考證此本與

〔一〕池田温盛唐物價資料をめぐって——天寶二年交河郡市估案の斷簡追加を中心に，創價大學シルクロード研究創刊號，一九九八年，六九—九〇頁。
〔二〕片山章雄杏雨書屋敦煌秘笈中の物價文書と龍谷大学圖書館大谷文書中の物價文書，内陸アジア史研究第二七號，二〇一二年，七七—八四頁。
〔三〕杏雨書屋編敦煌秘笈·影片册第八册，大阪：武田科學振興財團，二〇一二年，二六九—二七二頁。
〔四〕白堅跋文發表於支那學第三卷第一一號，一九二五年八月，八三頁；高田時雄李滂と白堅——李盛鐸舊藏敦煌寫本日本流入の背景，敦煌寫本研究年報創刊號，二〇〇七年，二四頁轉録。

今本三國志不同之處三十三事，以證古本價值，是王氏跋文中少有的一篇研究文字〔一〕。王氏跋文且稱：「此卷舊藏兒子禹敷，後歸日本某君，白堅甫以重資購得之。」恐怕並非事實，實際上此卷白堅購自王樹枏，並讓王、羅題跋，以增其值。羅振玉跋寫於乙丑三月，只有六行文字，稱「傳世卷軸之最古者，莫逾於是」〔二〕。羅氏之子羅福成也於同年撰有短跋，稱此卷「今年出土於新疆省吐魯番，爲予友白君堅發見，遂以重值得之，珍如拱璧」〔三〕。一九三〇年，白堅將此卷售予日人武居綾藏。同年八月，內藤虎次郎（湖南）爲武居氏藏卷撰寫跋文，在王樹枏基礎上再加考證古今本異同，並指出白堅後來又將另外一件十行本三國志吳志虞翻傳轉售給中村不折，當爲此卷前面所接部分〔四〕。一九三一年，收藏者武居綾藏將原本影印在古本三國志卷軸中，後附王樹枏、羅振玉、內藤虎次郎諸氏上述跋文，並撰古本三國志邦文解説，叙述此卷來歷，並對比錢大昕三國志考異來説明此本價值。一九三二年武居綾藏去世，此卷後來歸創辦朝日新聞的上野氏家族收藏。一九七六年日本每日新聞社編印的重要文化財第一九卷，刊出卷尾部分圖版，收藏者爲上野淳一氏（No. 121）。據京都國立博物館赤尾榮慶先生二〇〇一年十一月之前赴上野家調查後的報道，此卷軸有鄭孝胥一九二五年題籤「三國志殘卷」，在羅振玉和內藤湖南題跋的中間，還有乙丑三月謝無量的題跋〔五〕。此後，依據本卷所用的相關研究成果頗多，片山章雄先生做過很

〔一〕全文見朱玉麒王樹枏吐魯番文書題跋箋釋，吐魯番學研究二〇一二年第二期，九四—九六頁。

〔二〕羅跋見武居綾藏影印本古本三國志，一九三一年刊。一九二六年，羅振玉曾將此卷影印於所編漢晉書影（增訂版），筆者未見。

〔三〕羅氏跋文發表於支那學第三卷第一一號，八二—八三頁；高田時雄李滂と白堅，二四頁轉録。

〔四〕此跋收入湖南文存卷五，以及內藤湖南全集第一四卷，東京：築摩書房，一九七六年，一二九—一三〇頁；高田時雄李滂と白堅，二四—二五頁轉録。

〔五〕赤尾榮慶上野コレクションと羅振玉，高田時雄編草創期の敦煌學，東京：知泉書館，二〇〇二年，七五—七七頁，口繪三。

好的整理歸納〔一〕，此不贅述。

十一、中國國家博物館

中國國家博物館（原中國歷史博物館，以下簡稱國博）也收藏有不少敦煌吐魯番文書，相對來説，吐魯番文書的收藏似乎更多一些，這一方面是因爲曾經到吐魯番進行考察的黄文弼先生所獲文書後來入藏中國歷史博物館，另一方面是因爲王樹枏、梁玉書、段永恩、羅振玉、吴寶煒、羅惇㬇、周肇祥、唐蘭等著名收藏家舊藏的吐魯番寫經和文書也陸續入藏該館。這些文書除了黄文弼所獲在他本人所著吐魯番考古記中基本上刊佈外，其他資料則外界所知不多，直到一九九四年出版史樹青主編中國歷史博物館藏法書大觀（以下簡稱大觀）第一二卷戰國秦漢唐宋元墨蹟〔二〕和一九九九年出版同書第一一卷晉唐寫經晉唐文書〔三〕，學者們才比較全面地瞭解了國博收藏的吐魯番文書的基本情況。

國博所藏的吐魯番出土的非佛教類典籍和文書，主要是黄文弼在吐魯番考古時所獲和羅振玉舊藏。黄文弼所獲已印入吐魯番考古記〔四〕，雖然圖版品質欠佳，但基本上都發表了；羅振玉舊藏，過去也都由羅氏本人印入

〔一〕片山章雄吐魯番、敦煌發見の三國志寫本殘卷，東海史學第二六號，一九九二年，三三—四二頁。漢譯載文教資料二〇〇〇年第三期，一三七—一五七頁。
〔二〕史樹青總主編中國歷史博物館藏法書大觀第一二卷戰國秦漢唐宋元墨蹟，吕長生主編，東京：柳原書店與上海教育出版社，一九九四年十二月。
〔三〕史樹青總主編中國歷史博物館藏法書大觀第一一卷，楊文和主編，東京：柳原書店與上海教育出版社，一九九九年一月。
〔四〕黄文弼吐魯番考古記，北京：中國科學院，一九五四年；第二版，一九五八年。

貞松堂藏西陲秘笈叢殘〔一〕；這兩部分，此處不再贅述。

其他的吐魯番文書雖然零散，但不乏珍品。屬於高昌郡時代的建平六年（四四二）田地縣催諸軍到府狀，十分完整，對於研究高昌郡軍政體制等都極有參考價值。文書上鈐「周肇祥所鑒定」印，早在一九三四年五月就由周氏影印在藝林月刊第五三期。可惜這個雜誌紙質不佳，一些圖書館不允許隨便翻閲，所以學界很少有人見到其真跡，現在清楚照片在大觀中發表〔二〕，學者們可以正確使用。

羅惇㬊（號復堪）舊藏的唐人真跡兩卷，從某種意義上來説價值更大。兩卷裝裱形式相同，大字書「唐人真跡」，下小字寫「出鄯善縣，復堪珍藏」，分别標「第一卷」和「第二卷」。第一卷中三紙，一爲定遠道行軍大總管牒，存字十五行，記開元五年（七一七）奉定遠道行軍大總管可汗文，自西州差人至軍，判補鹽泊都督府表疏參軍事〔三〕，於西域史研究至關重要。另外兩件殘片，審其内容，應當也是同一組文書的殘片〔四〕。第二卷也裱有三紙，都是關於開元十三年長行坊的同組文書〔五〕。這兩組文書，都是首次發表，爲此前討論西域史、長行坊者所未見，故此引起研究者的注意〔六〕。此二册唐人真跡和羅振玉的敦煌石室唐北庭都護府户籍文牒叢殘册子，都是唐

〔一〕羅振玉編貞松堂藏西陲秘笈叢殘，上虞羅氏刊行，一九三九年。

〔二〕中國歷史博物館藏法書大觀第一一卷，彩圖VI，圖一二三—一二四頁，文二二〇頁。

〔三〕中國歷史博物館藏法書大觀第一一卷，第三七號，圖一七六—一七七頁，文二三五頁。

〔四〕中國歷史博物館藏法書大觀第一一卷，第四九—五〇號，圖一九三—一九四頁，文二三九—二四〇頁。

〔五〕中國歷史博物館藏法書大觀第一一卷，第二三—二五號，圖一五〇—一五三頁，文二二九—二三〇頁。

〔六〕劉安志跋吐魯番鄯善縣所出唐開元五年（七一七）後西州獻之牒稿爲被懸點入軍事，魏晉南北朝隋唐史資料第一九輯，二〇〇二年，二一〇—二一五頁；收入作者敦煌吐魯番文書與唐代西域史研究，北京：商務印書館，二〇一一年，一七七—二〇五頁。

蘭先生一九四八年在北京購得，一九八二年由唐蘭後人捐贈給國博的。

羅惇㬊舊藏中還有一首唐三時詞，鄯善出土[一]。此類俗文學作品，也比較難得。

國博所藏吐魯番文書中還有一件唐開元二十九年西州天山縣南平鄉籍，與北大圖書館藏 D205 號可以綴合。據大觀，此文書是唐蘭舊藏，一九八二年由唐家捐贈國博。

佛經、文書之外的吐魯番出土典籍類的殘卷，主要收入大觀第一二卷戰國秦漢唐宋元墨蹟。其中主要是黄文弼吐魯番考古記刊佈過的白雀元年衣物疏、文選序、尚書大禹謨、毛詩簡兮、孝經三才章。

十二、中國國家圖書館

從清末的京師圖書館，到民國時期的北平圖書館，再到解放後的北京圖書館和中國國家圖書館，這裏都是中國敦煌文獻的最大藏家，除了收獲清廷調運的敦煌藏經洞劫餘遺書外，該館也陸續徵集、收購和獲得文化部、文物局調撥的許多寫卷，其中也包括一些吐魯番文獻。目前，所有該館所藏敦煌遺書都已公佈在國家圖書館藏敦煌遺書中，其中也混入若干吐魯番資料，除了六個編號的卷軸裝吐魯番寫經外，還有兩件文書，分别是 BD09337 唐開元年間瀚海軍狀爲附表申王孝方等賞緋魚袋事[二]和 BD09330 唐軍府規範健兒等綱紀狀[三]，而且兩件都是可以和中國國家博物館藏卷直接綴合的文書，表明來歷相同，後一文書涉及到軍府健兒的規定，對於研究唐代軍

〔一〕中國歷史博物館藏法書大觀第一一卷，圖一九五—一九六頁，文二四〇頁

〔二〕中國國家圖書館編國家圖書館藏敦煌遺書第一〇五册，北京：北京圖書館出版社，二〇〇八年，二七五頁、條記目録五六頁。

〔三〕中國國家圖書館編國家圖書館藏敦煌遺書第一〇五册，二六八頁，條記目録五三頁。

事制度十分重要。

十三、北京大學圖書館

與敦煌文書相比，北大圖書館所藏吐魯番文書不多，只有兩種，但價值卻很高。

一種是北涼高昌郡高昌縣都鄉孝敬里貲簿的草稿。這種貲簿是在每户户主的名下，先登録上一次和本次造貲簿之間没有發生轉移的田地類型和數量，再登録産權轉移的土地情況，所登記的每一塊土地都詳細標注田地所在的位置、田地類型和具體數量。北大圖書館所藏兩件殘片，一爲鞋面，一爲鞋底，均正背書寫，另有題籤云：「晉人書西陲田賦殘莂，新城王氏舊藏，吐魯番出土。荔秋屬北溟題。」可知是吐魯番出土文書，原爲王樹枏收藏，後歸「荔秋」，嚴北溟題署。從文書剪成紙鞋的樣子推測，當是來自吐魯番地區的古代墓葬。一九八〇年，朱雷先生造訪北大圖書館，考釋其爲北涼貲簿〔一〕，這件文書由此成爲研究北涼時期高昌社會經濟的基本史料。目前，這一珍貴文書圖版已經發表，新編D214號〔二〕。

第二種吐魯番文書，是唐開元二十九年（七四一）西州天山縣南平鄉籍，背面爲禮懺文，現斷爲三殘片。一九九〇年張玉範發表北京大學圖書館藏敦煌遺書目，著録了這三件户籍殘片〔三〕。同年，筆者在東京大學東洋文

〔一〕朱雷吐魯番出土北涼貲簿考釋，原載武漢大學學報一九八〇年第四期，三三—四三頁；收入朱雷敦煌吐魯番文書論叢，上海：上海古籍出版社，二〇一二年，一—二五頁。

〔二〕北京大學圖書館、上海古籍出版社合編北京大學圖書館藏敦煌文獻第二册，上海：上海古籍出版社，一九九五年，二三八—二三九頁，附録三〇頁，彩版一二。

〔三〕北京大學中國中古史研究中心編敦煌吐魯番文獻研究論集第五輯，北京：北京大學出版社，一九九〇年，五六〇頁。

化研究所講演，據該文書背面的禮懺文復原三殘片的接合關係，並據紙縫的記載和文書特徵，判定爲唐開元二十九年西州籍。隨後得見周肇祥編藝林旬刊，方知早在一九二九年七月一日，這三個斷片已經刊佈在該刊第五五期〔一〕。更爲驚喜的是，一九二八年十月十一日出版的該刊第二九期〔二〕，還發表了同組文書另一片，可以與北大殘片綴合，而且紙縫上書寫著「天山縣南平鄉」。至此，可以將四殘片全部綴合，並據紙縫文字定名爲「唐開元二十九年西州天山縣南平鄉籍」。筆者因此撰文考釋，指出此户籍不論作爲天山縣南平鄉籍，還是作爲開元二十九年籍，在唐朝户籍研究上都有重要的價值〔三〕。筆者後來參觀中國歷史博物館通史陳列，發現藝林旬刊第二九期所刊殘片，竟赫然在目。一九二八年時，這些殘片屬於趙星緣所藏，跋文稱「清季出土魯番勝金口廢城」，確定是吐魯番文書〔四〕。

十四、中國科學院圖書館

中國科學院圖書館也收藏有北涼貲簿三件，與北大圖書館所藏爲同組文書，兩處所藏五件原本是分屬不同人先後所造的兩份貲簿。科圖三件係購自「二孟齋」，據稱原出吐魯番勝金口。其照片和部分録文，最早在一九

〔一〕無名氏唐開元户籍殘本之二，藝林旬刊第五五期，一九二九年七月一日，第一版。
〔二〕無名氏唐天山縣户籍殘本，藝林旬刊第二九期，一九二八年十月十一日，第四版。
〔三〕榮新江唐開元二十九年西州天山縣南平鄉籍殘卷研究，西域研究一九九五年第一期，三三—四三頁。
〔四〕兩處殘片圖版分別收入北京大學圖書館藏敦煌文獻第二册，二二六—二二七頁，附録二九頁；中國歷史博物館藏法書大觀第一一卷晉唐寫經·晉唐文書，一八二、二三七頁。

五八年由賀昌群發表，但因爲没有參考相關資料，當時定名爲「貲合文書」，年代爲高昌國末期到唐初〔一〕。以後，池田温、堀敏一諸氏又做了進一步的考訂，年代均放在高昌國時期，名稱沿賀氏之説〔二〕。直到一九八〇年，朱雷結合北大圖書館所藏，才正確判定出這件文書的年代和性質〔三〕。相關情況已見上述北大圖書館部分，此不贅述。

附：趙星緣藏卷

其實，早在一九二八年七月十一日出版的周肇祥編藝林旬刊第一九期上，就刊佈了一件北涼貲簿的若干殘片，原爲黏貼在一個鞋底上的若干殘片，可惜只有正面圖版，没有背面照片〔四〕。上世紀九十年代初史樹青在天津古籍出版社重刊藝林旬刊，這組文書才爲學界所知。王素隨即撰文整理，確定也是北涼貲簿，但卻是與北大、科圖藏不同的另外一件貲簿〔五〕。藝林旬刊刊佈的文書爲趙星緣所藏，但目前不知所在。

十五、馮國瑞舊藏

馮國瑞字仲翔，早年畢業於清華大學國學研究院，後多年在甘肅工作，爲隴上著名學者，也富於收藏。他曾

〔一〕賀昌群漢唐間封建的土地國有制與均田制，上海：上海人民出版社，一九五八年，一〇六頁。

〔二〕池田温西域文化研究第二敦煌吐魯番社會經濟資料（上）の批評と介紹，史學雜誌第六九卷第八號，七〇—七四頁，文書録文收入中國古代籍帳研究，三一〇頁；堀敏一均田制の研究，東京：岩波書店，一九七五年，三〇三—三〇六頁。

〔三〕上引朱雷吐魯番出土北涼貲簿考釋，武漢大學學報一九八〇年第四期。

〔四〕退翁（周肇祥）北涼文狀，藝林旬刊第一九期，一九二八年，第四版。

〔五〕王素吐魯番出土北涼貲簿補説，文物一九九六年第七期，七五—七七頁。

收藏有唐開元十三年（七二五）西州都督府牒秦州爲請推勘王敬忠等奪地事、唐天寶八載（七四九）交河郡柳中縣常平正倉請裁欠糧牒，以及六朝唐人寫經若干種，但原件今不知所在。夏鼐日記一九六二年十一月八日有如下記載：「上午鄭乃武同志由蘭州返所，匯報情況，並攜來馮國瑞教授的書信及捐獻的敦煌寫經等。與黄文弼先生等一同審閲一過，其中有穀梁傳殘卷、西州都督府開元十三年牒契、唐三藏聖教序等，頗爲可珍。」〔一〕頗疑馮國瑞舊藏吐魯番文獻捐贈給了中國科學院考古研究所。筆者曾有緣獲見上述唐開元十三年西州都督府牒的照片，並出示給池田温先生，希望能從日本找到原本線索。池田先生據照片對該文書及相關材料做了考釋〔二〕。筆者其時執敦煌吐魯番研究編輯之役，因請陳國燦先生審閲池田先生文。陳先生在該文讀後記中，過録了甘肅省圖書館所藏一九五八年馮國瑞關於此文書的部分跋語，提供了非常寶貴的信息〔三〕。馮氏關於開元十三年殘牒和唐天寶八載交河郡柳中縣常平正倉請裁欠糧牒以及新疆吐魯番發現六朝唐人寫經三則跋文的全文，收藏在甘肅省圖書館西北文獻資料庫，今已由劉雁翔過録發表〔四〕，由此可知馮氏對所藏文書和佛經的内容所做的提要和考釋。我們非常希望將來能在甘肅省圖書館或其他什麼地方找到馮國瑞收藏的吐魯番文獻原件。

十六、甘肅省博物館

甘肅省博物館除收藏大量的敦煌寫本外，也有少量的吐魯番文獻。據甘博提供的資料，該館藏有五個編號的

〔一〕夏鼐日記卷六，上海：華東師範大學出版社，二〇一一年，二九一頁。此條承劉子凡學兄見告，謹此致謝。
〔二〕池田温開元十三年西州都督府牒秦州殘牒簡介，敦煌吐魯番研究第三卷，北京：北京大學出版社，一九九八年，一〇五—一二六頁。
〔三〕陳國燦讀後記，敦煌吐魯番研究第三卷，一九九八年，一二六—一二八頁。
〔四〕劉雁翔馮國瑞敦煌寫經吐魯番文書題跋叙録，敦煌學輯刊二〇〇八年第三期，六〇—六四頁。

文書，其中三個編號各有兩種文獻，其目如下：1書劄殘頁（東晉）；2(A)羊絹交易帳（唐），2(B)出賣駝毛等物帳（唐）；3(A)武周西州天山縣田畝帳（唐），3(B)武周如意元年（六九二）高待義雜寫（唐）；4論語殘紙；5(A)詩經殘片，5(B)書信殘片。其中的東晉書札殘頁，裂爲四塊，即所謂「潘岳書札」，秦明智撰新疆出土的晉人寫本潘岳書札殘卷考述，對其做了校録和研究〔一〕。據秦先生文，甘博所藏吐魯番文書，都是二十世紀五十年代徵集來的。其中潘岳書札和天山縣田畝帳、如意元年雜寫以及一九三〇年二月十五日黄文弼先生在烏魯木齊時寫給益珊廳長的信，黏貼在一個厚紙本上，原爲民國年間新疆省財政廳長徐謙（字益珊）所藏，一九五八年由其次子徐懋鼎先生捐贈。

筆者曾於二〇一〇年三月三十日與徐俊先生一道訪問甘博，承蒙俄軍館長的關照，得以見到秦先生所説的厚紙本。徐俊校録「潘岳書札」，筆者則過録天山縣田畝帳和如意元年雜寫，所謂「天山縣田畝帳」，應當是一件户籍，殘存四行文字，上有印痕，當爲「天山縣之印」。黄文弼先生書信，前面附有吐魯番出土延和八年（六〇九）索衆保墓磚文字，後面信文主要是考釋該方墓磚的内容。

十七、遼寧省檔案館

按照一般的情況，中國的檔案館收藏的都是明清以來的檔案，更多的是民國和解放後的檔案。正是因爲如此，一九八二年發表的一篇名爲唐代檔案的文章引起了筆者的注意，仔細拜讀後知道此處所謂的「唐代檔案」，

〔一〕敦煌學輯刊一九八七年第二期，五三—六一頁。

實際上是六件吐魯番出土文書，原爲羅振玉收藏，被攜帶到僞滿洲國的瀋陽，捐獻給省立奉天圖書館。一九四八年瀋陽解放後，轉歸東北圖書館（今遼寧省圖書館）；一九六九年後，轉入遼寧省檔案館收藏〔一〕。筆者根據唐代檔案一文發表的黑白圖片，對這六件文書做了初步考釋，發現其中五件是和日本奈良寧樂美術館所藏唐蒲昌府文書爲同組的開元二年文書，另外一件是唐西州諸寺法師名簿〔二〕。以後，陳國燦從遼寧省檔案館獲得更爲清晰的彩色照片，對這些吐魯番文書做了進一步的考釋研究〔三〕。

十八、上海博物館

上海是中國東部地區最大的文化都會，許多學者、文人、收藏家匯聚其間，因此在具有一定規模的敦煌文獻收藏單位中，上海博物館的收藏也頗爲可觀。但是有關吐魯番文書的收藏，則並不豐富，除去有些不好判斷出土地的佛經之外，明確可以説是屬於吐魯番文書者，就是一件唐開元十六年（七二八）西州都督府請紙案卷文書。這件請紙案卷的主體部分，現在收藏在日本龍谷大學圖書館，爲大谷探險隊所得，其他殘片見於黄文弼所獲吐魯番文書。不知何故，案卷的一件散落到上海，爲上博收藏，編號爲上博31。這件文書的圖版首次刊佈在一九八七年香港中文大學文物館印行的敦煌吐魯番文物展覽圖録中〔四〕。小田義久指出它應當出自吐魯番哈拉和卓古

〔一〕遼寧省檔案館唐代檔案，歷史檔案一九八二年第四期，二一—五頁。
〔二〕榮新江遼寧省檔案館所藏唐蒲昌府文書，中國敦煌吐魯番學會研究通訊一九八五年第四期，二九—三五頁。
〔三〕陳國燦遼寧省檔案館藏吐魯番文書考釋，魏晉南北朝隋唐史資料第一九輯，二〇〇一年，八七—九九頁；收入作者論吐魯番學，上海：上海古籍出版社，二〇一〇年，一六四—一七七頁。
〔四〕高美慶編敦煌吐魯番文物，上海博物館、香港中文大學文物館，一九八七年，二一、七〇頁。

墓〔一〕。現在，這件文書的彩色和黑白圖版已經正式發表〔二〕，請紙案卷整體也有了從書法和文書制度方面的比較透徹的研究〔三〕。上博藏卷雖然是一個案卷的一小部分，但卻是這件對於唐朝公文制度、紙張用途等方面的研究極其重要的文書不可缺失的組成部分。

十九、上海圖書館

上海圖書館和上海博物館一樣，是上海地區敦煌文書的收藏大户，其中也有一些吐魯番文獻。一九八六年，吴織、胡群耘所編上海圖書館藏敦煌遺書目録發表〔四〕，使人略窺上圖藏卷的大致内涵，但没有圖版，不得其詳。一九九九年六月，上海圖書館與上海古籍出版社合編的上海圖書館藏敦煌吐魯番文獻大型圖録四册由上海古籍出版社出版，給學界帶來豐富的研究素材，包括其中的吐魯番文獻。

上圖第021號妙法蓮華經卷六，有高昌義和五年（六一八）題記：「義和五年戊寅歲十月十一日，清信女夫

〔一〕小田義久大谷文書と吐魯番文書について，龍谷大學佛教文化研究所所報第一一號，一九八八年，一—三頁；又大谷文書と吐魯番文書の關連について，東アジア古文書の史的研究，東京：刀水書房，一九九〇年，一二九—一四六頁。

〔二〕上海古籍出版社和上海博物館合編上海博物館藏敦煌吐魯番文獻第一册，上海：上海古籍出版社，一九九三年，彩版二三，二五七—二五九頁。

〔三〕毛秋瑾唐開元十六年（七二八）西州都督府請紙案卷研究，孫曉雲、薛龍春編請循其本：古代書法創作研究國際學術討論會論文集，南京：南京大學出版社，二〇一〇年，二〇一—二一二頁；雷聞吐魯番出土唐開元十六年西州都督府請紙案卷與唐代的公文用紙，樊錦詩、榮新江、林世田主編敦煌文獻·考古·藝術綜合研究——紀念向達先生誕辰一一〇周年國際學術研討會論文集，北京：中華書局，二〇一一年，四二三—四四四頁。

〔四〕敦煌研究一九八六年第二—三期連載。

人和氏伯姬，稽首歸命常住三寶。」〔一〕因爲題記文字早在上述上海圖書館藏敦煌遺書目録中就有録文，所以學界並不陌生。孟憲實、姚崇新從義和政變到延壽改制一文，曾推測題記中的「夫人和氏伯姬」，很可能是高昌王國晚期曾一度取代麴氏而執掌高昌王權的政變首腦之妻〔二〕。現在可以看到全卷照片，原卷各品題下，有朱書「和夫人經」，這是敦煌吐魯番寫經中十分少見的做法，也説明這位和夫人非同一般。該卷楷體字較一般寫經濃重端莊，顯然是高昌地區精心抄寫的佛經之一。不論從性質還是書法來看，這卷都值得重視。

上圖第019號天寶八載（七四九）公文雖然字數不多，但卻是原本屬於唐朝西州的一組文書中的一件〔三〕。文書中提到的「府羅及」和「〔倉曹〕參軍庭蘭」，又見於斯坦因（A. Stein）在阿斯塔那墓地所獲吐魯番文書、普林斯頓大學葛思德圖書館藏吐魯番文書等，這組文書據陳國燦考證，應當都是屬於唐天寶八載西州倉曹檢勘諸倉倉糧案卷，其中普林斯頓藏卷之一的紀年是「天寶八載三月廿四日」，亦有「府羅及（陳録作「通」）」和「倉曹參軍庭蘭」署名〔四〕。因此，上圖的這件所謂「公文」，應當是同組案卷中的一件，應當定名爲唐天寶八載二月交河郡下蒲昌縣符。

以上就本書所收吐魯番出土文獻的來歷、現狀，按照收藏單位做了簡要的叙述。從上世紀八十年代初開始，我

〔一〕上海圖書館與上海古籍出版社合編上海圖書館藏敦煌吐魯番文獻第一册，上海：上海古籍出版社，一九九九年，彩版七，一三六—一五〇頁。
〔二〕敦煌吐魯番研究第二卷，北京：北京大學出版社，一九九六年，一六三—一八八頁。
〔三〕上海圖書館藏敦煌吐魯番文獻第一册，一三三頁。
〔四〕陳國燦美國普林斯頓所藏幾件吐魯番出土文書跋，魏晉南北朝隋唐史資料第一五輯，一九九七年，一一三—一一四頁。

們就一直努力收集、整理散落各地的吐魯番出土文獻，現在把它們匯於一編。由於來歷不同，編號有異，我們大體上按中國傳統的經史子集四部分類編排，並考慮到吐魯番文書的特殊性，經部下單列小學類，典籍中增加道教文獻、摩尼教文獻、佛教寫經題記三類，構成上編；下編則按年代排序，收集所有公私文書。限於條件，我們主要工作成果包括定名、解題、録文和參考文獻，除非表示綴合情況及獲得版權的新舊照片，一般不收圖版，書後有本書所收文書的按編號排序的索引。

作爲史學工作者，本編收録範圍是非佛教文獻，但把佛典題記加入其中，目的是爲學界提供富有文獻學、歷史學信息的吐魯番資料，用匯集散藏文獻的方式，重聚高昌寶藏。

我們的工作是以前人的工作爲基礎的，對於前輩學者的勞績充滿敬意，同時也努力做出自己的點滴成績，推進綴合、録文的進步。但全書延續時間很長，僅僅編輯此書，即花了十多年的時間。書出衆手，難免諸種不足，敬希讀者諸君不吝指正。

凡例

一　本書所收爲德國國家圖書館、德國國家博物館分館亞洲藝術博物館（原印度藝術博物館）、俄羅斯科學院東方文獻研究所、美國普林斯頓大學葛思德東方圖書館、芬蘭國家圖書館、日本東京書道博物館、東京國立博物館、静嘉堂文庫、國立歷史民俗博物館、杏雨書屋、大阪四天王寺出口常順、静岡縣磯部武男、上野淳一、中國國家博物館、中國國家圖書館、北京大學圖書館、中國科學院圖書館、馮國瑞、甘肅省博物館、遼寧省檔案館、上海博物館、上海圖書館等公私收藏單位所藏吐魯番出土文獻。本書所收爲非佛教文獻，包括典籍和文書。與本書所收文書可以直接綴合的其他收集品中的文書也酌情予以收録。

二　本書録文大體保持原件格式，不連寫，每行加行號，以與原件行數對照，版面不能容納時，轉行續寫，頂格與前一行高低相同。

三　本書所收文獻的編號，主要按各收藏單位的現編號爲準，同時括注其他舊編號等，多依所在單位名稱或其縮寫來稱呼。r表示文書正面，v爲背面。直接綴合的文書用「+」號，非直接綴合用頓號「、」標識。

四　本書所收文書，典籍類按傳統四部書分類編排，同時考慮吐魯番文獻的特性而立道教、摩尼教、佛經題記各類，每類中大體按成文年代爲序，部分無年代的文書與有紀年文書相關者，也隨有紀年文書排列，無年代者附後。

五　每件文書均據其内容，參考前人成果（如有），予以擬題，其斷代、定性及文書特徵等均做出解題説明，列於標題、編號之後。文書本身字句問題則作簡要注釋。

六　文書斷裂，不能綴合，但據書法、紙質及内容判斷爲同一組文書者，在同一標題下每片分標（一）、（二）、（三）……；文書有年代或年代可推知者，排列儘可能以年代先後爲序；無法推知紀年者，一般依編號原始順序排列，則此處（一）、（二）、（三）……標號並不表明先後次序。

七　文書中異體、俗體、别體字，除人名、地名、度量衡名外，釋文基本采用通行繁體字；同音假借字照録，旁括注本字，武周新字改爲正字；其古寫簡體字與今簡寫相同者照録；原文筆誤及筆劃增減，逕行改正。文書中朱書字在解題或注中提示。

八　文書有缺文時，依缺文位置標明（前缺）、（中缺）、（後缺）；中有原未寫文字處，標作（中空）或（中空若干行）；文末空白標作（餘白）。

九　缺字用□表示。不確定字數的缺文，上缺用└┘、中缺用│　│、下缺用┌┐表示，長度據原缺長短而定。騎縫綫用 ------ 表示，正面騎縫押署或朱印直接書於騎縫綫上，背面騎縫押署或朱印括注於騎縫綫下方。

一〇　原文字形不全，但據殘筆確知爲某字者，補全後在外加□，如[貞]；無法擬補者作爲缺字□；殘存半邊者照描，殘損部分以半框□表示。字迹清楚但不識者照描，字迹模糊無法辨識者亦用□表示。原文點去或抹去的廢字不録，出注提示。

一一　所有文書大體依原件格式照録，除原以空格表示標點者外，均加標點。文書中原寫於行外的補字，釋文一般逕補入行内；成句的補文，不能確定應補在哪一句之下者，依原樣録於夾行。原件中之倒書（自下向上書寫）者，及寫於另一件文書行間者，分别釋録，但加以説明。

一二 本書所用文書縮略語：

安徽省博物館：安徽省博物館藏吐魯番文獻。

北京大學圖書館：北京大學圖書館藏吐魯番文獻。

甘肅省博物館：甘肅省博物館藏吐魯番文獻。

遼寧省檔案館：遼寧省檔案館藏吐魯番文獻。

黄文弼文書：中國西北科學考查團黄文弼所獲吐魯番文獻。

上海圖書館：上海圖書館藏吐魯番文獻。

上海博物館：上海博物館藏吐魯番文獻。

香港克里斯蒂拍賣行拍品：香港克里斯蒂拍賣行拍賣圖録所見吐魯番文獻。

趙星緣舊藏：刊佈於藝林旬刊的趙星緣舊藏吐魯番文獻。

中國科學院圖書館：中國科學院圖書館藏吐魯番文獻。

中國國家博物館：中國國家博物館藏吐魯番文獻。

中國國家圖書館：中國國家圖書館編入敦煌專藏的吐魯番文獻。

76TAF：1976年吐魯番阿拉溝烽燧出土文獻。

Ch：德藏吐魯番出土漢文文獻。

Ch/U：德藏吐魯番出土漢文和回鶻文在同一寫本上的文獻。

U：德藏吐魯番出土回鶻文文獻。

Mainz：德藏吐魯番文獻原藏美因茨（Mainz）科學院部分。

MIK：德國印度藝術博物館藏吐魯番文獻。

Syr：德藏吐魯番出土叙利亞文文獻。

德國舊藏吐魯番寫本：今已佚失的德藏吐魯番文獻。

Or：英國圖書館藏吐魯番文獻。

Mannerheim MS：芬蘭馬達漢吐魯番探險隊收集品。

Дх：俄羅斯東方文獻研究所藏編入敦煌文庫的吐魯番文獻。

SI：俄羅斯東方文獻研究所藏克羅特科夫吐魯番收集品。

Φ：俄羅斯東方文獻研究所弗魯格編號的吐魯番文獻。

大谷：日本龍谷大學圖書館藏大谷探險隊所獲吐魯番文獻。

SH：日本東京都台東區立書道博物館藏吐魯番文獻。

静嘉堂文庫：日本静嘉堂文庫藏吐魯番文獻。

上野淳一藏：日本上野淳一氏藏吐魯番文獻。

磯部武男藏：日本磯部武男氏藏吐魯番文獻。

日本國立歷史民俗博物館：日本國立歷史民俗博物館藏吐魯番文獻。

高昌殘影：日本大阪四天王寺出口常順氏藏吐魯番文獻，收入藤枝晃編高昌殘影。

羽：日本杏雨書屋藏吐魯番文獻。

普林斯頓大學：美國普林斯頓大學葛思德東方圖書館藏吐魯番文獻。

目次

上編　典籍

二　小學……三八

三　史部

四 子部……一五一

五　集部……二二〇

下編 文書

圖版目録

上編　典籍

一　經部

二　小學

三　史部

四　子部

五　集部

六　道教文獻

圖三　太玄真一本際經卷八綴合圖

八　佛教寫經題記

圖一　大涼承平十五年（457）大涼王大且渠安周供養佛説菩薩藏經第一題記（SH. 009）

圖二　隋仁壽二年（602）寫金剛般若波羅蜜經論卷中題記（MIK III 114）

下編　文　書

圖一　北涼玄始十年（421）康口子等賃舍券（香港克里斯蒂拍賣行拍品）

圖二　北涼建平四年（440）支生貴賣田券（香港克里斯蒂拍賣行拍品）

圖三　北涼建平五年（441）張鄯善奴夏葡萄園券（香港克里斯蒂拍賣行拍品）

圖四　北涼建平六年（442）田地縣催諸軍到府狀（藝林月刊 53）

圖五　北涼承平年間（443－460）高昌郡高昌縣都鄉孝敬里貲簿（藝林旬刊 19, 20）

圖六　唐儀鳳二年（677）十月至十二月西州都督府案卷（古典籍下見展觀大入札會，1990 年，41 頁）

圖七　周天冊萬歲二年（696）一月四日關（MIK III 172）

圖八　周大足元年（701）西州高昌縣順義鄉籍綴合圖

圖九　唐開元年間西州都督府牒爲調度有闕及當界遊弈件注番第事（舊照片）

圖一〇　唐開元十三年（725）西州都督府牒秦州爲請推勘王敬忠等奪地事

上编 典籍

一　經部

尚書虞書大禹謨

Ch 3698（T II 1315）

尺寸爲 12.6×18.9cm，存 7 行，大字正文，雙行小注，楷書精寫，有朱筆和墨筆句讀，墨筆改訂。係孔傳古文尚書，即隸古定本。唐朝時期寫本。與黄文弼在雅爾湖舊城（交河）所獲殘片爲同一寫本。中國國家圖書館善本部藏有王重民 1935 年所獲照片，上有原編號作 T II 1315，因據補。

參：顧頡剛、顧廷龍 1996，168-169 頁；榮新江 1997b，395 頁；榮新江 1998b，311，320 頁；Nishiwaki 2001，35；榮新江 2005，268-269 頁；李德範 2007，357 頁；李德範 2008，11250 頁；許建平 2012，209-211 頁；許建平 2014，80-82 頁；許建平 2016，251-255 頁。

（前缺）

1 齋莊，父亦信順之。言以至誠感頑父者。至

2 苗。咸，和。矧，況也。至和神，況有苗乎！言易

3 □班師振旅。昌□受□

4 □整□衆也。帝乃誕敷文□

5 □羽于兩階□

6 □間，抑□武事也。○七旬，有苗格□

7 □苗之國，左洞庭，右彭□之例，去京師□

（後缺）

毛詩小雅采薇至出車

Ch 121（T II T 1221）

尺寸爲13.3×12.3cm，存7行，楷書，字頗大，有朱筆句讀。存采薇四殘行，出車二行，采薇後有章末標題及一章句數，此係唐太宗貞觀中顔師古定本格式，見新唐書儒學傳上及正義，知爲唐人寫本。吐峪溝遺址出土。

參：榮新江1997b，395頁；榮新江1998b，311，314頁；Nishiwaki 2001，35-36；朱玉麒2009，91頁；朱玉麒2010，185頁。

（前缺）

1 □駕彼□

2 □翼々，象弭□服。豈不□□

3 □矣，楊柳依々。今我來□

4 遲々，載渴載飢。我心□

5 采薇六章，々八句。

6 □我車，于彼牧□

7 僕夫，謂之載□

（後缺）

毛詩小雅魚藻之什

Ch 2254r（T II T 2040）

尺寸爲12.2×24cm，存14行，楷書，字頗佳，爲六朝寫本。有烏絲欄，每首詩以欄外墨點標識起始，章後無章名句數。「鬯」字有雌黃塗改。吐峪溝遺址出土。

參：榮新江1997b，395頁；榮新江1998b，311，318頁；Nishiwaki 2001，35，圖1；朱玉麒2009，91頁；朱玉麒2010，185頁。

（前缺）

1 之子于狩，言鬯其□

2 釣維何？維魴及鱮。維魴及鱮，□

3 ·黍苗，刺幽王也。不能□

4 伯之職焉。
5 芃々黍苗，陰雨膏□
6 任我輦，我車我牛。我□
7 徒我御，我師我旅。我□
8 謝功，召伯營之。烈々□
9 平，泉流既清。召伯□
10 ·隰桑，刺幽王也。小人在□
11 盡心以事之也。
12 ·隰桑有阿，其葉有儺。□
13 桑有阿，其葉有沃。□
14 桑有阿，其葉有□

（後缺）

毛詩正義邶風谷風至式微

孔穎達等撰

德國舊藏吐魯番寫本

德藏吐魯番文獻，舊編號「T II T」，數字編號不詳，今已佚失，僅存日本學者高田真治所拍照片。尺寸不詳，存23行，楷書，唐寫本。經文及毛傳鄭箋朱書，正義墨書。吐峪溝遺址出土。

參：大谷勝真1936b，224頁；高田真治1939，扉頁圖片；西脇常記2011b，29-64頁；石立善2013，63-84頁；西脇常記2016，55-84頁。

（前缺）

□新□見棄，故稱言我有美菜，畜之亦以御冬月之無之時，猶君子安樂汝之新昏，本亦但以我御窮苦之時而已。然窮苦取我，至於富貴即見棄，似冬月畜菜，至於春夏則見遺也。君子既欲棄己，故有洸々然威武之容，有潰々然恚怒之色於我，又盡遺我以勞苦之事，不復念昔者我年稺始來之時安息我也。由無恩如此，所以見出，故追而怨之。亦以御冬，言亦者，因亦己之御窮。伊，辭也。箋「君子」至「旨畜」。正義曰：上經与此互相見，以舊室比旨畜，新昏比新菜。此云燕爾新昏，則上宜云得爾新菜，上言有我旨畜，此宜云爾有舊室。得新菜而棄旨畜，猶得新昏而棄己。又言己爲之生有財業，故云至於富貴也。己可爲致富耳，言貴者，協句也。傳「肄，勞」。

正義曰：釋詁文也，爾雅或作勩，孫炎曰習事之勞
也。「式微二章々四句」至「勸以歸」也。正義曰：此經二章
皆臣勸以歸之辭。此及旄丘皆陳黎臣之辭，而
在邶風者，蓋邶人述其意而作，亦所以刺衛
君也。箋「黎侯」至「勸之」。正義曰：以旄丘之叙，
爲狄人所逐。以經云中露，泥中，知處之
之云胡不歸，知可以歸而不歸。此所逐，而
亦曰寄，故左傳曰「齊以郲
公者何

（後缺）

禮記坊記

Дх.16721 + Дх.16839 + Дх.16884 + Ch 2068（T II D 61），LM20-1523-26-271

德藏殘片尺寸爲 11.5×25.7cm，與俄藏三片亦爲同一寫本，可以綴合旅順博物館藏一片（圖一），綴合後存 17 行。楷書，大字正文，雙行小注，字極精，「民」字缺筆，爲唐朝時期寫本。高昌故城出土。中國國家圖書館善本部藏有王重民 1935 年所獲德藏寫本照片，據補原編號。

參：榮新江 1998b, 311-312, 318 頁；Nishiwaki 2001, 36。榮新江 2005, 269 頁；許建平 2006, 446 頁；李德範

2007，356頁；李德範 2008，11251頁。

（前缺）

不漁，食時不力珍。大夫不坐□
犬。食時，謂食四時袟膳也。力，猶務。侯有袟膳，古者煞牲食其肉，坐其□
是無故煞之也。詩云：『采封菲采，毋以下□
□違，及爾同死。葑，蔓菁也。菲，蕾□
□采菲之菜，其葉而可，毋以棄之也。并取之，是盡利也。□
人之交，當如菜葑，取一善而已。能如此，則德美之者不離令。□
語曰：故舊無大故，則不之。以此坊民，々猶忘義而争利，以
亡其身。』子云：夫礼，坊民所淫，章民之别，
□亡嫌，以爲民紀者也。淫，猶貪也。章，明也。嫌，疑也。故
□重男女之會，所以遠别之于禽獸有弊者必有媒，而有媒者不必
□男女也。以此坊民，々猶有自
□詩云：『伐柯如何？匪斧不克。

13 [ ][不]得。藝[麻]如何？橫蹤其畝。

14 [ ][父]母。』」（伐柯，□[朩]以爲柯也。克，能也。藝，□□也。橫猶行治其）

15 [ ]（伐柯之[必]須斧也；娶□□□□□也。）子云：

16 [ ]同姓，[以][ ]（猶也）故買妾

17 [ ]卜之（妾言物也）[ ]（[賤]，同之於衆[恒多凡庸]，有）

（後缺）

春秋左氏傳昭公七年　服虔注

SH.168-1

尺寸爲15.6×25.6cm，上殘，存12行。楷書，有欄，高昌郡時期寫本。有朱筆句讀及分節符號。原裱入六朝及唐人墨跡中，題籤稱「吐魯番三堡出土　素文珍藏」，爲梁玉書舊藏。

參：中村集成，下，58頁；白石將人2013，357-360頁；方韜2014，5-8頁；白石將人2016，105-117頁。

（前缺）

1 [ ][執]之？[周]

2 [ ][荒]閱，所以得天下也。（亡，罪人；荒，大；閱，蒐。言有亡人，當大蒐於衆也。）吾

區之法，附，隱；區，匿也。曰：「盜所隱器，所爲盜藏器之人也。
汝也。封界所以北至汝也。言行此善法，故封境益廣，乃至於汝也。若從有司，
而舍之，是無陪臺也。臣之臣曰陪，僕之臣曰臺。王事
王數紂之罪，以告諸侯曰：「紂爲
藪。」言逋逃之歸紂者，若鳥之集木，魚之入淵，獸之竄藪也。故夫致
諸侯，而則紂，無乃不可乎？若
所在矣。」言王亦盜也。王曰：「取汝臣以往，
也。」遂舍之。盜有寵，王自謂也。楚子成章華
口成也。若。大宰薳啓彊曰：「臣能得
曰：「昔先君成公，命我先

（後缺）

春秋經傳集解昭公二十二年

Ch 1044r（T III Š 67），Ch 2432r（T III S 94）

尺寸分別爲28.9×18.5cm，16.7×13cm，前者存9行，後者存6行，楷書精寫，朱筆句讀，大字正文，雙行小注，爲

唐人精寫本。兩件正面均爲春秋經傳集解昭公二十二年文字，背面同爲占卜書，知原爲同一寫本。兩件編號，Ch 1044 原編 T III Š 67，則爲焉耆碩爾楚克（Šorchuq）出土；Ch 2432 原編 T III S 94，則爲吐魯番勝金口遺址出土。兩者必有一誤。中國國家圖書館善本部藏有王重民 1935 年所獲 Ch 2432r（T III S 94）照片，顯示現存該卷右下角已經殘去大小約八個字（圖一二）。

參：榮新江 1997b, 395 頁；榮新江 1998b, 312, 316, 318 頁；Nishiwaki 2001, 36-37；榮新江 2005, 269 頁；李德範 2007, 364 頁；李德範 2008, 11249 頁。

（一）Ch 1044r（T III Š 67）：

（前缺）

1 〔　〕渾于社。（前城，子朝衆也。社，周地。）十一月乙酉，王子猛
2 卒。（乙酉在十一月，經書十月，誤也。雖未即位，周人謚曰悼王也。）不成喪也。（釋所以不稱王崩。）
3 己丑，敬王即位。（敬王，子猛母弟王子丐也。）館于子旅氏。（子旅，周□大〔　〕）
4 十二月庚戌，晉藉談、荀躒、賈辛、司馬督（司馬烏也。）〔　〕
5 帥師軍于陰，（藉談所軍。）于谿泉，（賈辛所西南有明谿）〔　〕
6 次于社。（司馬督所次也。）王師軍于汜，于解，次〔　〕
7 （洛陽西南有大解、小解。）閏月，晉萁遺、樂徵、〔　〕

8 師取前城，三子，晉大夫也。濟師，渡伊雒。軍其[ ]

9 于京楚。辛丑，伐京，毀其西[ ]

（後缺）

（二）Ch 2432r（T III S 94）：

（前缺）

1 異□王弗應[ ]子朝而未定，賓□[ ]

2 心許之，故不應。夏四月，王田北山，使公卿皆[ ]

3 劉子。北山，洛北芒也。王知單、劉不欲立子朝，欲因田獵先煞。王[ ]

4 于滎錡氏。四月十九日也。河南鞏縣西有滎錡澗也。[ ]

5 廿三日也。無子，單子立劉蚠。々事單子也故五[ ]

6 猛遂攻賓起，煞之。黨子朝故[ ]

（後缺）

春秋經傳集解昭公二十五年

靜嘉堂文庫藏卷

前後上下殘，存4行。有界欄，楷體書寫，字極工整，爲唐寫本。梁玉書（素文）舊藏，裱入古高昌出土殘經册子，有段永恩跋：「按此爲左傳魯人竊寶龜，臧氏以其非禮一節，與前所見新城方伯右宰穀拒諫數殘葉爲一紙，書法同北魏，蓋亦麴嘉時學官子弟傳抄之本也。季承觀。」新城方伯即新疆布政使王樹枏，其所藏同一抄本惜未得見。

參：榮新江 1996a, 188 頁；張娜麗 2010, 9-10 頁；朱玉麒 2013, 41 頁。

（前缺）

1 ［ ］□□□服不成。［ ］

2 竊其寶龜僂句出地［ ］

3 與僭々吉僭不信也。臧氏老［ ］

4 ［ ］會請往代家□行。昭伯［ ］

（後缺）

春秋經傳集解昭公三十一年至三十二年

Ch 1298v（T III T 638）

尺寸爲 13.2×12.4cm，存6行，楷書精寫，並有朱筆句讀，有烏絲欄。「經」字書於欄外，大字正文，雙行小注。爲唐寫本。正面爲佛教戒本。吐峪溝遺址出土。

參：榮新江 1997b, 396 頁；榮新江 1998b, 312, 316 頁；Nishiwaki 2001, 36 頁。

（前缺）

1 尾［ ］月□□合朔於［ ］

2 有適。火勝金。故弗［ ］

3 一日。雖食在辛亥，更以始變［ ］火；庚，金也。日以庚午有變，故［ ］

4 入郢必吳。火勝金者，□爲［ ］辛亥，々，水也。水數六，故六年［ ］

5 經：卅有二年，春，王正［ ］

6 ［ ］別居乾侯，遣人誘□□□□，不用師徒。夏［ ］

（後缺）

論語集解顏淵第十二

静嘉堂文庫藏卷

前後缺，下部殘，存2行，唐寫本。梁玉書（素文）舊藏，裱入古高昌出土殘經册子，有段永恩跋：「此論語仲弓問仁章，亦當時學官子弟傳抄教授之本也。季承恩。」

參：榮新江1996a，184頁；張娜麗2010，9-10頁；朱玉麒2013，42頁。

（前缺）

1 家無怨。包曰：在邦爲諸侯，在家爲卿大夫。仲弓曰：雍雖

2 □□□□□曰：仁者其□□訒

（後缺）

御注孝經五刑章　唐玄宗撰

Ch 2547r（T III T 195）

尺寸爲 10.3×11.3cm，存 3 行，楷書，大字正文，雙行小注。文字相當於五刑章，與今本相校，注文略有不同。吐峪溝遺址出土。

參：榮新江 1998b, 312, 318；Nishiwaki 2001, 37；石立善 2011, 113-114 頁。

（前缺）

1 莫大於不孝五刑，謂墨劓剕宫

2 君者所稟教命也。敢要之是無上。非聖

3 無親善事父母爲孝，而敢非之，是無親。

（餘白）

策孝經經義文

普林斯頓大學 Peald 7a（G. 027）

25.2×7.2cm，存3行，唐寫本。前2行爲策題，題目出自孝經士章第五。左下方有朱印，不可識讀。按，Peald7a、7b、7c、7d、7e、7f、7g、7h、7i、7j、7k-1、7k-2、7l、7m、7n、7o、7p、7q、7r、7s及11a、11b、11d均屬於同一組文書，爲唐西州學生所作策經義文，後有老師批語（粗體）。這組文書當來自墓葬，當時已剪作鞋樣，做二次葬使用，因此除直接綴合者外，分别録文。

參：Chen Huaiyu 2010, 55-56 + pl；劉波 2011, 11頁。

（前缺）

1 □然後能保其禄位，而守其祭祀□

2 □因何禄位言保，祭祀言守，亦須明解。□

3 慈第對：此明士人行孝之法，在家孝養□

（後缺）

策毛詩經義文

普林斯頓大學 Peald 7b（G.028）

9.5×6cm，存3行，唐寫本。策題出自毛詩。

參：Chen Huaiyu 2010, 56-57 + pl；劉波 2011, 11-12頁。

（前缺）

1 □不與周頌□□

2 ［　　］頌次第也。注［　　］

3 ［　　］周頌［　　］

（後缺）

策論語經義文

普林斯頓大學 Peald 7c（G. 029）

7.5×7.5cm，存3行，唐寫本，左下方有朱印，不可識讀。策題出自論語八佾第三。

參：Chen Huaiyu 2010, 57-58 + pl.；劉波 2011, 12頁。

（前缺）

1 ［　　］□下堂之時［　　］

2 ［　　］□人。注云：射乎［　　］

3 ［　　］□至於揖射［　　］

（後缺）

策孝經經義文

普林斯頓大學 Peald 7d（G. 030）

21×9.6cm，存7行，唐寫本，右下方有朱印，不可識讀。策題出自孝經士章第五。

參：Chen Huaiyu 2010, 58-60 + pl；劉波 2011, 12 頁。

（前缺）

1 □內外之禮既修□
2 □後能保其禄位□
3 □長守富貴，然□
4 □其祭祀，食廩□
5 □繼代曰祀，因□
6 □者，亦須明解。□
7 □□是私々故□
8 □不□

（後缺）

策尚書經義文

普林斯頓大學 Peald 7e（G. 031）

26. 7×11cm，存 10 行，唐寫本。策題出自尚書大禹謨。

參：Chen Huaiyu 2010, 60-61 + pl；劉波 2011, 13 頁。

（前缺）

問：與其煞弗辜［　　］
人心，兹用不犯于［　　］
定是何文？［　　］
橋敏對：此論咎[繇]［　　］
之德也，故云與亓［　　］
經。寧，安也。弗是[不]［　　］
民心洽合也。兹[用]［　　］
辜，罪。經，常。□［　　］
帝之德，所以［　　］
不常之罪，□［　　］
（後缺）

策論語經義文

普林斯頓大學Peald 7f(G. 032)

17.5×8cm，存5行，唐寫本。策題出自論語陽貨第十七。

參：Chen Huaiyu 2010, 61-62+pl.；劉波 2011, 13頁。

（前缺）

1 ［　］樂者，非貴［　］

2 ［　］帛云乎哉？樂［　］

3 ［　］或云，禮者□［　］

4 ［　］是禮合敬［　］

5 **雲**［　］

（後缺）

策論語經義文

普林斯頓大學Peald 7g（G. 033）

16. 5×8. 8cm，存6行，唐寫本，右下方有朱印，不可識讀。策題出自論語學而第一。

參：Chen Huaiyu 2010, 62-63 + pl；劉波 2011, 13-14頁。

（前缺）

1 ［　］而時習之，不亦樂［　］

2 ［　］語辭。古者稱［　］

3 ［　］之時々謂心精［　］

4 ［　］悦乎。言樂道［　］

5 ［　］習，仰顯時習［　］

6 ［　　］是也。謹對。［　　］

7 ［　　］通［　　］

（後缺）

策論語經義文

普林斯頓大學Peald 7h(G. 034)

13. 4×9cm，存5行，唐寫本。前4行策題出自論語衛靈公第十五，後1行所出不明。

參：Chen Huaiyu 2010, 63-64；劉波 2011, 14頁。

（前缺）

1 ［　　］□□揖射［　　］

2 ［　　］病者，使不［　　］

3 ［　　］者所以養病，故［　　］

4 ［　　］并明天子諸侯［　　］

5 ［　　］有三侯也。謹對。［　　］

6 ［　　］　粗　［　　］

7 ［　　］盡文注，并明［　　］

（後缺）

策論語經義文

普林斯頓大學Peald 7i(G. 035)

31.5×11cm，存15行，唐寫本。前5行策題出自論語陽貨第十七，後策題出自論語學而第一。

參：Bullitt 1989, 14頁，圖版8b；陳國燦1997, 115-116頁；Chen Guocan 2000, 98-103，圖5；Chen Huaiyu 2010, 65-66+pl；劉波2011, 14-15頁。

（前缺）

1 樂者豈止貴其□

2 禮樂能移風易俗□

3 禮者，非貴其器□

4 云乎哉。若其得□

5 殊乎合敬者異□

（中空二行）

6 問：子曰，學而時習□

7 習，仍顯時習年幾□

8 橋敏對：此孔子言學□

9 豈不亦忻悦乎？故□

10 乎。注子者，斥孔
11 威儀。孔時時之言
12 悦乎，言樂道至心□
13 年幾者，不□

（後缺）

策論語經義文

普林斯頓大學Peald 7j（G. 036）

20×9.5cm，存5行，唐寫本。前一策問殘損過甚，後一策題出自論語子路第十三。

參：Chen Huaiyu 2010, 66-67；劉波 2011, 15頁。

（前缺）

1 不異又合□

（中空一行）

2 問：子曰魯
3 魯是兄

（中空二行）

4 智力對：此明

5 □□□與三

（後缺）

策論語經義文

普林斯頓大學 Peald 7k-1（G. 037）

9×7.5cm，存4行，唐寫本，左下方有朱印，不可識讀。策題出自論語公冶長第五。末行淡墨批「不」字。

參：Chen Huaiyu 2010, 67-68；劉波 2011, 15頁。

（前缺）

1 文仲居蔡

2 栭也，刻之爲

3 如是，何如其

4 知龜出蔡

5 不

（後缺）

策孝經經義文

普林斯頓大學 Peald 7k-2（G. 038）

9.2×9cm，存3行，唐寫本。策題出自孝經士章第五。

參：Chen Huaiyu 2010, 69；劉波 2011, 16頁。

（前缺）

1 □於二親，出外順□

2 □禄位之道，斯□

3 □而守其祭祀□

（後缺）

策尚書經義文

普林斯頓大學Peald 7l(G.039)

13.4×8.8cm，存5行，唐寫本，右下方有朱印，不可識讀。存兩道策文，前者策題出自尚書湯誓，後者出自尚書多方。「民」字缺末筆避諱，第3行「国」字旁有淡墨勾記。

參：Chen Huaiyu 2010, 70-71；劉波 2011, 16頁。

（前缺，空一行）

1 □盡文注，玉以礼□

（中空一行）

2 □虐于民成湯□

3 □国(國)既見入国(國)□

4 □遂奔南巢□

（後缺）

策論語尚書經義文

普林斯頓大學Peald 7n(G. 041)

31×10.5cm，存14行，唐寫本。存三道策文，第一道策題出自論語陽貨第十七，第二道策題出自尚書堯典，第三道策題出自尚書禹貢。

參：Chen Huaiyu 2010, 72-74；劉波 2011, 17頁。

（前缺）

1 □故能移風亦(易)俗。謹對。□□

2

3 □中星鳥，以殷仲春，盡文注，其七星之名，亦須□

4 □生對：於晝夜中分，刻漏正等。天星朱鳥南□

5 □宿合，昏必(畢)見，以此天時之候，調正仲春之節□

6 □云：日中星鳥，以殷仲春。注云：日中胃(謂)春分之□

7 鳥，南方朱鳥七宿□分之昏，鳥星□

8 見，以政仲春之氣，［　　］[孟]則可知。其［　　］

9 [星]之名，亦須具數。□［　　］[鬼]柳星張翼[軫]［　　］

10 [謹]對。**通**

11 ［　　］厥篚玄纁璣［　　］

12 ［　　］[生]對：此論大[水]［　　］

13 ［　　］厄，四奥困[浩]［　　］

14 ［　　］[貢]方物，故［　　］

（後缺）

策孝經經義文

普林斯頓大學Peald 7o（G. 042）+Peald 7m（G. 040）

兩件殘片可以前後綴合。Peald 7o 尺寸爲 21×25.5cm，存 9 行，前 6 行寫後全部塗抹，今録出底層文字。Peald 7m 尺寸爲 13.0×8cm，存 6 行，第 1 行與 Peald 7o 第 9 行各存半行，可以直接綴合（圖二）。唐朝時期寫本。存兩道策文，前者塗抹，策題均出自孝經聖治章第九，策文引用孝經鄭注及孝經援神契。

參：Chen Huaiyu 2010, 74-75 + pl, 71-72 + pl；劉波 2011, 16-18 頁。

（前缺）

1 ［　　］□□□□［　　］

2 ……神無二主，故以（異）其處，避后……

3 ……八窗四闥，上圓下方，在國南郊，故……

4 ……注仰明堂基闊狹，仰顯析者□……

5 ……十一尺，南北六十三尺。謹對。

6 ……然後能

7 ……宗祀文王於明堂……并經注仰明堂

8 ……基闊狹，仰顯析……

9 ……生對：此論周……親遂尊其……

10 ……配天，在於明……

11 ……配上帝。注云：……

12 ……言上帝者，天……

14 ……后稷，周……

15 ……始祖配天……

（後缺）

策尚書論語經義文

普林斯頓大學Peald 7p（G. 043）

15.5×25.7cm，存7行，唐寫本，左下方有朱印，不可識讀。存策文兩道，前者策題出自尚書周官；後者策題出自論語學而第一。

參：Chen Huaiyu 2010, 75-77 + pl.；劉波 2011, 18頁。

（前缺）

1 ［　　］天子六軍，諸侯大國［　　］

2 ［　　］天子合有幾軍者？　總有九軍□［　　］

3 不［　　］

4 ［　　］子曰：學而時習之，不亦悦乎？　具解文［　　］

5 ［　　］既云時習，仍顯時習年幾。

6 ［　　］慈第對：此明爲人學問之事，言人從師［　　］

7 ［　　］學問，又能心精［　　］解既得，其時［　　］

（後缺）

策尚書經義文

普林斯頓大學Peald 7q（G.044）

17×25.5cm，存7行，有朱筆勾記和批語「注雖得，錯處大多」。唐寫本。左下方有朱印，不可識讀。存兩道策文，前者策題出自尚書湯誓，後者策題出自尚書禹貢。第7行「直」字旁有淡墨勾記。

參：Bullitt 1989, 14 頁，圖版 8a；陳國燦 1997, 114-115 頁；Chen Guocan 2000, 94-98，圖 4；朱玉麒 2010, 192 頁；Chen Huaiyu 2010, 77-78 + pl；劉波 2011, 18-19 頁。

（前缺）

1 □遂奔南巢。俘，取。玉以禮□

2 □旱之災，故取而保（寶）之。謹對。

3 **注雖得，錯處太多。**

4 問：厥篚玄纁璣組，盡文注，此是何州，徑□

5 □主，定出何文？

6 慈第對：此明荆□也。今云厥篚玄

7 纁璣組者，此□色善，故直（頁）之。

（後缺）

策孝經經義文

普林斯頓大學 Peald 7r（G. 045）

32. 3 × 11cm，存 12 行，唐寫本。存兩道策文，前者策題出自孝經五刑章第十一，後者策題出自孝經士章第五。

參：Chen Huaiyu 2010, 79-80 + pl；劉波 2011, 19-20 頁。

（前缺）

1 [ ]而罪莫大於不[ ]
2 合有幾條，并[ ]
3 刑之所不容□[ ]
4 莫大於不孝，聖人[ ]
5 數三千，一刑有幾百[ ]
6 千，剕罰之屬五百，宫[ ]
7 五刑之屬總三千也。[ ]

（中空二行）

8 問：然後能保其禄位，[ ]
9 禄位言保，祭祀言守。[ ]
10 橋敏對：此言士之[ ]
11 如此之後，即能保[ ]
12 孝父母，外順君長，[ ]
13 其祭祀。注云[ ]

（後缺）

策論語經義文

普林斯頓大學Peald 7s（G. 046）

7.5×6cm，存2行，唐寫本。存一道策文，策題出自論語學而第一。「者」下有淡墨勾記。

參：Chen Huaiyu 2010, 80-81；劉波 2011, 20頁。

（前缺）

1 ……不亦忻悅乎？……

2 ……乎？注云：子者，厍……

（後缺）

策孝經經義文

普林斯頓大學Peald 11a（G.047）

33.5×11cm，存15行。唐寫本。存策文兩道，前者策題出自孝經五刑章第十一，後者策題出自孝經士章第五。第6行「三」字旁有淡墨勾記。

參：Chen Huaiyu 2010, 81-83 + pl；劉波 2011, 20-21頁。

（前缺）

1 ……對：此論……

2 ……衆不容不□……

3 ……之惡，莫大於不……

4 條中，仰明三千……

周書甫刑云：劓□
三千，剕罰之□
大僻之屬二百。謹□
問：然後能保其禄□
因何禄位言保，祭□
智力對：此明士人行□
外順從於君長，内外□
故之，然後乃能保其□
長守富貴，然食廩□
曰祀，因何禄位□
是□々故言保，祭祀□
（後缺）

策尚書論語經義文

普林斯頓大學Peald 11b（G.048）

35.8×11cm，存12行。唐寫本。存策問兩道，前者策題出自尚書周官，後者策題出自論語學而第一。「覺」字旁有淡墨勾記。

參：Chen Huaiyu 2010, 83-85；劉波 2011, 21-22頁。

（前缺）

1 □言[故]□

2 □與誰[爲]□

3 □[子]六軍，諸侯大

4 □[子]有幾軍者，總

（中空二行）

7 □乎，盡經注既

8 □學者，覺也，己不知

9 □□之辭。時習之者，

10 □[不]亦説乎者，言樂

11 □斥孔子。曰者，語辭。

12 □不時之時，謂心精

13 □心精專一而脩

14 □[解釋既]

（後缺）

策孝經論語經義文

普林斯頓大學Peald 11d(G. 049)

25×27.5cm，存14行。唐寫本。存三道策文。第一道策題出自孝經五刑章第十一，第二則策題出自論語公治長第五，第三則策題出自論語學而第一。第7行「辰」原作「臣」，淡墨改定。

參：Chen Huaiyu 2010, 85-86 + pl；劉波 2011, 21-22頁。

（前缺）

□罰之屬千，剕罰之屬五百，宮罰□
□辟之屬二百。謹對。**通**
□曰：臧文仲居蔡，山節藻梲，何如其智也□
□臧文仲是魯大夫，據何得知？
□生對：此論文仲奢泰，僭用天子之儀。山節□
□藻之文，時人謂之有智，夫子所以刺之。注云：臧文□
□魯大夫臧孫辰也。□之守龜出蔡地□
□焉。節栭剋之□藻之文。文仲奢□
□□如是，何如其智□臧文仲是魯大夫□
□何得知者，據古□

11 □通
12 □子曰：學而時習□□
13 □時習年幾。□
14 □生對：此夫子言□
（後缺）

二　小學

爾雅釋天至釋地　郭璞注

U 560r（T II Y 19, Nr. 7）+Ch/U 6779r（T II Y 14 f）+U 564b（T II D 85）+U 564a（T II D 85）+Ch/U 7111（T II Y 14）+U 564c（T II D 85）

尺寸分別爲 21.7×16cm, 9.5×15.5cm, 9.2×15.7cm, 21.1×15cm, 14×15.2cm, 22×15.5cm，册子本，每頁 6-8 行不等，交河故城出土。西州回鶻時期。第 118 行「比目魚」小注宋本作「狀似牛脾，鱗細，紫黑色，一眼，兩片相合乃得行。今水中所在有之，江東又呼爲王餘魚。」今寫本分兩截抄寫，據宋本「紫」字後折行讀，至「相合」再接讀「乃行」一行，至「江東」折行接讀「人呼」。

參：榮新江 1997b, 393 頁；榮新江 1998b, 321 頁；Nishiwaki 2001, 39；張娜麗 2013, 365-389 頁。

（前缺）

1 之籧。瓦豆，謂之鐙。盎，謂之罐。甌瓿，

2 □□瓴。康瓠，謂之甈。斪斸，謂之錠。

3 斫，謂之鐯。伯，謂之疀。緵罟，謂九々

4 罭々，魚罔也。釐（嫠）婦之笱，謂之罶，

罺，謂之汕，篧，謂罩，□，謂□□……
罟，謂之羅，菟罟，謂之罝。□……
罦，兔罟，□□𦌾，魚罟，□……
謂之罾，々，罬也。罬，謂之罦，々，覆
車也。約，謂之救，律，謂之分。大版，謂
之牒。繩，謂之縮之。彝，卣罍器
也。小罍，謂之坎。衣裗，謂之視。黼
領，謂之襮。緣，謂之純。袕，謂之褮衣。
皆，謂之襟。衱，謂之裾。衿，謂之袸。
佩衿，謂之褑。執衽，謂之袺。扱衽，
謂之襭。衣蔽前，謂之襜。婦人之褘，
謂之縭，々，緌也。裳削幅，謂之纀。輿
革，前謂之鞎，後謂之笰。竹，前謂
之禦，後謂之蔽。環，謂之捐。鑣，謂之
钀。載轡，謂之轙。轡首，謂革。餀，謂
之
餯。食饐，謂之餲。摶者，謂糷。米者，

22 謂之檗。肉，謂之敗。魚，謂之餒。肉曰脱
23 之，魚曰斮之，冰，脂也。肉，謂之羹，魚，
24 謂之鮨。肉，謂醢。有骨者，謂之臡。糠，
25 謂之蠱，澱，謂之垽，鼎絶大，謂之鼐；
26 圜弇上，謂之鼒；附耳外，謂之釴；
27 款足者，謂之鬲。䰝，謂鬵，々，鉹也。璲，
28 瑞也，玉十，謂之區。羽本，謂之翮，一羽，謂
29 之箴，十羽，謂之縛，百羽，謂之緷。木，謂
30 之虡。旄，謂之藣。菜，謂之蔌。白蓋，謂
31 之苫。黃金，謂之璗，其美者謂之鏐，
32 白金，謂之銀，其美者，謂之鐐，鉼金，謂
33 之版（鈑），錫，謂之鈏。象，謂之鵠，角，謂之
34 觷，犀，謂之剒，木，謂之剫，玉，謂之雕。
35 金，謂之鏤，木，謂之刻，骨，謂之切，象，謂
36 之磋，玉，謂之琢，石，謂之磨。璆琳，玉也。簡，
37 謂之篳。不律，謂之筆。滅，謂之點，絶澤，
38 謂之銑。金鏃翦羽，謂之鍭，骨鏃不

翦羽，謂之志，弓有緣者，謂之弓，無緣者，謂之弭，以金者，謂之銑，以蜃者，謂之珧，以玉者，謂之珪。々大尺二寸，謂之[玠，璋大八寸，謂之]琡，璧大六寸，謂之瑄，肉倍好，謂之璧，好倍肉，謂之瑗，肉好若一，謂之環。縌，綬也。壹染，謂之縓，再染，謂之赬，三染，謂之纁，青，謂之蔥，黑，謂之黝，斧，謂之黼。邸，謂之柢。雕，謂之琢。蓐，謂之茲。竿，謂之箷。簀，謂之第。革中絶，謂之辨（片同），革中辨，謂之韏（勸同）。鏤，箘也。卣，中尊也。

釋樂第七

宮謂之重，商謂之敏，角謂之經，徵謂之迭，羽謂之柳。大瑟謂之灑。大琴謂之離。大鼓謂之薣，小者謂之應。大磬謂之毊。大笙謂之巢，小者謂之和。大篪謂之沂。大塤謂之嘂。大鐘謂之鏞，其中謂之剽，小者謂之棧。大簫謂之言，小者謂之筊。大管謂之簥，其中謂之篞，小者謂之[篎。大籥謂之]産，其中謂之仲，小者謂之箹。徒鼓瑟謂之步，徒吹謂之和，徒歌謂之謡，徒擊鼓謂之咢，徒鼓鐘謂之修，徒鼓磬謂之蹇。所以鼓柷謂之止，所以鼓敔謂之籈。大鼗謂之麻，小者謂之料。和樂謂之節。

釋天第八　穹，蒼々，天也，春爲蒼天，夏爲昊天，秋爲旻天，冬爲上天。　四時。　春爲青陽，夏爲朱明，秋爲白藏，冬爲玄英，四氣和，謂之玉燭，春爲發生，夏爲長嬴，秋爲收成，冬爲安寧，四時和，爲通正，謂之景風，甘雨時降，萬物以嘉，謂之醴泉。　祥。　穀不熟爲之饑，蔬不熟爲饉，果不熟爲荒，仍饑爲荐。　災。　太歲在甲曰閼逢，在乙曰旃蒙，在丙曰柔兆，在丁曰彊圉，在戊曰著雍，在己曰屠維，在庚曰上章，在辛曰重光，在壬曰玄黓，在癸曰昭陽。　歲。　太歲在寅曰攝提格，在卯曰單閼，在辰曰執徐，在巳曰大荒落，在午曰敦牂，在未曰協洽，在申曰涒灘，在酉曰作噩，在戌曰閹茂，在亥曰淵獻，在子曰困敦，在丑曰赤奮若。　載，歲也，夏曰歲（取歲行一次也），商曰祀（取四時一終也），周曰年（取禾一熟），唐虞曰載（取物終更始）。　歲名。　月在甲曰畢，在乙曰橘，在丙曰修，在丁曰圉，在戊曰厲，在己曰則，在庚曰室，在辛曰塞，在壬曰終，在癸曰極。　月陽。　正月爲陬，二月爲如，三月爲病，四月爲余，五月爲皋，六月爲且，

88 七月爲相，八月爲壯（牡），九月爲玄，國語
89 曰：「至于玄月。」是。十月爲陽，純陰用事，嫌於無陽，故以名云也。十一月爲
90 辜，十二月爲涂，皆月之別名也。自歲陽至此，其事義皆所未能通，故闕而不論也。
91 月名。南風謂之凱風，詩曰：「凱風自南。」東風謂之谷
92 風，詩云：「習々谷風也。」北風謂之涼風，詩曰：「北風其涼。」西風謂之泰
93 風，詩曰：「泰風有隧。」焚輪謂之頽，暴風從上下。扶搖謂

（中缺）

94 此謂令剌鳥皮毛置之竿頭。利，所云載鴻及載鳴□
95 不復畫之。周禮云「通帛爲旃」，是也。旌旗。□
96 冀州，自東河至西河也。南曰□
97 自西河至黑水。漢南曰荆州，□
98 濟河間曰兗□
99 海也。燕曰幽州，自水□
100 九州。魯有大□

跨。宋有孟諸。□有具區。齊有□鄭有圃田。周□阢。南陵，息慎。□北陵，西隃，雁門□陵，（大阜曰陵，今所未聞。）梁莫□於河墳（々，大防也。）八陵。□□醫無閭之珣玗琪焉。（醫無閭，山名，今在遼東。珣玗琪，玉屬也。）東南之美者，有會稽之竹箭焉。南方之美者，有梁山之犀象焉。西南之美者，有華山之金石焉。（黃金、礝石之屬。）西方之美者，有霍山之多珠玉焉。西北之美者，有崐崘虛之璆琳、琅玕焉。（璆琳，美玉名。琅玕，狀似珠，山海經云：「崐崘山有琅玕樹也。」）北方之美□幽都之筋角焉。（幽都，山名也，謂多野牛筋角也。）□斥山之文皮焉。中有岱

116 [ ]魚鹽生焉。言泰山有魚鹽之饒。

117 [ ]比目魚焉，不比不行，其名

118 [ ]細，紫[ ]相合。乃行。今所在有之。今江東人呼爲王餘魚也。南方

119 [ ]不比不飛，其名謂之鶼

120 [ ]翼，[ ]海經也。西方有比肩獸焉，

（後缺）

爾雅音義釋木釋蟲釋魚釋鳥

Ch 1577v(T III T 1192), Ch 2917v(T III T 408), Ch 343v(T II T 1950)+Ch 323v(無原編號), Ch 1246v(T III T 381)

以上殘片據字體及正背面内容，均屬於同一個寫本，分别存11行、8(7)行、3行、3行、3行。

參：榮新江1998b, 314, 316-319頁；Nishiwaki 2001, 40-41，圖2。

（一）Ch 1577v

（前缺）

1 [ ]夫 符　荼 真加　茗 □冷　荈 □穿　□[ ]

2 [ ]檿 於點　柛 申　踣 步北　椔 側其反，又側吏[ ]

3 □樅取從 檜古外，又古活 檝接集二音 句□

4 □椴煞 莍巨菊，又求 蔓縮流 茱殊

5 □□官 柤（樝）側加 歰（澁）色□反。從四止。今□不解作此字，幸有□

6 □釋蟲第十五 螌斛□

7 □蝜盤上負，下盤 蜇七夕 蟔覓 螾□

8 □蜩條音，以下合有九蜩字，並同。 蜋良 螗唐 蟬□

9 □蜺五兮 螿漿 蜓定 蚞 螇兮，下同 螰鹿□

10 □蝎曷 蟩屈 蠹妬 蠰□□□

11 □黃 蛢瓶 蠸權 父甫 蛖尨 蝚□

12 □□□ 蟷當 蠰囊 蜋郎□

（後缺）

（三）Ch 2917v

（前缺）

1 魚□□ 魚□□ 魚□□ 魚□

2 乎化反乎號反 鮡兆 鰝昊

3 音□ ⿰魚匊菊□二音 鱦繩音時□

4 □□ 鯁哽 鮤列 鱴

5 鱖 鯞章西 鮒附 徽□□

6 魴房 魮毗音夷□ 鯬力兮 ⿰魚束

7 蟩上结下厥 蛭多結、之失、多汁三反。 蟣祈 科

8 鼁去 鼀秋 蟾占 黽□□

（後缺）

（三）Ch 343v + Ch 323v

（前缺）

1 □□ 珧遥 謝亦多百反，如字。 俾

2 貽夷 蚔墀 蚆巴 ⿰舟頁苦軌 蜠

3 ……□□跌姪蚻□□……蝮□□……

4 ……蛸貲蠵以規，又攜音。攝……

5 ……鳺弗□鴀浮□鴝俱□鳴……

（後缺）

（四）Ch 1246bv

（前缺）

1 ……駮□鶩□□□革□……

2 ……□烏互又護梯常与本元翰汗鸒……

3 ……鶵丑絹鴝（鴝）句□鳸户□……

（後缺）

（五）Ch 1246av

（前缺）

1 ……□□革鴠彼及鴉……□……

2 [ ]慈 婟護 鷧□器 鷯聊 鶉 [ ]

3 [ ]□許 髐同 □□□ 憨嘑□ [ ]

（後缺）

爾雅音義釋蟲

Ch/U 6783（T III T 363）

尺寸爲13.5×14.9cm，存4行。有欄，大字佔兩欄，小字一欄。吐峪溝遺址出土。

參：榮新江1998b，321頁；Nishiwaki 2001, 41-42。

（前缺）

1 螜斛 螻婁 蛄姑 [ ]

2 蜇七夕 蟥覓 螾引 [ ]

3 第 蜩條音，以下合有九[足周]（蜩）字，並同。 螗□ □ [ ]

4 [ ]節 蝒綿 蜺五兮 螿將 [ ]

5 [ ]孤 蛄 [ ]

（後缺）

玉篇部目 顧野王撰

Ch 2241（T I D 1013）

尺寸爲27.4×14.2cm，存12行，刻本。高昌故城出土。中國國家圖書館善本部藏有王重民1935年所獲照片（圖一），據補原編號。以照片所攝刻本與原件相比較，下端失掉一角，所缺恰好是下欄邊框，據舊照片，知此刻本框高23.5cm。此件存卷第二十六尾二字、卷第二十七之卷首部目部分。此本分卷與澤存堂影宋本、中國國家圖書館藏殘宋本、元建安蔡氏刻本、元詹氏進德書堂刻本、元建安鄭氏刻本、元延祐二至三年（1315-1316）圓沙書院刻本等不同：「長」以下五十二部，各本爲卷第二十九，此本爲卷第二十七；各本卷第二十五韋部後，各本有「糸」、「巾」等十九部，分列第二十六、二十七卷。此本未見傳世本。

參：岡井慎吾1937，33-43頁；上田正1973，31-32頁；高田時雄1989，168-169頁；榮新江1997a，269頁；榮新江1998b，318頁；Nishiwaki 2001，48；榮新江2005，269頁；高田時雄2005，323-325頁；李德範2007，367頁；李德範2008，11241頁。

（前缺）

1 □祕弓 翺都盍反熱翺翺

2 □卷第二十七凡五十二部

3 長除良部四百二十五　匕呼罵部四百二十六　匕必以部四百二十七　比□

从疾龍部四百二十九　㐺午林部四百三十　共巨用部四百三十一　異餘至部四百三十二
史所几部四百三十三　支章移部四百三十四　𠬪平表部四百三十五　𦘒女涉部四百三十六
聿出以部四百三十七　書式余部四百三十八　隶徒戴部四百三十九　臤口間部四百四十
帀子合部四百四十一　出尺述部四百四十二　之止貽部四百四十三　生所京部四百四十四
耑丁丸部四百四十五　毌公丸部四百四十六　東舒欲部四百四十七　㯻公混部四百四十八
口于非部四百四十九　員胡拳部四百五十　齊在兮部四百五十一　□百五十二
幵五堅部四百五十三　片普見□四百五十四　牀仕良部四百五十五　母□
克口勒部□百五十八　厂余制部四百五十九□
□一　句俱部四□

（後缺）

玉篇部目　顧野王撰

Ch 1744（T III T 399）

尺寸爲 7.7×5.9cm，存 6 行，刻本，有欄。吐峪溝遺址出土。

參：榮新江 1998b，317 頁；Nishiwaki 2001，49。

（前缺）

1 □ 㲋三百七十四□ 兔三百七十五□ 内三□

2 □ 虍火平反三百八十二 虎呼古反三百八十三 虥玄三百□

3 □反六 几是瑜反三百八十七 乙猗祑反三百八十八 燕於三百□

4 □反十四 雔市田反三百九十五 讎才市反三百九十六 魚語□

5 □反九 易餘赤反第四百 虫盱鬼反四百一 蚰□

6 □反 貝布□反四□□

（後缺）

切韻

Ch 79（T I D 1038）

尺寸爲 5.8×5.9cm，正背書，正面 6 行，背面 7 行，存一紙的下半。高昌故城出土。

參：榮新江 1997a，269 頁；榮新江 1998b，312，314 頁；Nishiwaki 2001，44-45；Takata 2004，333-335；高田時雄 2005，24-27 頁。

正面：

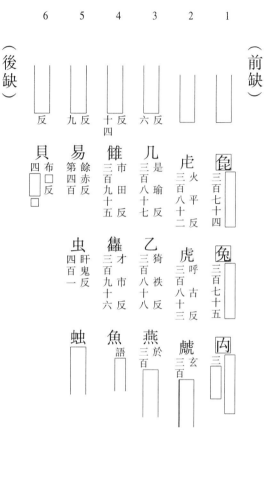

（前缺）

1 [　]薈 草貌

2 [　]□ 不 籟 笙々 癩 病曰々

3 [　]濟 水名。又子礼反。 擠 排 帝

4 [　]剃 除々 穱 不耕而種

5 [　]遞 更々 杕 詩曰：有々之杜。

6 [　]羿 古神人，能射。 睨 睥々視。

（後缺）

背面：

（前缺）

1 [　]槭 涵 □泥 菡

2 [　]荻咄敢反二校。説文萑之初生。 緂

3 [　]□ 余兩反三 癢 皮々 瀁

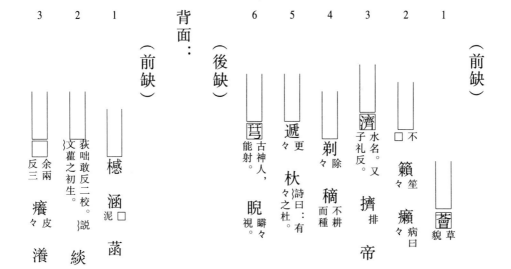

4 □⿰兩力甥々　倆伙々　网按說}

5 □一兩　掌職兩反一　爽疏兩

6 □□通王兩□□　壤土々，如文反。五　⿰月襄

7 □某々□□　往

（後缺）

切韻

Ch 1072v（T II D 1f），Ch 1106v（T II T 1921），Ch 1150v（T II D 236），Ch 2437r（T II D 1a），Ch 3533r（T II D 1d），Ch 3715r（T II D 1b），T II D 1b

尺寸分别爲 11.3×6.8cm、6.1×6.5cm，Ch 1150 與 Ch 2437 二殘片合起來爲 11.0×13.0cm、17.6×11.5cm、14.0×14.0cm，分别存 5 行、10 行、3 行、4 行、8 行、8 行，刻本，均係增一阿含經的背面裱紙。高昌故城出土。中國國家圖書館善本部藏有王重民 1935 年所獲 Ch 2437r（T II D 1a）、Ch 3533r（T II D 1d）、Ch 3715r（T II D 1b）照片，據補原編號。德國舊藏吐魯番收集品原編號 T II D 1b，二戰後佚失，中國國家圖書館善本部藏有王重民 1935 年所獲照片。尺寸不詳，存 4 行，刻本。

參：魏建功 1948，50-70 頁；姜亮夫 1955，123a-125a 頁；Wang Lien-tseng 1963，251-252；上田正 1973，31-32 頁；周祖謨 1994，777-782 頁；榮新江 1997a，269 頁；榮新江 1998b，312，316，318，320 頁；Nishiwaki 2001，45-47；Takata 2004，333-337；榮新江 2005，270 頁；高田時雄 2005，27-31 頁；李德範 2007，358-361 頁；李德範

2008，11245-11248頁。

（一）Ch 1072v（T II D 1f）

（前缺）

1 [　　]□病鴠□丨鳥名[　　]

2 [　　]也懼□案反[　　]

3 [　　]□□干反罳

4 [　　]翰日光出軌

5 [　　]忏俗姓古無忓

（後缺）

（二）Ch 1106v（T II T 1921）

（1）

（前缺）

1 一曰江[　　]呼犁[　　]

2 傳有先又[　　]

（後缺）

（2）

（前缺）

1 人姓韓

2 磓也⿰龺毛獸長毛

3 □湠｜也

4 案几曹

5 宴晚□於□

6 獨春也⿰舟旦□

7 彈廣疋弓也

8 漢書地理□狐聚□

（後缺）

（三）Ch 1150v（T II D 236）

（前缺）

1 ［　］字［　］□文○［　］

2 詹公—干□［　］春秋曰太［　］

3 ［　］也又［　］□［　］

（後缺）

（四）Ch 2437r（T II D 1a）

（1）

（前缺）

1 ［　］鶩馬名 奡陸地行舟人也 謷志遠

2 ［　］—莫反。十七 毷老— 蓩古文 芼菜食又擇

（後缺）

（2）

（前缺）

1 ［　］□到反三［　］□攬□［　］

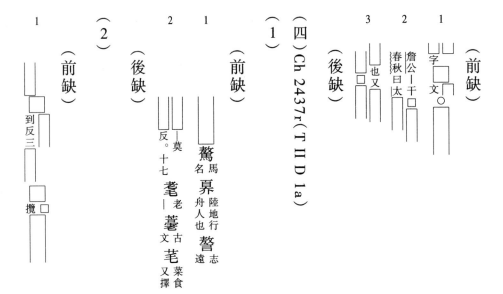

2 □懊｜悔 ⿰飠奧妬食 隩西南隅謂之｜ 燠｜釜水鋈□

（後缺）

（五）Ch 3533r（T II D 1d）

（1）

（前缺）

1 □僬行容止貌又音蘸 趭走貌

2 □周有守祧之□宗｜也。眉召反。二

3 □ □色眦□□召反。□ 少幼｜，漢書曰：｜

4 □秦官掌□姓五氏□ □養也。又姓，漢□有魯惠公。

5 施□之後□｜叔乘。何□ □孔子弟子□反，又失

6 燒放又□ □□衆 ○翹巨要

7 卅六○劭具也，學也。

8 □學也□成也

（後缺）

（2）

（前缺）

1 貌□

2 裱方廟反又表出

3 □一□□反。二繞卷□物貌。

4 □尉亦姓，周禮一□後也。又音□。詨

5 罠誤□

（後缺）

（六）Ch 3715r（T II D 1b）

（前缺）

1 □百□說文作□□引出□其□作□，俗也。弥箭反。二。

2 續漢書曰：孫程十九人□□賜金指一環，尺絹反。五。竄穿也

3 又。○掾官名，或作掾也。以絹反。四。緣衣衿邊一

4 □皇后褱上。同 ○⿰目耎城下田。書籍多作堧壖。人絹反，又人兖。

5 □□垂貌，又□二音。 葥草名，似覆盆尒疋云—山莓 [湔]

6 □[煎]熬—，又將□反 媊女—，太白星妻名南□

7 □盛□ □失延反 傓熾盛 □蠅動 □

8 □又 堰—埭 ○眷—屬。又云顧視也□ □

（後缺）

切韻

Ch 1246r（T III T 381），Ch 343r（T II T 1950），Ch 323r（無原編號），Ch 2917r（T III T 408），Ch 1577r（T III 1192）

以上殘片據字體及正背面的内容，均屬於同一寫本，Ch 1246 兩片尺寸分别爲 5.4×12.0cm、5.0×12.0cm，其他各片尺寸爲 5.5×12.1cm、6.5×12.2cm、17.0×12.5cm、26.0×12.8cm，分别存 5 行、2 行、3 行、8 行、11 行。吐峪溝遺址出土。

參：Nishiwaki 2001，42-44，圖 3；Takata 2004，333-335，圖 1；高田時雄 2005，24-27，37 頁（圖 1）。

（一）Ch 1246r（T III T 381）

A：

（前缺）

1 □□□

2 □崑□山貌嵬山高貌，又音猥。嶉霜雪□

3 □物□粗滜新□—错鱗甲□貌出□琲□

（後缺）

B：

（前缺）

1 □[崋]々□山貌□々股也作髏吐猥反。八瘣□

2 □㞜尯々倭無筋崣々崋山高曲長貌。出□

（後缺）

（一一）Ch 343r（T II T 1950）

（前缺）

1 □驚也，侯楷及。二。[又九河名也]□
□出尔雅，孫炎云：禹疏九河功衆懼□

2 □法也，又姓□反。三。𥎊矲々，矬也。鍇鐵騃癡也

（後缺）

（三）Ch 323r（無原編號）

（前缺）

1 □反十四䞓□□贈送□猥反。四䏐

2 □犬聲。又鄙也。□烏䞓反。五䐯々腇肥弱病。鍡々鑸不平

3 □巍々宼□□□癗痱々皮□

（後缺）

（四）Ch 2917r（T III T 408）

（前缺）

1 □□虞食邑於□縣，其後氏焉。出雁□□書有解批氏，又晉有解揚。又佳買。

2 □志獬陸作獬□，獸名□出觟牂羊角垂

3 □以牛一角廣□□豸或作豸此蟲々字非

4 □擊也，又作枇側蟹反。一。買莫蟹反，説文作此買市也，從网也。五

5 □䳍雉子芎戾解□□䙬意難腊

6 ⿰犭罷々⿰犭皆，短闊貌。猈□□項，一云案下狗。説文云短脛也。

7 □々撥，北買反。二。捭々打也解講説佳。□蘚

8 □垂

（後缺）

（五）Ch 1577r（T III 1192）

（前缺）

1 □□□□書云荆罰，疏云東夷所貢。扈跋々，又姓，風俗通云趙

2 在京兆之扈國帍巾祐福也，厚也。○昈文采

3 林作鳸，礼疏云鳸爲農桑候。鳸□爲九農正。尔疋云桑鳸竊脂也。

4 美石，又丁古反。苄地□普博也，大也，遍也，周也。又姓，後

5 書辛威賜普屯氏書有普陋如氏，滂古反。四溥大也，廣也。浦

6 □又誧文字音義云：大也，助也，諫也。補々綴，又塞也，博古反。三
7 薺甘菜也，且礼反。二魮魚名，常以春出九江，又作鱭。
8 □，説文云古作礼，二同，又單作豊，皆盧啓反。八
9 澧水名，在武陵，□云水名，出衡山。亦人姓，出何氏姓苑。又音豊。
10 又云名體説文云從骨豊，又生也，身也，親也。他反五。
11 頼傾頭，疋米反。二睥々倪也。濟□□

（後缺）

切韻摘録

Ch 1538r(T II Y 54)

尺寸爲 20.6×7.2cm，正背書，各存 3 行。内容係增訂本切韻的摘録，爲高昌回鶻時期寫本。交河故城出土。正面第 2、3 行間有「七」字。

參：榮新江 1998b, 317 頁；Nishiwaki 2001, 48；Takata 2004, 333-337，圖 4；高田時雄 2005, 31-32, 39 頁，圖 4。

正面：

（前缺）

1 笴哿軻坷荷苛䪙砢十一古可

2 閜哀二—義一虛其號號二胡到反

3 諳護胡故反造七到反噩么□反喿先到反

（後缺）

背面：

（前缺）

1 䁬一則□反肯□等反　堋陰倗鄘四[不]肯反

2 蕒莫前反鎌下斬反咸減糍㜳橄杗

3 □咸反六槺顜右檻反二奇居義反訶哥

（後缺）

切韻

Ch 3605（無原編號）

尺寸爲 14×6.2cm，存 3 行，有烏絲欄。

參：榮新江 1998b，320 頁；Nishiwaki 2001，48；Takata 2004，333-335；高田時雄 2005，24-27 頁。

(前缺)

1 □鞜□覆履翎□飛貌　濕(濕)平原雜

2 祥鳥帀遍。子答反。二　砸入口拉折。盧合反。四摺□

3 蒳子似檳榔軜驂馬內轡係(繫)前軾前者　溘□□

(後缺)

切韻

Ch 5555va(TM 46)

尺寸爲4.6×6.6cm,存3行,有欄。此係裱紙殘片。

參:榮新江1998b,321頁;Nishiwaki 2001,47;Takata 2004,333-337,圖3;高田時雄2005,27-31頁。

(前缺)

1 □□訟也贊□

2 □□也嬪女徒鬢□

3 □□[歹肉](賤)肉上穳

4 □□□

（後缺）

切韻

Ch 5555vb（TM 46）

尺寸爲 30.8×13cm，存 7 行，有欄，裱於增一阿含經背面。紙葉兩邊有回鶻文雜寫。

參：榮新江 1997a, 269 頁；榮新江 1998b, 312, 321 頁；Nishiwaki 2001, 47。

（前缺）

1 盥洗手也。釋名曰—洒面也，從臼，𣅿水臨皿。又音管。⿰衤官袴襱也。婠好貌。棺殮屍。又音官也。毌穿也 悺

2 —痯痯，憂無極也。痯上同 〇竄逃也，誅也，放也，藏也，從穴鼠也。七亂反。六 ⿱穴叙尚書古文 鑹小稍 爨炊—，又姓，

3 華陽國志云昌寧大姓有—習，蜀志云建寧大姓，蜀録有交州刺史—深。説文作爨。⿰歹粲—子，饡喪家食。穳

4 大槍，又鋋，□槊也。〇玩弄也。五換反。五 翫習也 妧好貌 貦弄貝 忨—貪 〇段分—也。又姓，出京

5 兆武威二郡，本自鄭共叔—之後。風俗通云—干木之後。—氏有出遼西者，本鮮卑檀石槐之後。晉將—匹磾氏

6 有定州—簡及—同泰。徒玩反。四 毈卵壞 椴木名 葮草名 〇亂理也，兵寇也，不理也，郎段反。七

7 𤔔上同 乱俗 灓絶水渡 敽煩也 覶好貌，又委曲。□ 𤔔順理 鍛打鐵丁□ 腶籖脯

（後缺）

切韻

T II L 1015

德國舊藏吐魯番收集品，二戰後佚失，中國國家圖書館善本部藏有王重民1935年所獲照片（圖二）。尺寸不詳，存13行，五代刻本。周祖謨認爲此與夏竦所見廣切韻及魏了翁所見唐韻相近。

參：周祖謨1994，776，942-944頁；榮新江2005，269頁；李德範2007，362頁；李德範2008，11242頁；秦樺林2013b，33-38頁。

（前缺）

1 俗也 盋 于殘。大器盂也。魏謂之盋，河濟

2 出字苑 ○難 —易也，艱也不易之稱也。又木—，珠名，其色黄，生東成碧色，大秦國人珍之。曹植樂府詩曰珊瑚間木難。又姓。

3 □文 鶾 鳥名 灘 水—也。又涒—，太歲在申，他干反。□ □ 馬喘 嘆 歎同也。又音炭。 攤 —蒱，四數。 譠 —慢□

4 □舌正也。 嬗 緩也。 拨 盤—。 ○跚 脂肪。蘇干反。五 蹣 蹣跚行貌。 珊 —瑚。廣雅曰：—瑚，珠也。説文曰：—瑚生海中而色赤也。 姍 詐也。 𥳑 竹器。 檀

5 木名。亦州，春秋時屬燕，漢〔漁〕陽郡領白—等縣，隋置州，取縣爲名。又姓，太公爲灌—，後氏焉。礼記魯有—弓令。—城在瑕丘，瑕丘今屬山陽，晉改山陽爲高平郡。—氏望在彼也。 鸇 鸛—射之

6 手足同。又都彈反。 撣 觸也。太玄經云—其石也。 彈 糾也，射也。亦—棊。梁冀傳云冀好—棊也。又徒案反。 驒 連錢。驄，一曰青驪白文。又丁年反。—騱，匈奴畜，似馬而小。 驙 白又□

7 氏姓苑有但己，爲濟陰守，又徒旱反，又徒案反。⿰卢又穿也。又從卢，出文字音義。⿸疒亶病也。胆—口脂澤，出證俗文。繟寬緩。儃態也。又市連反。聅軍法貫耳

8 殘昨，干反。七 ⿰月戔禽獸食餘。又徂贊反。⿰歹月上同。戔傷也，賤也。又—束帛，易曰束帛戔戔。盞盋也。⿰卢又穿也。帴帔也。○干求也，犯也。有干犨

9 行爲京十五。乾字樣云本音虔，今借爲乾濕字。又姓，出何氏姓苑也。漧古文。⿺尢壬—股。竿竹—。肝—肺。奸以淫□犯

10 玕瑯玕，美□，次玉。邗越別名。又音寒，江名也。汗餘汗，縣名。又寒翰二音也。迁進也。⿱干皿盤也。又大盌名。⿰早戈□盾。⿰乾阝

11 □皋—山爲名廣。落干反。十二 瀾大波。闌晚也，牢也，遮也，希也。又飲酒半罷曰—也。讕逸言。又力誕反。欄階際—亦作

12 躝踰也。襴—衫—裙。囒哰儸拏，語不可解。○看—視也。苦寒反。七字。⿰車倝古文。栞槎枯。栞上同。臤

13 面反。反。二字。鼾臥氣激聲。○濡乃官反。水名，出涿郡。二十七桓陸入寒韻不切，今別。—姓，本自姜姓齊桓公，後因

（後缺）

切韻

T I D 1a(1)

德國舊藏吐魯番收集品，二戰後佚失，中國國家圖書館善本部藏有王重民 1935 年所獲照片（圖三）。尺寸不詳，存 9 行，刻本，四周雙邊，半葉九行，行大字約十五字，小字約二十二字。第 9-10 行間爲版心，文字殘損。

參：周祖謨 1994，779 頁；榮新江 2005，270 頁；李德範 2007，358 頁；李德範 2008，11245 頁。

（前缺）

量衡以粟生之，十粟爲一分，十分爲寸，十｜爲尺。家語曰：孔子曰，布指知尺寸也。倉困反。二 ⿰金薦 瓦器，又千
見反。坌 塵也。蒲悶反。四 ⿰鬲亥 說文云義闕未詳。 湓 水聲。 揨 手｜乱。 ○顐 秃也。五困反。二 睴 困視 ○
論 講｜。盧困反。又魯坤反。五 睔 久視不辯貌。 淪 水中試船曰｜。 碖 大小匀貌。又盧本反。 ⿰角侖 小兒力｜。 ○奔 急赴也。補悶反。又音犇。
惛 迷忘也。呼悶反。又呼昆反。 ○焌 子寸反。一。然火。周礼吹其｜。三 ⿰角侖 委髮也。 捘 齊｜衛侯手。 廿
七 ○恨 怨也。胡艮反。一 艮 卦名。說文從貝。古恨反。五 茛 草名。 珢 石，次玉。 詪 語也。 □ □人□□ ⿰飠豈 五根反。饐｜飽
也。二 饐 上同 ⿰飠隱 烏恨反。｜饐飽。 廿八 ○翰 鳥毛也，高飛也，長也，亦詞｜。筆謂之｜。又姓，左傳曹大
夫｜胡。侯旰反。廿九 捍 抵｜。 攼 尚書古文。 鼾 ｜睡。 扞 以手｜。又衛也，蔽也。 螒 ｜天雞。爾疋云：小虫，赤身黑頭，一名沙雞也。
垾 小堤。 豻 野狗。又音岸。 釬 ｜金銀令相著。 銲 上同。 汗 熱｜，說文云身之液。 悍 猛。 瀚 ｜海，北海。衆鳥於中解翰，因名。
之。 閈 里門也，閭也，居也，垣也。 捘 射｜以皮捘臂 駻 馬高□ □ 雗 鳥鸎□名，又□ 鶾 上同。 ⿰龺馬 長毛馬。 馯

（後缺）

切韻

T II D 1a（2）

德國舊藏吐魯番收集品，二戰後佚失，中國國家圖書館善本部藏有王重民1935年所獲照片（圖四）。尺寸不詳，

存12行，刻本，四周雙邊，半葉九行，行大字約十五字，小字約二十二字。第9-10行間爲版心，上有「切韻」二字，中有卷數，下有刻工人名。

參：周祖謨 1994, 779頁；榮新江 2005, 270頁；李德範 2007, 358頁；李德範 2008, 11245頁。

（前缺）

1 布袋研石净 ○岸涯—，又水際。五旰反。十一 鋽矛鐵 犴獄五 [ ]
2 —馬行。又馬白額至脣。 ⿸厂焦説文云火色。 ⿰岸頁額也。 ⿱山⿸厂月脣也。 喭弔失五□ [ ]
3 反，又苦旱反。六 侃上同。 靬乾革 看視也，望也。又苦干反。 衎樂也 [ ]
4 ⿰氵⿹戊㒳玉篇古文。 暵日氣乾。 暵耕田壠。 熯火乾 罕抱□也□ [ ]
5 水濡乾也。 ⿰耒莫冬耕地也。 厂山石之崖。 ○爛火熟郎旰 [ ]
6 糷飦相著。 鑭光—。又平。 讕—言，書名。 ○攤按—也。安□反。 □ 灘□奔□□他丹□□ 難
7 患也又奴舟反 羅緼也。 ⿰鼻隹安也，温也，烟也。 ⿰巾憂巾擱，又塗著。又音揺。 ○粲□好貌，又優也，察也，明也。又姓，出姓
8 苑。蒼案反。八 ⿱奴女詩三女爲—，□美女貌。 燦明净貌。 璨美玉。 ⿱艹粲草可爲薦也。 ⿰粲彡
9 —彰，文章貌。 ⿰粲鳥鳥名。 □所以操頭幓。 ○繖蓋也。蘇旰反，□蘇旱反。六 散分離也，布也。又□旱反。 㪔
10 [ ]説文 ⿰木𢻨□ [ ] 讚稱人則□ [ ]

11 ［　］饡羹飯［　］濽水□［　］

12 ［　］一曰祖贊□［　］

（後缺）

切韻

T II D 1a(3)

德國舊藏吐魯番收集品，二戰後佚失，中國國家圖書館善本部藏有王重民1935年所獲照片（圖五）。尺寸不詳，存9行，刻本。

參：周祖謨1994，778頁；榮新江2005，270頁；李德範2007，360頁；李德範2008，11247頁。

（前缺）

1 儀—莫教反八 皃上□［　］上同 緢旄雜絲也。 奅

2 起釀亦窖疋貌反七 窌［　］同上 炮□□［　］—□ 礮—石，軍戰石也。

3 潘岳閑居賦云：—石，雷駭也。 ○趠行貌教。［　］□□十 潲兩濺

4 □食 ⿱削手木小 ⿱削木上同 娋□皃［　］□衣，又直角反。 焯火急

5 煎皃 ○橈木曲，奴教反，又如昭反。四 淖［　］側教□反。四 𤺌縮也，小也。亦瘷

6 笊｜籬 ○皰面瘡，防教反。四 □ 抄略取也。初教反。八 鈔

7 上同 縐惡絹也。又初爪反，又□□反。 耖 □ 舤船不安也。 罺小網。

8 ○靿靴｜，□教反。五 袎襪｜ □ □ □反 軪車有機車 ○樂

9 好也。五教反，又岳洛二音。 磽磝□不□ □ □反棧閣□□□ ○棹□縶教反 ○

10 □ □

（後缺）

一切經音義卷五摩訶摩耶經音義如來方便善巧咒經音義勝鬘經音義須摩提經音義　玄應撰

Ch 2259（無原編號）+ Ch 71（T II 1359）+ Ch 3122（T II T 1318）

尺寸和行數分别爲 25.4 × 14.1cm，7 行；13.3 × 10.2cm，7 行；12.9 × 13.2cm，6 行。可綴合（圖六）。吐峪溝遺址出土。

參：石塚晴通 1992，55 頁；西脇常記 1997b，89-91 頁，圖 14；榮新江 1998b，318，314，319 頁；Nishiwaki 2001，102-103，圖 21；西脇常記 2002，54-58 頁，圖 10-12；徐時儀 2005，6，42 頁；范舒 2012，17-23 頁；范舒 2014，107，110-111 頁。

（前缺）

□□詩□「譖(僭)始既涵」，□反，謂張翼也。淮南子云：「飛鳥鎩翼」，許叔重曰：「鎩羽而飛」也。

如來方便善巧咒經

涪多蒲侯反 摩鞞普迷反 唏謈呼几呼冀二反

風齲一作𤘍，同。丘禹反。說文：「齒蠹也。」釋名：「齲，朽也。」

勝鬘經

爾炎，正字作焰，以贍□，梵言也。此云所知。

未利，謨鉢反。案□記此譯云奈，同(因)奈而得□也。」阿踰闍，□朱反。此譯云不可戰國

□經

□耶。此譯云好意，或云好智。

□反。三蒼：「叜弱也。物柔曰

(後缺)

一切經音義卷六妙法蓮華經音義　玄應撰

Ch/U 6788(T II Y 18. 36) + Ch/U 7447(T II Y 18. 1), Дх.10149R, Дх.12380R, Дх.12409R-B, Дх.12409-C, Дх.12340R, Дх.12409R-D + Ch/U 7449 + Ch/U 6784(T II Y 17. 2) + Ch/U 7279(T II Y 17. 1), Ch/U 6782d(無原編號) + Дх.10090R + Дх.12330R + Дх.12381R + Ch/U 7448(T II Y 18. 2) + Дх.12409R-A, Дх.12287R, Ch/U 8063(T II D 85. 501), Ch/U 8093(T II D 85)

德藏的幾件尺寸分别爲 15. 3×9. 1cm, 4. 7×6cm, 13. 8×12. 2cm, 9. 7×7. 5cm, 8. 1×5cm, 14×8. 3cm, 11. 4×6. 1cm, 16. 7×6. 8cm, 16. 9×35. 2cm。中國國家圖書館善本部藏王重民 1935 年所獲照片中，有一個 55 行的卷子(圖七)，原編號 T II Y 181 10，其第 22-27 行上半葉的 6 行文字，即現存的 Ch/U 6782d 殘片，其他部分惜已殘失。這個卷子所抄的内容爲玄應的一切經音義卷六妙法蓮華經音義，以大字寫原文，用略微小一點的字單行作注，當是較晚(西州回鶻)時期的抄本。屬於同一抄本的其他殘片還有：Ch/U 6788 + Ch/U 7447 可以直接上下綴合，相當於一切經音義卷六妙法蓮華經音義第一卷，分别存 8 行、6 行。Дх.10149R, Дх.12380R, Дх.12409R-B, Дх.12409-C, Дх.12340R，無法直接綴合，相當於一切經音義卷六妙法蓮華經音義第二卷。分别存 10 行、9 行、6 行、7 行、3 行。Дх.12409R-D + Ch/U 7449 + Ch/U 6784 + Ch/U 7279 四件大體上可以上下綴合，分别存 5 行、9 行、6 行、4 行，只是 Ch/U 7449 和 Ch/U 6784 間尚有兩個字的空缺，内容相當於一切經音義卷六妙法蓮華經音義第三卷。Ch/U 6784 + Ch/U 7279 殘片與王重民所獲舊照片可以直接綴合，Дх.10090R、Дх.12330R 和 Дх.12381R 亦基本可以與王重民所獲舊照片綴合，可能有兩三字空缺，基本内容從一切經音義卷六妙法蓮華經音義第三卷直到第八卷。Ch/U 7448 + Дх.12409R-A 殘片，可以和舊照片的尾部綴合，分别存 5 行、8 行，内容爲一切經音義卷六妙法蓮華經音義第八卷。

Дх.12287R存3行，也爲同一寫本的一切經音義卷六妙法蓮華經音義。原在前蘇聯保存的德藏吐魯番寫本經由萊比錫民族學博物館轉歸德國國家圖書館收藏的Ch/U 8063、Ch/U 8093兩件寫本，分别存5行、16行，也是同一寫本的一切經音義卷六妙法蓮華經音義（圖八）。

參：榮新江1997a，269頁；榮新江1997b，393-394頁；西脇常記1997b，83-85，92-96頁，圖12，15-16頁；榮新江1998b，321頁；Nishiwaki 2001，103-106；西脇常記2002，47-49，59-62，65-66頁，圖4-5，13-14，16-19；張娜麗2003，21-22頁；榮新江2005，271-274頁，圖2；徐時儀2005，42，45頁；張娜麗2006，363頁；李德範2007，352-355，384頁；李德範2008，11252-11254，11268頁；敦煌經部文獻合集10（2008），4905-4918頁；范舒2012，24-59頁；范舒2014，107-108頁。

（一）Ch/U 6788（T II Y 18.36）+Ch/U 7447（T II Y 18.1）

（前缺）

1 同茨栗反，下丹故反。楚辭云：「故興

2 類：「但，從也，從，空也。」**瑕疵**古文疵

3 謂自尊大也。**諂曲**説文：「諂（讇）或作諂，

4 反，囚齊珠也。**木蜜**字體作樒。字林：「亡□

5 五年始用，若取其香，皆預斫之，久乃香出也。」**鉛錫**

6 也。**作樂**五角反。五聲、八音，總名樂也。**簫笛**□

7 女交反。如鈴而大者也。「鈢（鉥）鑾鐃鐸，鈴也」**歌唄**蒲

或言唄。匿，疑訛也。婆，音蒲賀反，唄亦近字也。犘
猫非經義
□屨。等

（後缺）

（二）Дх.10149R

（前缺）

也。字從刀，□□。衣裓孤得
翫習元翫，非體也。**適其**
人心也。**勇鋭**羊税反。鋭
排盪也。軵音而勇反。四
杷地則有四處，因以名焉**綩綖**
也。未詳何語立名耳。**丹枕**案：天竺無
枕者，同其事也。**姝好**古文㛌同。充朱反。
反。乏也。**保任**補道反。當也。任，保也
徒雷反。隤墜下也。隤，壞也。字從禿，貴聲。□
分也。**褫落**直紙。勑尒二反。

（後缺）

（三）Дx.12380R

（前缺）

1 物
2 蚣音吴公。字林：「蝍蛆也。」甚
3 此在壁者也。江南名蝘
4 貍古文蜼。字林：「余繡反。」江
5 鼠也。野干梵言悉伽羅。
6 經云：「見一野狐，又見野干。」是也。咀嚼
7 咀齧曰嚼。字林：「咀
8 没齒也。經文或
9 □□

（後缺）

（四）Дx.12409R-B

（前缺）

1 反。沈

2 ［　］者曰續［　］

3 ［　］也。此與齏［　］

4 ［　］今讀口［　］

5 ［　］兮反［　］

6 ［　］□［　］

（後缺）

（五）Дх.12409-C

（前缺）

1 ［　］□□□□［　］

2 經文作喑，一禁反。［　］

3 音子夜反。**强識**渠［　］

4 々遇也，亦冀望也。字［　］

5 奔也，騁走也。**虎魄**［　］

6 ［　］商賈［　］

7 ［　］□□□［　］

（後缺）

（六）Дx.12340R

（前缺）

1 ……肆，陳也。豪貴……

2 ……躃地脾役反。躃，倒……

3 ……□□……

（後缺）

（七）Дx.12409R-D + Ch/U 7449 + Ch/U 6784（T II Y 17.2）+ Ch/U 7279（T II Y 17.1）+ 王重民照片 + Дx.10090R + Дx.12330R + Дx.12381R + Ch/U 7448（T II Y 18.2）+ Дx.12409R-A，Дx.12287R，Ch/U 8063（T II D 85.501），Ch/U 8093（T II D 85）

（前缺）

1 ……水出於川曰谿

2 ……曰谷卉木字林：「虛謂……等澍之喻、上句二反

3 時雨也，百卉霑洽也。普洽又作霫……務，趣疾也。務，遽也

4 靉靆於代反。下埤蒼音代。廣……盛皃也。通俗文云：「覆曰□

5 靉靆。幽邃古文㒁，同。私醉反。邃……說文：「穀續也。」百穀總□

6 苗稼說文：「草生於田者也。」禾之秀……之夜反。說（諸）書或作竿

柘，或作甘柘，同一種也。**蒲桃**博物志曰：「張[ ]城（域）還，得安石榴，胡桃是也。」
作無定體。**枯槁**古文殦。説文作稾。[ ]：「苦道反，槁木枯。」**一渧**猶滴字，音
丁歷反。通俗文：「靈渧謂之凝[ ]渧水下。**瓦礫**力的反。説文：「小石也。」**堆**
[ ]古文𠂤、陮、崔三形同。都雷[ ]阜，山厓而大者。厓音爾反。**丘坑**古
[ ]舍磨耆[ ]云：「冢也。」案：西域僧徒
[ ]之埋於地下，於上立表。**金刹**梵言掣多羅。案：西域
[ ]柱頭懸旛，今言刹者，應訛略也。**涕泣**他礼反。**憺怕**
[ ]經文作惔，徒甘反。説文：「惔，憂也。」惔非此義。又作泊，説文：「匹白反」。
[ ]勉其弟。勉猶勸强也。**釁萌**古文氓，同。麦耕反，萌芽也。**帝相**梵言
[ ]義。**諷誦**不風反。諷謂詠讀也，誦謂背文也。**億姟**古文絯、奒二形
今作姟。字林：「古才反」，數名也，姟猶大數也。**營從**古文覺，同。役瓊反。□。**城郭**世本：
「𢛃作城郭」。經文有從土作墎，非也。鮌，古本反。郭者，何恢郭也。**第四卷** **溝壑**
呼各反。溝，水瀆也，水深則成壑。壑，溝也。**臺觀**徒來反。四方高曰臺，觀謂之
闕。**莎伽**先戈反。梵娑婆揭多，此云善來。**唯然**戈誰反。説文：「唯諾也。」又借音
弋水反，亦語反。**親友**于久反。説文：「友，同志也，友親也。執友，同志也。」**艱難**籀文
作囏，同。古閑反。土難治也。**貿易**莫候反。貿，換易也。字從貝，從卯，音酉（冒）。**蹈七**
從到反。説文：「蹈，踐也。」**肴饌**又作籑，同。仕眷反。説文：「具食也。」**來室**説文：「室，實

也。」案户外爲堂，々内爲室。句逗徒鬭反。逗，留也。説文：「逗，止也。」經文有作逗，竹候反。順言也。逗非經旨，又作讀，未見所出。乾燥先老反。燥焦也。罣礙本作罫，同胡反。見寶古現反。案梵本云達梨舍那，此譯云見。林藪桑苟反。□澤無水曰藪□。各賣子奚反。説文：「持，遺也。」案，賫亦持也，字從貝，齊聲也。關闟古文鑰□說文：「闟，關下牡也。」經文作籥。字林：「書僮笘也。」籥非此義。笘亦占反。无□經文作鞅，於兩反。説文：「頸，靻也。」鞅非字義，靻音之列反。所往羽罔反。經文作住，非也。

第五卷　捐捨以專反。説文：「捐，棄也。捨，放置也。」委政國語：「棄□也。政謂法教也。椎鍾直追反。説文：「椎，擊也。字從木。」經文作搥，直淚反。□反，搥擿也，二形並非字義。持音竹革反。仁往而親反。仁者，忍也，好生惡殺□也。開闡昌善反。闡，開也，闡明也。頗有借音普我反。語辭也。本音普多反。不平□也，今所取也。於刹經文有作千刹那，本無千字，誤。芥子□邁反。字林：「辛菜也。」宗奉子彤［反］。尊也。説文：「奉承也。」誹謗字林：「方味反。誹謗也。」罵□智反。蒼頡：「罵詈也。」行處下庚反。遊履也。説文：「行步也。」尼乾或作尼乾陀，應言泥揵連他，譯云不擊也。逆路正言路迦，譯云順世，外道縛摩路迦也。相扠字體作搋，勑佳反。以拳加人也。扠近字耳。旃陀羅此言訛也，旃茶羅，云此□田獵白虎通曰：「爲田除害，故曰田獵也。」漁捕古文䱷，或作魰，同。言居反。説文：「漁，捕魚□兒，達胡反。説□屠，刳也。屠，壞也。魁膾苦回反，古外反。經文有作［儈］，聲類：「儈□恐非此義。砥

音都各反。膾，切肉也，應取此義。**衒賣**胡麵反。説文：「衒，或從玄作衒□**處**古文屏、
恲二形同，俾領反，今借爲蒲定反。依□亦不乖字義。入□五家爲鄰，
五鄰爲里。**澡浴**祖老反。説文：「澡，洒手□洒身也。□染□
云浄潔被服也。**輕蔑**字體作「懱」，同。□文：相輕□**討伐**古文訂，同。□
除也。**巨身**其吕反。字林：「巨，大也。」方言：「齊宋之間，□説文巨作鉅。**被精**□
經文作披張之披，披非此義。**奮迅**方問、雖閏反。奮□此應訛也。□
譯云洮汏，大音大也。**憒吏**公對反，女孝反。説文：「憒亂□
六卷 **釋氏**經中或作姓瞿曇氏。**年紀**居□
□拜也，又音渠委反。左傳：「跪而戴之□
□所佳□飢二反，竹器也，可以除粗取細也。**除**□
反。下十□曰億，中數百萬曰億，上。**繽紛**匹仁反。□
梵言鼻訶羅。字體：「從寸，出聲也。」**僧坊**甫□
瞻蔔□言瞻博迦，此云黄花樹，花小而香□
戾、章忍二反。脣，瘍也。三蒼云風腫也。**咼斜**口蛙□
從口，冎聲，冎音瓦反。**匾㔸**韻集：「方殄、他奚反。」□□
㔸。關中呼婢㴔，婢，補迷反。經文作匾㮰，近字也。**曲戾**字□
窊曲字林音隱：「窪或作窊。」同。一瓜反。□也。**撰集**三蒼作篹，同。□

58 述也。第七卷　獎道子羊反。獎□謦欬口冷反。説文：「謦亦欬也。謦□
59 作磬，口定反，樂器也，磬非。字體：「欬苦□文胡來反，嬰咳也，咳非經義。瘷□
60 奏反。屬累之欲反。下借音力僞反。屬，託也。累，重也。説文：「屬，連也。委，□
61 迦羅或云恒迦羅。我適古文作商，尸亦反。尔雅：適往也。正法華云□
62 是。怨敵徒的反。對當也，敵匹也。八百万正法華云一千八百万億，今經□
63 動摇説文：「餘照反，樹動也。字從木，䍃聲。」□
64 案：西域傳云：「有緊叔迦樹，其化□
65 甫亡反。［通］俗文：「連舟曰舫，併兩□
66 撿甲也，檢括也，謂□聲。唐捐案：唐，徒也。蒼□
67 □樝，同。側據反。經文作咀，才與反。咀嚼□
68 □陰起脅之，凝而爲□
69 也跑音文□戒雷□備也。亦防患曰戒□
70 梵云每怛利末那。吉遮□求廣疋、埤蒼作覙□
71 胥吏二反。伺猶察也。字林：「伺，候□。」廣疋：「伺，□
72 南无曷剌恒（怛）那恒（怛）那邪夜多理他。遏□
73 □泥□質帝五靳脂列反履帝□
74 □九目帝十目荅□

75 曳十六惡

76 尼二十一阿路迦

（中缺）

77 蒲眠反怛

78 没反矩隷

79 阿三磨三

（中缺）

80 差低卅

81 涅具煞卅五跋邪重聲跋邪短聲毗輸達

82 多羅刹也低卅八胡魯低卅九摩

83 惡刹伐拏多耶卌二阿跋隷卌三

84 多埵他十

（中缺）

85 拘舍隷四荼蘇達唎五蘇馱

86 陀重鉢設帝八薩嚩馱剌尼阿伐

87 所也反伐栗怛泥十蘇阿伐栗怛尼

88 僧伽涅伽怛尼十三薩達摩蘇

五僧波伽揭低十六怛唎阿特縛
帝十七薩縛僧伽三末　羯爛清
理差初理反帝十九薩縛薩　魯多
訶毗重訖唎雉帝廿一蘇波訶阿惰
特縛卅一僧伽衆咄略同一種經文從有作
寫誤也。**繚戾**力鳥反。説文：「繚，繞也。」繚
説文：「目瞳子不正也。」内視曰睞也。
一切經音義卷第六
子□
寫
男
亡兒

一切經音義卷一二賢愚經音義 玄應撰

Ch 444(T II T 1940)

尺寸爲 10.4×10.9cm，存 6 行，楷書精寫，有欄。吐峪溝遺址出土。

參：石塚晴通 1992, 55 頁；西脇常記 1997b, 85 頁，圖 13；榮新江 1998b, 314 頁；Nishiwaki 2001, 101；西脇

常記 2002，49-50 頁，圖 6；徐時儀 2005，9，42，92 頁；范舒 2012，60-62 頁。

（前缺）

1 □□□□從□□□□

2 □□□也。惃伅又作混沌，同。胡□□□反

3 □□□也。鎮煞陟陳反，經文作□□□

4 □□□反 銜穗又作采，同。□□□

5 □□□□猶上也。罔然古文罔网二形

6 □□□脺二形同，先進、□[悴二反]。

（後缺）

一切經音義卷一五僧祇律音義　玄應撰

Ch 1216（T II 1980）

尺寸爲 13×25.9cm，存 14 行。

參：石塚晴通 1992，55 頁；西脇常記 1997b，88-89 頁，圖 14；榮新江 1998b，316 頁；Nishiwaki 2001，103 頁；西脇常記 2002，53-54 頁，圖 9；張娜麗 2003，21-22 頁；Kudara 2005，115 頁；徐時儀 2005，11，42 頁；張娜麗 2006，363

頁；范舒2012，65-68頁。

（前缺）

1 呵叱，齒逸□

2 礼記□

3 第十五卷

4 搋築，又作杈，同勅佳□

5 挾先，胡頰反。尔雅：「挾□

6 也，謂懷意也。律□

7 秸泥，古八[反]。秸，即稾也。律□

8 米潘，敷煩反。字林：「淅□

9 形非也。

10 嘲話，又作啁，同。□

11 戲調也。

12 第十六卷

13 食棧，仕板反。說文：「棧□

14 食器於其上也。□

（後缺）

一切經音義卷一九佛本行集經音義　玄應撰

T III M 131/T II Y 60

德國舊藏吐魯番收集品，原物在二戰中佚失，中國國家圖書館善本部藏有王重民帶回的照片（圖九），上面貼有舊編號，並存。

參：李德範2007，351頁；李德範2008，11255頁；范舒2012，72-75頁。

（前缺）

□歎散之。今亦爲
噴普遜反。説文：「鼓鼻」也，廣雅：「噴嚏」也，蒼
頡篇：「噴吒也」。
享受，虚兩反。享，亦受也。享，當也。説文：「享，獻也。」
第二十三卷
憩息，説文：「愒」，同。却厲反。尒雅：「憩，息也。」舍人曰：「憩，
臥之息也。」
開祏，古文⿰片斥、祏二形，今作拆，同，他各反。廣雅：「祏，
大也，亦開也。」經文作「柘」字，與摭同，之石反。柘，
拾也。柘非字義。

11 第二十四卷

12 偃侄，於訝反。字書「侄，倚也，字從人。偃，息也。」

13 皆杜。說文作「㪟」，同。徒古反。國語：「杜門不出。」賈

14 逵曰：「杜，塞也。塞，閉也。」方言：「杜，歰也。趙曰杜。」郭

15 璞曰：「今俗通語也。歰如杜，杜子歰因以名也。」

16 第二十六卷

17 不蹷，巨月、居月二反。說文：「蹷，僵也。」廣雅：「僵，仆也。」

18 □怯，丘方反。恇，恐也。下又作㹤，同，祛脅反，怯畏，

（後缺）

一切經音義卷二三顯揚聖教論音義 玄應撰

Ch 1214（T II 1785），Ch 652（T III T 262）

前者尺寸爲 13. 1×17cm，後者爲 13. 7×30. 5cm，分别存 10 行、17 行。吐峪溝遺址出土。

參：石塚晴通 1992, 55 頁；西脇常記 1997b, 87-88 頁，圖 13；榮新江 1998b, 315-316 頁；Nishiwaki 2001, 102；西脇常記 2002, 50-53 頁，圖 7-8；張娜麗 2003, 21-22 頁；Kudara 2005, 115；徐時儀 2005, 7, 10, 42 頁；張娜麗 2006, 363 頁，李德範 2008, 11255 頁；范舒 2012, 81-86 頁；范舒 2014, 108, 111 頁。

（前缺）

［　］卷
樹杪，弥遶反，通俗文：「樹［　］
官僚，又作寮，同。力雕［　］
僚
或翹，祇遥反，廣雅：「翹［　］
蝸虫，古華反。説文：「蝸螺［　］
第八卷
俱胝，竹尸反。佛本行［　］
　名拘致，數當千［　］
素怛纜，力暫反。此［　］
吠舍，扶廢反。舊［　］
竺國，俗多重寶［　］
　坐而出内，故以名焉。［　］
戍陁羅，輸句反。舊言［　］
　等四族，國之大姓也。［　］
第九卷
伊師迦，山名也，言此［　］

（中缺）

第十卷
商賈，始羊反。下公□
白虎通曰：「商之□
物以聚之也。賈，固也。□
利也。賈亦通語也。□
能祀，徐理反。尒疋：「祀□
方域，爲逼反。説文：□
詰問，丘逸反。廣雅：「詰□
鬱尒，於勿反。謂樹木□
颯然，□□□反。謂風□

（後缺）

回鶻人音注漢文難字

Ch 696v（T II 1218）

尺寸爲 11.6×10.8cm，6 行，字拙，有朱欄。

參：高田時雄 1996；榮新江 1998b, 315 頁；Nishiwaki 2001, 50；Takata 2004, 337-339，圖 10；高田時雄 2005,

32-33, 43頁，圖10。

（前缺）

1 □□彼音□□音□

2 □□者音鉢跛音緊□音□

3 □闥達音羨妙音仙□

4 □騫□音馱他音□

5 □□□音護故音趺□音□

6 □□□音震真音□

（後缺）

回鶻人音注漢文難字

Ch 1221v（T II T 3048）

尺寸爲12.2×13.3cm，存5行。

參：高田時雄1996，32-33, 42頁，圖9；榮新江1998b, 316頁；Nishiwaki 2001, 53；Takata 2004, 337-339，圖9；高田時雄2005, 32-33, 42頁，圖9。

（前缺）

1 □□□

2 □休塥罒胡主勹尚掌嬖□㢟□

3 □□元臣夷霍胡廓束來七是□

4 □□丁厥夕五達亼翟舟□□

5 □遍垔因甾岳舌滑聶□□

6 □平声亭殸穀苦角雀（省）節约糸覓□

（後缺）

回鶻人音注漢文難字

Ch 2369（T III T 332）

尺寸爲 10.7×10.4cm，存5行，刻本，存下半，字正方。吐峪溝遺址出土。

參：高田時雄 1996；榮新江 1998b, 318頁；Nishiwaki 2001, 52；Takata 2004, 337-339，圖8；高田時雄 2005, 32-33, 42頁，圖8。

（前缺）

1 □□古断踈□脣所云

2 □□果黧利匾遍㔸定

3 □□不脱泡不教

4 □□惠隘於界虎黄姙深

5 □經開彈断闇陪□

（後缺）

回鶻人音注漢文難字

Ch 2757（無原編號）+ Ch 3582（T III M 144）

尺寸爲 5.2×9.4cm 和 14.1×9cm，分别存 3 行、6 行，正背書。木頭溝遺址出土。

參：高田時雄 1996；榮新江 1998b, 319-320 頁；Nishiwaki 2001, 51；Takata 2004, 337-339，圖 5；高田時雄 2005, 32-33, 40 頁，圖 5。

（前缺）

1 □□□

2 □音亥盈□正□

3 □音其裝音莊哲□□□

4 救音九□粮音良舟音州□□度□

5 諮音次□音□危音語純音□聰音從□

6 詰音□拯音稱接子業脊音谷□

（後缺）

禮讚文並回鶻文音注辭彙

Ch 2931r（T II T 1566）

尺寸爲 10.2×15.3cm，存 8 行。在漢文禮讚文之行間書寫對音回鶻文辭彙。吐峪溝遺址出土。

參：Raschmann & Takata 1993, 391-396，圖 2；Wang 2004, 373 頁；高田時雄 2005, 204-210 頁 + 圖 1。

（前缺）

1 南無□
namo

2 南無 金 色 世□
namo kim šï ši

3 南無 當 來 下 世 弥 □
namo to lai xï še b(ï) l(ï)

4 南無 我 本 師 [釋] □
namo

5 南無 四 十 八 願 阿 □
namo sï šïp var

6 南無 十 二 誓 願 [藥] □
namo š(ï)p šï □

7 南無 上方 廣 [種] □
namo šo vo qo

8 [南無] □

（後缺）

回鶻人音注漢文難字

Ch 3199r（T II 1566）

尺寸爲 12×12.1cm，存 5 行，第 4 行爲貼附殘片。

參：高田時雄 1996；榮新江 1998b，319 頁；Nishiwaki 2001，51-52；Takata 2004，337-339，圖 6；高田時雄 2005，32-33，41 頁，圖 6。

1 □字第一[卷]

2 □□累 蒙 歷 誓
利居 奉 力 世

3 ▯電(天)雷翳(依)授(受)髻(經)弘(工)
4 ▯眉呑揭(其也)茶
5 ▯蠱睡□▯

（餘白）

回鶻人音注漢文難字

Ch/U 6781（T III M 236.501）

尺寸爲17.4×12.7cm，存5行。木頭溝遺址出土。

參：高田時雄1996；榮新江1998b，321頁；Nishiwaki 2001，50；Takata 2004，337-339，圖7；高田時雄2005，32-33，41頁，圖7。

1 計(其)伏(夫)楞(力勝)夢(奉)覓(皮□)▯
2 銷(小)鍊(束)鐶(還)釧(轉)改(開)嬾▯
3 鎔(用)燒(而了)淬(子)枉(於王)澄(直□)渟(丁)灯□▯

4 屏平截子結浮大不惜即賤千敵得倭□

5 適食傷常晃光耀雨桴莫不擊其

（後缺）

龍龕手鑑卷一

Ch 1874（T III T 440）

尺寸爲12.6×13.1cm，存8行，刻本。吐峪溝遺址出土。

參：Nishiwaki 2001，49，圖4；秦樺林2011，29-36頁。

（前缺）

1 龍二

2 䅝音空。稻稈也。稓而容反穠丨也穠

3 ⿰禾丑⿱土厶二或作⿰禾芻正士于反稷穰三

4 正音支，穗也。又音知，禾再生也。三⿱丑木俗⿱丑木

5 ⿰禾⿱臱力⿰禾⿱臱力三俗⿰禾⿱臱力⿰禾邊二正，布丨豆也

6 □|黍 □也 穲 音離|| 黍穲垂也 秜 □

7 彼錦反以穀 □人也与也 稿 □

8 □ 盡 □

（後缺）

字書

Ch 1981r（T III T 1258）

尺寸爲 3.7×29.2cm，存 13 行。吐峪溝遺址出土。

參：Nishiwaki 2001, 53。

（前缺）

1 □ 誸 舛 □

2 □ 紹 抄 □ □

3 □ 摘 腩 攢 □

4 □ 肖 鞘 誚 □

5 □ □ 駋 曜 □

6 □ 炑 秣 □

7 □喹羞□
8 □郃欿□□
9 □倰接□□
10 □□　亟極□
11 □□臂□□
12 □翁忩□
13 □粒泣□□

（後缺）

字書

Ch/U 6787（T Ⅰ α）

尺寸爲11.8×8.2cm，存4行。高昌故城α遺址出土。

參：榮新江1998b，321頁；Nishiwaki 2001，49。

（前缺）

1 □□□京反□犭□□
2 □妄行是非不也。渠王反。猫亡包亡朝二反犭單犬噬也察閑反□

3 □反房悲 猪於陟 狙七余二反音覰 獷居不□ □

4 □校□ 猥衆也，刺也，西雜也。烏罪反。 狽音貝 犲 □

5 □□□□□

（後缺）

急就篇

Ch 407v（T II 2024）

尺寸不詳，存3行。

參：Nishiwaki2001, 143；榮新江 2007, 34頁；張新朋 2015b, 19-20頁。

（前缺）

1 □宋延年□

2 □史步昌，周□

3 □爰展世，高□

（後缺）

千字文

Ch 1805（T II T 1225）

尺寸爲 12.5×11.9cm，存 5 行，正楷，字較大。吐峪溝遺址出土。

參：Nishiwaki 2001, 57。

（前缺）

1 □懸斡，晦魄環□

2 □綏吉劭，矩步引□

3 □束帶矜莊，徘□

4 □聞，愚蒙等誚，□

5 □乎也

千字文

Ch 2922（T II S 21）

尺寸爲 20.8×8.2cm，正背書，各 3 行。大字，粗俗，有界欄，有朱筆點斷。勝金口遺址出土。

參：榮新江 1998b, 319 頁；Nishiwaki 2001, 53-54。

正面：

（前缺）

1 輶攸畏・屬耳垣牆・具膳

2 餐飯・適口充腸・飽飫烹

3 宰・饑厭糟糠・親戚故舊・

背面：

1 老少異粮・妾御績

2 紡・侍巾帷房・紈扇圓

3 縶（絜）・銀燭煒煌・晝眠夕寐・

（後缺）

千字文

Ch 2612v（無原編號）

尺寸不詳，存4行。張新朋將此號兩件殘片上下綴合。

參：榮新江 2007, 214 頁；張新朋 2015b, 20-21 頁。

（前缺）

1 □□□

2 □被草木，賴及萬□

3 四大五常，恭維□

4 男才良□

（後缺）

千字文

Ch 1234r（T III T 418）+ Ch 3457r（T III 2034）

尺寸不詳，存14行。習書，墨筆所書當爲「遐邇一體」，朱筆所書當爲「與敬，孝」。張新朋將兩件綴合。

參：Nishiwaki 2001, 57, 64；榮新江 2007, 103頁；張新朋 2015b, 21-22頁。

（前缺）

［　　］遐遐遐遐遐
［　　］遐遐遐遐遐遐遐
［　　］邇邇邇邇邇邇邇
［　　］与与与与与与与
［　　］邇邇邇邇邇邇
［　　］与与与与与与与
［　　］邇邇邇邇邇
［　　］敬敬敬敬敬
［　　］壹壹壹壹
［　　］敬敬敬敬

11 壹壹壹壹

12 孝孝孝孝

13 壹壹壹

14 孝

（後缺）

千字文

Ch 3004r（T II 1107）

尺寸爲 16.3×16.6cm，習書，寫「千」、「字」、「文」三字七行，又「字」字殘末一行，有朱筆改訂。

參：Nishiwaki 2001, 56，圖 5。

1 千千千千千千千千千

2 千千千千千千千千千千千千

3 千千千千千千千千千

4 字字字字字字字字字字字

5 字字字字字字字字字

6 字字字字字字字字

7 文文文　文文文

千字文

Ch 3716（T II Y 62）+ Ch/U 8152v（T II Y 23. 15）

Ch 3716 尺寸爲 16. 1×12. 4cm。此爲册子本，上部用粗綫裝訂。封面爲題記，文字如下：「天禧年十三，歲次辛未冬月之伴分廿三日，交河勝泉都通慈無頭千字文，有頭實將來學習。敬口執誦，不禍（獲）咎。」「年」、「月」、「日」用武周新字，但字體拙劣，並非武周時所寫，而應是高昌回鶻時期的抄本。右邊空白處書粟特文回鶻語詞彙對照表五行。以下七葉抄千字文，從「千字文，敕員外散騎侍郎周興嗣次韻」，到「似蘭斯馨」，每葉五行，分上下欄書寫，字體粗惡。紙係利用唐人所寫佛名經背面，經文已裝訂在内，説明已經廢棄經文。Ch/U 8152 紙葉也是用唐人寫經横折而成兩頁，但所用佛經與 Ch 3716 不同。交河故城出土。中國國家圖書館善本部藏有向達 1937 年所獲 Ch 3716（T II Y 62）照片（圖一〇）。

參：Sundermann & Zieme 1981, 193，圖 5；Thilo 1981, 201-205，圖 5；高田時雄 1985, 135, 146 頁；榮新江 1996a, 91 頁，n. 84；西脇常記 1997b, 98-108 頁，圖 18-20；榮新江 1998b, 320 頁；森安孝夫 2000, 133 頁；Nishiwaki 2001, 55-56；西脇常記 2002, 70-83 頁，圖 23/1-8；Moriyasu & Zieme 2003, 465；榮新江 2005, 275 頁，圖 3；高田時雄 2005, 163 頁；李德範 2007, 376-383 頁；李德範 2008, 11279-11286 頁。

1　天禧年十三，歲次辛未冬月之伴分

2　廿三日，交河勝泉都通慈无頭千字

3　文，有頭實將來學習，敬口執誦，不禍（獲）咎。

千字文，敕員外散騎侍郎周
興嗣次韻 天地玄黄
宇宙洪荒 日月盈昃
辰宿列張 寒來暑往
秋收冬藏 閏餘成歲
律吕調陽 雲騰致雨
露結爲霜 金生麗水
玉出昆岡 劍號巨闕
珠稱夜光 菓珎李柰
菜重芥薑 海鹹河淡
鱗潛羽翔 龍師火帝
鳥官人皇 始制文字
乃服衣裳 推位讓國
有虞陶唐 弔民伐罪
周發殷湯 坐朝問道
垂拱平章 愛育黎首
臣伏戎羌 遐邇壹體

率賓歸王　鳴鳳在樹
白駒食場　化被草木
賴及萬方　盖此身髮
四大五常　恭惟鞠養
豈敢毁傷　女慕貞潔
男效才良　知過必改
得能莫忘　罔談彼短
靡恃己長　信使可覆
器欲難量　墨悲絲染
詩讚羔羊　景行維賢
剋念作聖　德建名立
形端表(表)正　空谷傳聲
虚堂習聽　禍因惡積
福緣善慶　尺璧非寶
寸陰是競　資父事君
曰嚴與敬　孝當竭力
忠則盡命　臨深履薄

38 夙興温清 似蘭斯磬（馨）

（中缺）

39 助者 焉哉乎也

40 字文一卷 了畢也

41 □月十四日余勝泉都通受也

42 文壹卷 尚泉沙彌受

43 受卻

44 文壹卷 敕員外散騎侍郎

45 所報造也

千字文

Ch/U 6780（T II 2052）

尺寸爲15.8×12.3cm，存5行，唐寫本。楷書，有欄。

參：Nishiwaki 2001，54。

（前缺）

1 紫塞，雞

2 ，鉅野洞庭，曠

3 岫杳冥，治本於農，務

4 □，俶載南畝，我藝□
5 □新，勸□
（後缺）

千字文

Ch/U 7296（T I α 31）+ Ch/U 6925（T I 1002）

尺寸分别爲 12.9×21.4cm，8.2×20.3cm，存 8 行，字大，不佳，有欄。欄外大字書「振壓四方東」五字。

參：Nishiwaki 2001, 55。

（前缺）
1 □雅操，好爵自縻，
2 □京，背邙面洛，
3 □欝，樓觀飛
4 □靈，丙舍傍啓，
5 □席，鼓瑟吹笙，
6 □通廣内，
7 □亦聚羣英，
8 □相，
（後缺）

三　史部

史記卷六七仲尼弟子列傳

Ch 938v（T II T 1132）+大谷文書

德藏殘片尺寸爲7.7×7.3cm，存6行。行書，無欄，唐朝時期抄本。正面爲漢書張良傳。與西域考古圖譜下卷經籍類（5）-（1）和（2）所刊大谷探險隊所得文書爲同一寫本，另一面是史記仲尼弟子列傳，字體形制全同。大谷本存9行，其中2行實與德藏本在同一行，但上下不相連，大約相差七或十二字（圖一、圖二）。德藏卷原編號表明爲德國第二次吐魯番探險隊在吐魯番吐峪溝所得，而據圖譜，大谷隊所得殘片出土地標爲「庫木吐喇」（Kumtura），在古代龜茲國範圍（今庫車西北）。兩説不同，必有一誤。

參：榮新江1997b，396頁；榮新江1998b，312、315頁；Nishiwaki 2001，58，圖6；榮新江2004a，41-43頁；張娜麗2006b，48-51頁，圖4；余欣2011，31頁，圖1-3；張宗品2014a，78頁；張宗品2014b，98-106頁。

（前缺）

1 □身從寡

2 □□人之衆，又從

3 　　　　　　　　　　君。」吳王許諾，

4 　　　　　　　　　　子貢去

5 □晉，謂晉君曰：臣聞之，　　　　應卒，兵不

6 先辨不可以勝敵。今夫　　　　勝，

7 越乱之矣；与齊戰勝，必以其

8 奈何？」子貢曰：「修兵待之。」晉君

9 与齊人戰於艾陵，大破齊

10 果以兵臨晉，与晉人相遇

11 人擊之，大敗吳師。越王聞

12 吳王聞之，去晉而

13 門不守

（後缺）

史記卷八七李斯列傳

Дх.2670r + Дх.4666r

尺寸爲 12×8cm，存 6 行。楷書，高昌郡時期寫本。背面爲高昌國編年史。

參：孟列夫 1999b, 462-463 頁；俄藏 9, 326 頁；關尾史郎 2001, 45 頁；吳震 2001, 3 頁；張宗品 2011, 73-76

頁；張宗品 2014a，77-78 頁；張宗品 2014b，98-106 頁。

（前缺）

1 □□且二世之治□

2 □□也，殺忠臣而□

3 □非不諫也，而□

4 □車器有數，宫□□

5 □於利民者禁，□

6 □昆弟，不顧其咎；□

7 □大爲□

（後缺）

漢書卷四〇張良傳

Ch 938r（T II T 1132）+ 大谷文書

德藏殘片尺寸爲 7.7×7.4cm，存 5 行，大谷本存 9 行，兩件爲同一寫本，其中一行兩者相合，但中間仍有缺失（圖三、圖四）。字體在楷書與行書之間，有烏絲欄，唐朝時期抄本。背爲史記仲尼弟子列傳。參見上文史記仲尼弟子列傳解說。

參：榮新江 1998b，312，315 頁；Nishiwaki 2001，58-59，圖 6；榮新江 2004a，41-43 頁；張娜麗 2006b，48-51 頁，圖 4；余欣 2011，31 頁，圖 1-3。

（前缺）

其中小，不過……
巴蜀之饒，北有胡……
師；諸侯有變，順流……
都關中。良從入關，……
争，未能得堅決……侯善畫計，上信用之。」吕后乃使建成侯……
……高枕而卧？」良曰：「始上數在急困之中，幸用臣策；
……等百人何益！」吕澤强要曰：「爲我畫計。」良曰：「此難以
……皆以上嫚侮士，故逃匿山中，議（義）不爲漢臣。然上高此
……辭安車，因使辯士固請，宜來。々，以爲客，時從入朝，
……書，卑辭厚禮，迎此四人。四人至，客建成侯所。漢十
……將以存太子。太子將兵，事危矣。」乃説建成侯
……將，皆與上定天下梟將也，今
……侍御，趙

（後缺）

漢紀卷一五孝武皇帝紀

SH.174-1-47 + SH.174-1-48

SH. 174-1-47 可與 SH. 174-1-48 綴合，各存 4 行、3 行，綴合後存 5 行，有烏絲欄。隸書，高昌郡時期寫本。内容見荀悅漢紀卷一五，張烈點校兩漢紀本，北京：中華書局，2002 年，226-227 頁。裱於王樹枏舊藏北涼寫經殘字册（一）葉一二，册子末有王樹枏題跋：「此册殘字，亦出鄯善土峪溝，星橋中丞得之，悉以遺余。」「星橋中丞」即聯魁，字星橋，光緒三十一年（1905）至宣統二年（1910）間任新疆巡撫。據此知此卷出自吐峪溝。

參：中村集成下，95 頁；朱玉麒 2012a，72-73 頁；包曉悅 2015a，38-40 頁；包曉悅 2015b，127 頁。

（前缺）

1 ……□……

2 ……□輪臺之……

3 □西域，近有壟堆，遠則蔥領，□……

4 ……欽揚雄之論，皆以爲此天地所……

5 ……□□……

（後缺）

三國志卷五七吴書虞翻傳

SH.140

尺寸爲 24.4×19.6cm，存 10 行。白麻紙，有烏絲欄，前後缺。隸書，高昌郡時期寫本。舊題「吐魯番出土」。與上野淳一藏卷爲同一寫本，前後内容相接，但紙已破損，不能直接綴合，故分别録文。

參：内藤虎次郎 1931（摹）；張元濟 1938, 24-26 頁；姚季農 1973, 1-45 頁；大川富士夫 1978, 37-39 頁；姚季農 1983, 174-190 頁；吴金華 1990, 350 頁；片山章雄 1992, 36-37 頁；片山章雄 2000, 143 頁；吴金華 2002, 877 頁；中村集成中, 345 頁；馮培紅、白雪 2011, 89 頁；肖瑜 2011, 114-119 頁。

（前缺）

□□□□果如□
言。權曰：「卿不及伏羲，□□東方朔□
比矣。」魏將于禁爲羽□獲，繫在城中，
權至釋之，請与相見。他日，權乘馬出，
引禁□行，翻呵禁曰：「爾降虜，何敢
与吾君齊馬首也！」欲抗鞭擊禁，權
呵止之。後於樓船會羣臣飲，禁聞樂
流涕，□又曰：「汝欲以爲求免邪？」權悵
□權既爲吴王，歡□之末，自起
□地陽醉，不持。□

（後缺）

三國志卷五七吴書虞翻陸績張温傳

上野淳一藏卷

存80行，吐魯番出土，原爲王樹枏所得，存於其子禹敷處。1924年爲白堅所得，白氏跋稱「此卷出自新疆鄯善土中」。1930年，白堅將此卷售予日人武居綾藏。後歸上野氏家族收藏，現存於上野淳一氏。隸書，有雌黄改字。高昌郡時期寫本。與書道博物館藏140爲同一寫本，但不能直接綴合。現分别録文。

參：羅振玉漢晉書影，1926年；武居綾藏編古本三國志，卷軸裝影印本，1931年；三國志，中華書局標點本，1959年，書影1-8；姚季農1973,1-45頁；每日新聞社編重要文化財19，每日新聞社，1976年，No. 121；大川富士夫1978,35-57頁；蔣天樞1981,150-154頁；姚季農1983,174-190頁；蔣天樞1985,53-58頁；吴金華1990,272-273,350頁；片山章雄1992,33-42頁；片山章雄2000,137-157頁；吴金華2002,878-884頁；赤尾榮慶2002,75-77頁，口繪3；高田時雄2007,9,24-25頁；馮培紅、白雪2011,89頁。

（前缺）

1 □怒，手劍欲□

2 □遽，唯大農劉基□

3 王以三爵之後煞善士，雖翻有罪，天□

4 誰不知之？且大王以能容賢畜衆，□

5 海内望風，今一朝棄之，可乎？」權曰：「曹

6 孟德煞孔文舉，孤於虞翻何哉？」基□：

7 「孟德輕害士仁，天下非之。大王躬行德

8 義，欲与堯舜比隆，何曾自喻於彼乎？」翻

9 由是得免。權因敕左右，自今酒後言煞，
10 皆不得煞。翻嘗乘船行，与麋芳相逢，
11 芳船上□□欲令翻□□，先驅曰：「避將
12 軍船。」翻厲聲曰：「失忠□□，何以事□？
13 傾人二城，而稱將軍，可乎？」芳闔户□
14 應，遽而避之。後翻乘車行，又經芳營
15 中，芳門吏閉門，車不得過。翻復怒曰：
16 「當開反閉，當閉反開，豈得事宜邪？」芳聞
17 之，有慚色。翻性疏直，數有酒失。權与
18 張昭論及神仙，翻指昭曰：「彼皆死人，
19 而語神仙，世豈有仙人邪。」權責怒非
20 一，遂徙翻交州。雖處罪放，而講學不
21 倦，門徒□數十人。又爲□子、論語、國語
22 訓注，皆傳於世。初，山陰丁□，大末徐□，
23 或在縣吏之中，或衆所未識，翻一□□
24 便与友善，終成顯名。在南十餘年，□□
25 十九卒。歸葬舊墓，妻子得還。有子十一

人，第四子汜最知名，永安初，從選曹郎爲散騎中常侍，後爲監軍使者，討扶嚴，病卒。汜弟中，宜都太守。竦，越騎校尉。晃，廷尉。

陸績字公紀，吴郡吴人也。父康，漢末爲廬江□守。績年六歲，於九江見袁術。々出橘，績懷三枚，去，拜辭墮地，術謂□：「陸郎作賓客而懷橘乎？」績跪答曰：「欲歸遺母。」術大奇之。孫策在吴，張昭、□紘、秦松爲上賓，共論四海未泰，唯當用武治而平之，績年少末坐，遥大聲言曰：「昔管夷吾相齊桓公，九合諸侯，一匡天下，不用兵車。孔子曰：遠人不服，文德以來之。今論者不務道德懷取之術，而惟尚武，績雖童蒙，竊所未安也。」昭等異焉。績容貌雄壯，博學多識，星歷、算數無不該覽。虞翻□齒成名，龐□

荆州令士，年亦差長，皆与績友善。孫權統事，辟爲奏曹掾，以直道見憚，出爲鬱林大守，加偏將軍，給兵二千人。績既有躄疾，又意存儒雅，非其志也。雖有軍事，著術不廢，作渾天圖，注易釋玄，皆傳於世。豫自知亡日，乃爲辭曰：「有漢志民吴郡陸績，幼敦詩書，長玩禮易，受命南征，遘疾逼厄，遭命不永，嗚呼悲隔。」又曰：「從今以去，六十年之外，車同軌，書同文，恨不及見也。」年□□卒。長子□，會稽南部都尉。次子叡，長水校尉。

張温字惠恕，吴郡吴人也。父允，以輕財重士，名顯州郡，爲孫權東曹掾，卒。温少修節操，容貌奇偉。權聞之，以問公卿曰：「温當今与誰爲比也？」大農劉基曰：「可与全綜爲輩。」大常顧雍曰：「基未詳其爲人也。温當今無輩。」權曰：「如是，張允不死也。」徵□延見，文辭□對，觀者傾竦，權改容加禮。罷出，張昭執其手曰：「老□託意，君宜明之。」拜議郎、選曹尚書，徙大子大傅，甚見信重。時年卅二，以輔義中郎將使蜀。權謂温曰：「卿不宜遠出，恐諸葛孔明不知吾所以与曹氏通意，故屈卿行。若山越都除，便欲大構於丕。行人之義，受命不受辭也。」温對曰：「臣入無腹心之規，出無專對之用，懼無張老延譽之功，又無子産陳事之效。然諸葛亮達見計數，必知神慮屈□之宜，加受朝廷天覆之惠，推亮之心，必無疑貳。」温至蜀，詣闕拜章曰：「昔高宗以諒闇昌殷祚於再興，成王以幼沖隆周德於大平，功冒普天，聲貫罔極。今陛下以聰明之姿，等契往古，總百揆於良佐，參列精之炳耀，遐迩望風，莫不欣賴。吳國勤恁旅力，

清澄江滸，願与有道平壹宇内，委心協
規，有如河水，軍事凶煩，使役乏少，是
以忍鄙倍之羞，□□□……温通致情好。
陛下敦崇□□，□□恥忽。臣自遠境，
（後缺）

三國志卷六五吴書韋曜華覈傳

SH.141

24.4×38.8cm，存25行。白麻紙，有烏絲欄。隸書，高昌郡時期寫本。有王樹枏跋，舊題「鄯善出土」。

參：王樹枏 1913；訪古録卷一，葉 24；重要文化財，84 頁圖；片山章雄 1992，37 頁；片山章雄 2000，143-144 頁；中村集成中，346-347 頁；馮培紅、白雪 2011，89 頁；朱玉麒 2012a，80 頁。

（前缺）
……□□
……外……以聞。追懼
……省。」曜冀以此□□，而皓更怪其書之垢，故以詰
……書，實欲表上，懼有謬誤，數々省讀，不□玷污。被問驚戰，形氣枯乾。
……五百下，兩手自搏。」而華覈連上疏救曜曰：「曜遭值千載，特蒙哀識，

□□史官，貂蟬内侍，承答天問。聖朝仁德，慎終追遠，迎神之際，垂涕敕曜。々愚□□不能敷宣陛下大舜之美，而拘繫史官，使聖趣不叙，至行不章，實曜愚幣（蔽）當死之罪。然臣屢々，見曜自少勤學，雖老不□，探綜墳典，温故知新，及意所經識古今行事，外史之中少過曜者。昔李陵爲漢將軍，々敗不還而降匈奴。司馬遷不加疾惡，爲陵遊説，漢武帝以遷有良史之才，欲使必成所撰，忍不加誅，書卒成立，垂之無窮。今曜在吴，亦漢之史遷也。伏見前後符瑞章著，神指天應，繼見一統之期，度不復久。事平之後，當觀時設制，三王不因禮，五帝不相用樂，質文殊塗，損益異體，宜得曜輩依准古儀，有所改立。漢氏承秦，則有叔孫定一代之儀，曜之才學亦漢通之次也。又吴書雖□有頭角，叙讚未述。□□固著□書，文辭典雅，後劉珍、劉毅等作漢記，遠不及固，叙傳尤劣。今吴書當垂千載，編次諸史，後之才士論次善惡，非得良才如曜者，實不可使闕不朽之書。如臣頑幣（蔽），誠非其人。曜年已七十，餘數無幾，乞可其一等之罪，爲終身之徒，使成書業，永足傳示，垂之百世。謹追表，叩頭百下。」皓不許，遂誅曜，徙其家零陵。子隆，亦有□學。

□□字永先，吴郡武進人也。始爲上虞尉、典農都尉，以文學入爲祕府郎，遷中書□□并，覈詣宫門發表曰：「間聞賊衆蛾聚向西境，西境艱嶮，謂爲無虞。□□至，都城不守，臣主播越，社稷傾覆。昔衛爲翟所滅而桓公存之，今

22 [ ][救振]，失委附之[士]，棄貢獻之國，臣以草芥，竊懷不寧。陛下聖仁，恩澤遠

23 [ ][臣]不勝忡悵之情，謹拜表以聞。」孫皓即位，封徐陵亭侯。

24 [ ]制度弘廣，飾以珠玉，所費甚多。是歲盛夏興功，農守並

25 [ ][文]之[世]，九州晏然，秦民喜去慘毒之[苛][ ]，歸劉氏之寬仁，省

（後缺）

後漢書（抄）

Ch 1444（T III T 598）

尺寸爲 11.4×5.6cm，存 3 行，字小，前兩句出自後漢書卷六十四梁統列傳第二十四；第三句出自卷二十三五行志第十三。文字工整，無欄，唐朝時期寫本。吐峪溝遺址出土。

參：榮新江 1998b，316 頁；Nishiwaki 2001，141-142。

（前缺）

1 [ ][人]尚公主三人，其餘卿將、君校五十

2 [ ]国，莫敢違命。

3 [ ]驅馳過度，至於歸家，猶驅

（後缺）

高昌國編年史

Дx.2670v + Дx.4666v

尺寸爲 12×8cm，存 7 行。字體工整，按年代記高昌歷史。文書以干支紀年，又以「水」代「癸」，當是高昌國時代文獻，或爲高昌國史官編寫的編年體史書。正面爲史記卷八十七李斯列傳。

參：姜伯勤 1980, 41 頁；施萍婷 1997, 317 頁；孟列夫 1999b, 463 頁；俄藏 9, 326 頁；關尾史郎 2001, 45 頁；吳震 2001, 1-8 頁；王素 2009, 19-26 頁；王素 2012, 274-277 頁。

（前缺）

1 □水亥歲，姚法盛於□□

2 □□天子拜爲王。

3 □□先王崩，子茂□□

4 □歲，揖王入高昌城，水未□

5 □歲，闞斑知高昌。

6 □□司馬。

7 □攝正，從四月到七月，即此月中斬搴。

（後缺）

春秋後語卷一秦語上　盧藏用注

Ch 734(T II 1578)

尺寸爲 8.6×9cm，存 6 行，寫本四邊均殘，字極工整，大字正文，雙行小注，内容爲商君（公孫鞅）故事。背面無字，原本爲正規書籍，唐朝時期寫本。在夾住殘片的玻璃板左上角，有標籤題「史記」；左下角又有一標籤題「商君傳」，表明早期整理此卷的人認爲是史記商君列傳寫本殘片。經核史記卷六八商君列傳相應文字，非史記抄本。對比敦煌寫本 P. 5523 和 P. 5034（見康世昌春秋後語輯校（上），敦煌學第 14 輯，1989 年，98 頁），殘卷之大字正文係春秋後語卷一秦語，對比太平御覽、戰國策注所引春秋後語注文，知爲盧藏用注。中國國家圖書館善本部藏有王重民 1935 年所獲照片（圖五），裝照片的封袋上題「史書（不知名）」，疑是春秋後語」。

參：榮新江 1998b，312，315 頁；榮新江 1999b，71-73 頁，附圖（北京圖書館藏舊照片）；Nishiwaki 2001，58；榮新江 2005，269 頁；李德範 2007，363 頁；李德範 2008，11249 頁。

（前缺）

1 ［　］微，無也，言秦王之卒□豈無人殺鞅哉。商君不［　］

2 ［　］告商君反，吏捕之。商君［　］

3 ［　］君之法，舍人無驗者［　］

4 ［　］□無所歸，還入其邑［　］

5 ［　］國。以五車各繫其首裂之，或謂之取□［　］

6 □□□□□□□□□□□

（後缺）

朋友書儀

SH. 130 + 静岡縣磯部武男藏 001

書道博物館中村不折舊藏 130 號由多個殘片組成，並已托裱，其中 F 爲完整的一片，但從内容看，其 1-9 行爲一個部分，10 行爲一個部分，11-13 行爲一個部分。J 第 1-42 行爲完整的一片，但從内容看，其 1-4 行爲一個部分、5-39 行爲一個部分、39-42 行爲一個部分。有些内容見集部梁武帝梁簡文帝詩卷、古詩文雜鈔、唐玄宗初入秦川路逢寒食詩。這裏是該號文書的主體，原標作月令，内容實爲書儀，吴麗娱、陳麗萍分爲四部分，即（一）E_{6-11}、G、H、J_{1-5}銜接，I、O 同屬此卷，内容爲書儀；（二）J_{6-39}，書儀；（三）$J_{39-42}+F_{1-9}$銜接，書儀；（四）$F_{10-13}+L+D$ 銜接，有雜寫和書儀。丸山裕美子又將静岡縣磯部武男藏 001 與 D 綴合。

參：丸山裕美子 1999, 18-20 頁；朱玉麒 2009, 97 頁；中村集成中，284-287 頁；王三慶 2012, 660-665 頁；吴麗娱、陳麗萍 2012, 87-104 頁；王三慶 2013, 33-76 頁；丸山裕美子 2017, 399-411, 492 頁。

（一）$E_{6-11}+G+H+J_{1-4}$銜接，I、O

E_{6-11}：

（前缺）

6 □□□□□□塹捨，笑恒逐恨，樂□隨憂，

7 □□□□□不審如可（何）？但某得休宜，莫能翫習，

□……□，霞烏競曜，映發桃紅，葩葉暉柯。
□……鳥集芳林，鶯啼叢竹。唯夫子延
□……[透]迤裊娜，風流絶伐（代），言泛人倫。念此
□……□[同]。望有來音，賜遺一顧。

（後缺）

G：

（前缺）

□□□□□……
神容，轉加悲涕，謹因行李，略附鄙詞□……
四月孟夏　微熱　漸熱　已熱
曩与相知，匪惟今日。誰謂阻絶，[遂]□□府。密行翻疏，便[無]一[信]。□……
漸熱，不審如何？但某屢經寒暑，深闕諮詢，意慕良賢，未□□……
謁，情懷惆暢（悵），豈此能陳。想足下臨池取興，妙雷□□，魚躍□□……，
風摇乱影，横琴膝上，歌儛同欣，韻合簫笙，[縈]□□□……
綺繡，昇閣相延。神周（舟）來祥，巫山逞麗，對斯節物，足□……□□
三益，道乘復歎，恨離交叙。今因信者，尺素脩承。不棄□夫，幸垂

賜誨。　五月仲夏　暑熱　盛熱　甚熱
分顔已久，想憶成勞。愁起千端，憂生万循。眷情停（佇）望，怨積纏懷。比
絶良朋，恒思高志。仲夏盛熱，不審如何？想夫追涼臺閣，映池蔚（衍字）
柳以逍遥；避暑懸巖，迎香風而縱體。季夏因兹致殞，卉木方乃
蔚青。隔闊既淹，律移變節。屢經晦朔，恐時疏索。申此素心，珍□
無遺，賜存竹馬，未委何期。逢延接福，顧及下微。幸題□□□
六月季夏　温（濕）熱　炎熱　極熱
誰言咫尺，遂彌芳音。忽念曩朋，唯加煩難。四時交代，情切轉深。託
意思顔，方未面叙。季夏温（濕）熱，不審如何？况及烏輝銷鑠，布地流
金，卉木聳林，池漭沼灼。炎風漸熾，暑氣彌增。不謂割袖連襟，德
乖阻門，徂南自北，何異參辰。所以傷嗟，陳兹一札。今逢使往，用表愁
懷，申此寸心，願相表志。　七月孟秋　猶熱　尚熱　餘熱
相知纔迩，思慕甚深。阻難良朋，索居分手，中心恨々。縈氣□□，
傾積懷憂，遂成痾瘵。交遊路絶，同志難追。孟秋猶熱，未審□□
但某即自（日）清宜，思蒙寧愈。□新故應段□
足悦攄情。縱有炎暉，方爲□□□既欣，今日顧□
棄細微，無遺寒歲。聊申翰墨，懷思非常。謹記單詞，□□

八月仲秋　已涼　甚涼　極涼　握手從遊，同歸静室。調
弦翫曲，響妙鏗鏘。促柱迴開，笙合韻梧。酬勸九醞，盈罇
□勸佳慶。望同千□，出入無違。□□分顔，□蹲踰
□霞陰斂色，芳草彫輝，聳幹疏條
□[遊]北邁[天][躅]之

（後缺）

H：

（前缺）

朾[彫]，卉木葉隕，□朾朾密□
鳴鴈聲嘶，翱翔□際。囑□
□□難捨，次因使彼，聊述□
相問□　十月孟冬□□
闊别多時，題封靡達。愁眉每結，相眷□交，[使]懷思涕。
孟冬漸寒，[不]審如何？況乃雲澄嶺際，風拂凝霜，冷氣陵人，清
□銀條，獨寢幽閨，徐吟抗淚。啓扃簫
□然嗟三光而變，呼明未卜，轉切煩情，附

……仲冬 切寒 甚寒 雪寒
……義志在。達人五郡，尚結孔懷，親友理
……怨別經時，愁腸寸斷。況復風光切々，
……隨沉重，幃幄悵凝，氣彌加疊，褥恙
……如何？ 敬承參選，助駕唯欣。既爲重席，
……□德子徨，俱兼名譽。華臺雍容，
……高志永隆。魏乎遠暢，囑斯冠盖。豈々
……寒 極寒 凝寒
……□淚俱霑

（後缺）

J1-5：

（前缺）

……響鳴……
……□但厶乙□□經遶，不接修……
……曉同酉□……飲由，自傾嗟□，阻隔鄉閭，逢……
……答附單［行］。 不具。

5 十二月朝□□聞書　聚會乖離，□經歲序。音書□絶，

I：

（前缺）

1 [ ]逍遥□志

2 [ ]以略附平安。不

3 [ ]意陳難具。

（後缺）

O：

（前缺）

1 [ ]聊申重

2 [ ]

3 [ ]多時，顧望傷

4 [ ]不審如何？當今

（後缺）

J6-39：

6 □隔兩年。敬想履新，故多清適。聊陳一酌，冀會二難。仰屈高

□，希垂下顧。餘人並至，唯少明公，佇望停盃，願無推注。
二月　獻歲將終，青陽應節，和風動物，麗景光暉。復已翠柳舒
□，紅桃結綬，想弟優遊勝地，縱賞嘉賓，酌桂醑以申心；翫琴書
□□志。每念披叙，會無因，謹遣數行，希還一字。　三月
□同面叙，披文敬相（想），企望爲勞。聚會未期，憂歎
□柳絮驚翻，花飛影乱，對斯
□垂尺素。　四月
□一阻，遂歷三春。況夏景初暄，炎
□每覩行雲，恒無歸便，思倦分（不）已，
□問。
□處已遥，久絶知聞，常懷耿歎。今斯盛
□安適。想弟池亭散志，琴酒自
□言諾，以此申懷。歡暢之餘，故無憂
□方，既阻關山，音書斷絶。追尋曩
□望無已，炎光極熱，毒氣傷人，足下
□鎮想追尋。謹附丹誠，希歸尺素。
□秋，執别蹔時，心同積歲，何期睽伹（阻），

言會間然，憂慮□勞，耿歎無極。況景悦三秋，時歎七夕，不
勝延望，覩物思□。□遣一行，希還數字。　八月
倏忽乖離，經今數載，何期分歸故里，俯思索（素）友，情□□□。
□□吟蟬，雕梁去鷰，羈人感，旅客傷懷。寄此深心，幸□□
□……昔從離袂，軫念增深，今絶招攜，常□□歎。□
□……欲臨，禮悦昇高，時歡沉菊，故令走□，□……
□……□□□□懸今也。　十月
翔應（鴈）孤鳴，深慟羈人之思；飛蓬獨轉，彌添旅客之悲。況阻關
河，能不慨歎。青山帶地，叙會無期，白雲在天，空深引飲。相見
末尅，積恨爲勞，人信如流，希垂一札。　十一月
秋首分飛，許即相見，公務牽迫，契闊于今。别恨在心，寸陰□□。
覩冰池之寫鏡，已足羈愁；囑寒雪之凝花，彌深□□……
日，企望成勞，冬中嚴寒，願清適耳。　十二月
分袂未遥，已經旬日，某爲翹望，痞寐增勞。年歲祁寒，□□
似，承賢第（弟）參選，注得京官，下走適聞，得已爲慰。故令□……
悉此懷，相見非賒，更不煩述。　問知友深患書

（二）$J_{39-42}+F_{1-9}$

J[39-42]：

40 數日已來，恠不相見，此之斷絶，駭愕如何。不達未前，浪爲□

41 □。根（艮）早來詢，方知深痾，鬬（聞）用驚惶，憂之何極。一相（向）積善餘

42 慶，當漸得瘳。未審若爲針疚（灸）也？古人云：病在能勝衰。

F[1-9]：

1 湯藥所及，久而不活，恐加骨髓，早願善爲醫療也。某□

2 有公事，未得東西。不獲就門，非無返側，故令奉问，願報□□

3 聽稍自由，馳往參謁。冀即相見，謹此代懷。不具。某乙謹諮。

4 答問患重書　　　　攝養乖言，□瘵勝衰。雖餌復藥，席（綿）

5 痼不除。數日以來，漸加劣弱，食□□味，寢寐不安，雖欲自强，

6 但覺惙々。忽蒙降問，蹔得眼明。不見光議，有同如舊，時□

7 如此，比復如何？追賞之餘，當無損德。如□見望延，持此代懷。□□

8 脩書，意何能述。脱因行便，希降紫（柴）扉，故□□情，願時□□。

9 不具。某乙諮。

（三）F10-13+L+D+静岡縣磯部武男藏001

F10-12：

10 相文（聞）卷一本　　　　正月孟春漸暄□

11 調，寒光漸散，猶霜未甬（罷），□□侵人，万［　　］

12 □霍，孟春猶寒，勿審某乙［　　］

（後缺）

L：

（前缺）

1 ［　　］天［　　］梅花漸［　　］

2 ［　　］故也如何？但厶乙頻遭邂逅［　　］

3 ［　　］但厶恒居朝，秋節逐休，逢迎琴酒［　　］

4 ［　　］□略寄空心，不恥賤言，願公在意。［　　］

5 ［　　］情已久，憶想馳深，戀結在懷，未盈延奉［　　］

6 ［　　］含輝，柳放臨池，花開霧裏，群飛蝶翼，遊［　　］

7 ［　　］指。季春甚喧（暄），不審夫子如何［　　］

8 □戀纏懷，霄長難［　　］

（後缺）

D+靜岡縣磯部武男藏001：

（前缺）

□□□……□□□季春
漸暄，不審夫子□面，若爲□□。今省纏遶，不接修
承，憶戀纏懷，霄長難曉，同盃共飲，由自傾心。況乃
阻隔鄉閭，途迎失度，今因往信，略附音符，如有迴魚，
請乞通問。不具，即日。　四月　孟夏　漸熱　極熱
初臨□□，光影隨時，林樹鶯清，看花斂色，高樓興酒，
遠□□□，□室追涼，差看雙燕，蘭菌……
清，百……鳴，空中吟響。孟夏漸熱，不審□□如何
也。但乙顔（頻）聞執事，不奉廷參，聊附空心，馳懷在意。田
農至重，不可失時，來往之間，益人疏隔，同居至室，由
自懸心。況在官司，情懷抱恨。　五□　仲夏　熱　已熱
□□……水雲光影，熱々
……起復消除。況
……□□

（後缺）

吉凶書儀

高昌殘影240號背面

尺寸爲 11.6×16.5cm，存 8 行，前、後、上缺，有夾注、欄線，文中多爲哀痛之詞。正面爲唐西州高昌縣（？）籍殘片，户籍廢棄後，後人於行間抄寫天請問經，又用背面抄寫吉凶書儀。唐朝時期寫本。大阪四天王寺出口常順藏吐魯番文獻，原爲德國吐魯番探險隊收集品。

參：高昌殘影，圖版 XLVI； T T D II（B），131 頁；趙和平 1997，461-462 頁；藤枝晃 2005，146 頁；朱玉麒 2009，97 頁。

（前缺）

1 ［　　］[無]任下情（謹奉啓，不宣，謹啓。）

2 ［　　］□亡考（母云亡妣）攀慕擗踊。不

3 ［　　］□倍增鯁咽。孤子姓名疏。

4 ［　　］[喪]啓。

5 ［　　］（幼云逝。）情以悲惻。伏惟[喪]

6 ［　］答書

7 ［　　］（隨逝弟也）。哀痛抽切，不自

8 ［　　］還白。不次。姓名白。

（後缺）

大唐西域記卷一〇

Ch/U 7724a～b（無原編號）

存4行殘文，精抄本，有界欄。其中b片實際可以直接綴合於a片左上角。内容爲大唐西域記卷十恭御陀國條，見季羨林等大唐西域記校注下，北京：中華書局，2000年，817-818頁。唐朝時期。背爲回鶻文寫本。

參：劉安志2010，420-421頁；余欣2010b，32頁；余欣2012，208頁，圖8-2。

（前缺）

1 交，城既堅峻，兵□

2 國臨海濱，多□

3 大青象，超乘□

4 巨木，干霄蔽□

（後缺）

西州志

Дх.1523

尺寸爲9×21.5cm。存3行。唐朝時期寫本。提到丁谷寺（今吐峪溝石窟），當爲西州地志類著作。

參：姜伯勤1980，41頁；俄藏8，219頁；孟列夫1999b，462頁。

（前缺）

1 巖高□澗流，清叢林蓊，欝□

2 西邊且有丁谷寺　伴一院□□

3 右傳聞多出聖名僧宿德，所□

4 □□□□

（後缺）

唐廄庫律疏

Дх.11413r

尺寸爲8×29.2 cm，存4行。内容是唐律疏議卷一五廄庫律三個條目的抄録，遇條目開頭並不另起行，且文字不佳，第一條漏抄正文四十七字，注文八字，非正規唐律寫本。唐朝時期。背面爲唐安十三欠小麥價錢憑，年代在景龍三、四年（709-710）前後。

參：俄藏15，212頁；陳國燦2005，109-110頁；史睿2007，214-215頁。

（前缺）

1 諸監臨主守以官□□減一等坐之。雖貸亦同。餘條公廨□□，即主守私貸，無文記者，依盜法。□

2 貸之人不能備償者，徵判署之官。下條私借亦准此。　諸監臨主守之官，以

3 官物自借，若借人及借之者，笞五十；過失（衍文）十日，坐贓論減二等。諸倉庫

4 及積聚財物，安置不如

（後缺）

唐吏部留司格

Ch 3841（T II T）

尺寸爲 17.9×29.1cm，存 16 行，原編號 T II T，現已無存，但有「Toyoq」標簽，即吐峪溝遺址出土。楷書精寫，有折欄，唐朝時期抄本。中國國家圖書館善本部藏有向達 1937 年所獲照片。

參：那波利貞 1957，330-331 頁；TTD I，1978－1980，A，45-46，91 頁，B，106 頁；劉俊文 1989，270-275 頁；釋録 2，574 頁；榮新江 1998b，320 頁；Nishiwaki 2001，61，圖 7；陳國燦 2002b，175 頁；劉安志 2003，199-200 頁；劉安志 2011，151-154 頁；榮新江 2005，274 頁；李德範 2007，369 頁；李德範 2008，11270 頁。

（前缺）

1 陳其□□□

2 敕：諸司有大事及軍機，須仗下□

3 須奏者，並宜進狀，仍令仗家覺，□□

4 其應仗下奏事人，夏中炎熱，每日兩□

5 肆刻停。長壽三年臘月十一日　敕：□

6 宜令日午以前早進。如有軍機及□［　　］

7 封上，注日辰早晚，皆令本[司]官□［　　］

8 若經兩時無處分，任即放去。狀過[時]［　　］

9 奏請。若急事，宜當日即請。 萬歲通[天]［　　］

10 敕：文昌臺郎官已下，自今後並令早□［　　］

11 必自中門，不得側門来去，日別受事，□［　　］

12 勾，遲者更催，仍令都司壹勾勤[惰]。［　　］

13 敕：冬官、屯田兩司，宜各於令史員内補□［　　］

14 敕：鸞臺事務繁多，其令史宜□［　　］

15 敕：夏官勾三衛令史，宜補起[家]［　　］

16 ［　　］考經[兩]［　　］

（後缺）

唐令式

SI 4bKr 168 + SI 4bKr 130

尺寸爲 17.3×16.5cm，分別存 7、8 行。背有回鶻文字。根據格式推知各條起首當有「一」字。

參：吉田章人 2017，458-460 頁。

（前缺）

科。

一　當司修葺郊廟，▭

作，相繼不絶，[太]▭

元非州縣補充▭

限。

一　音聲人等元無▭

□□▭▭及本▭

赴集。若有欠少，曹司自追[應]▭

量事計會。其外州當番人▭

每月一日到寺，其州縣[送]▭

年幾、形狀及音聲[人]▭

其行綱准法科罪，不[到]▭

陪一番，如有▭

對驗知實▭

（後缺）

唐令式

SI 4bKr 128

存3行。背有回鶻文字。根據格式推知各條起首當有「一」字。

（前缺）

1 ……□□……

2 ……□者，即令州長官親

3 ……分付行綱，亦……

（後缺）

祭法書

高昌殘影329號

尺寸爲15.6×23.6cm，存28行，有烏絲欄，每欄書寫2行字，有夾注，前後及下部殘缺。民字缺末筆避諱。唐朝時期抄本。每欄兩行，小字細書。

參：高昌殘影，圖版LVII；藤枝晃2005，198-199頁。

（前缺）

1 ……□……

□□□
俠，義士□必薄德□
有適伊川，見被髮而□於野，曰：不及百□
楚語，屈到嗜芰。有疾，召其宗老囑□
子木曰：不然，祭典有之曰：國君有牛□
庶侈。夫子不以其私欲，干國之典。遂不□
曰祠。（々者，以正月始食韭也。）夏曰禴（々者，以四月煮麵餅也。）秋曰嘗（々嘗）□
□食之矣。吳志曰：赤烏年，有兩鳥□
於祭奠。四時珍新，未得祠薦，口不妄嘗。□
春秋繁露曰：大雩者何？旱祭也。大旱乃雩。□
禮記月令曰：仲夏之月，命有司爲民祈祀山川□
祈穀實。鄭玄曰：陽氣盛而恒旱，山川百源，能興雲□
郊之旁，雩五精之帝，配以先帝也。自鞀鞞至柷□
句龍后稷之類也。春秋傳曰：龍見而雩，々之□
着正。雩於此月者，失之矣。雩者，天子於上帝，諸□
郊特牲。孔子曰：繹之於庫門内，祊之於〔東〕方。鄭玄曰：祊之禮，宜以□

門外曰祊。謂之祊者，以於繹祭名也。　又曰：不知鬼神之所［　　］
諸遠者與，祊之言倞也。（倞，索也。倞或爲泳。）又祭法曰：是故王立七廟［　　］
□祖考廟，皆月祭之。遠廟爲祧，亨嘗乃止。去祧爲壇［　　］
腆先君之祧，是謂始祖廟也。　鄭玄注祭祀法曰：天子諸［　　］
祧。鬼亦在祧，遠之於人無事，祫乃祭之。　又曰：唯天子［　　］
祫。無王耳。論語曰：亨禮有容色。　鄭玄聘禮既聘［　　］
［　　］玄注曰：郊祭天也，大饗祫祭先王也。三獻祭社［　　］
［　　］不掩豆，君子以爲隘也。　鄭玄曰：隘，狹也。士有田則祭［　　］
［　　］與（旅，祭名名也。禮：諸侯祭山川在其封内者，今陪臣祭泰山，非禮也。冉有時仕於季氏，救，猶止也。）對曰：不能□［　　］
［　　］之言索也。歲周功成，索八［　　］
［　　］（食田豕。食田鼠。）六曰防（謂堤防。）七曰［　　］

（後缺）

歷代法寶記

Ch 3934r（無原編號）

尺寸爲 16.2×5.2cm，存 3 行，字體不佳，中晚唐或西州回鶻時期寫本。文字相當於大正藏卷 51，190 頁中欄 9

至13行部分;又柳田聖山初期の禪史第二卷,215頁。

參:西脇常記1997a,138-139頁;榮新江1998b,320頁;Nishiwaki 2001,110;西脇常記2002,138-139頁,圖44;榮新江2003,61頁。

(前缺)

1 □上不思議。僕射聞説法已,倍加歡喜。□

2 □在山門,畏祗對相公,不得深厚,直緣三□

3 □公意者。相公一見和上,向弟子説,真實道□

(後缺)

新唐書卷一七一石雄傳

Ch 2132v(無原編號),Ch 2286v(T III 62.1007),Ch 3623v(T III 62),Ch 3761(無原編號),Ch 3903v(無原編號)

刻本,尺寸分別爲5.9×14.0cm,2.9×5.9cm,7.2×10.0cm,4.3×14.6cm,12.0×10.5cm,此五殘片用作廢紙,裱在刻本增一阿含經卷八背,分別存二至七行不等,五碎片綴合後,大體可復原成刻本一頁(圖六),半葉十四行,行二十四至二十七字,白口,左右雙邊,内容是新唐書卷一七一石雄傳的末尾部分(見標點本新唐書第17册,北京:中華書局,1975年,5196-5197頁)。綴合後該殘頁版框高17.5cm,每欄寬0.8-0.9cm,與國家圖書館所藏宋紹興刻本宋元遞修公文紙印本新唐書石雄傳版式完全相同,本殘片當爲傳入西州回鶻王國的紹興地區刻宋版新唐書。現依綴合後情形録文,並附復原圖(圖七)。

參：榮新江 1997b, 396 頁；榮新江 1998b, 312, 318 頁；Nishiwaki 2001, 59-60 頁；林曉潔 2009, 35-46 頁；秦樺林 2013a, 60-62 頁。

（前缺）

1 乃誼自謀，又何疑？」雄以七千人徑薄潞，受誼降。進檢校兵部尚書，徙河

2 陽。初，雄討稹，水次見白鷺，謂衆曰：「使吾射中其目，當成功。」一發如言。

3 帝聞，下詔褒美。宣宗立，徙鎮鳳翔。雄素爲李德裕識拔。王宰者，

4 智興子，於雄故有隙。潞之役，雄功最多，宰惡之，數欲沮陷。會德

5 裕罷宰相，因代歸。白敏中猥曰：「黑山、□所酬已厭。」拜神武統軍。

6 失勢，怏怏卒。

7 贊曰：世皆謂□奇功，殊未知光顔於平蔡

8 □也。是時，賊□顔，憑空堞以居，故愬能

9 乘一切勢，出賊□愬烏能奮哉？

（中空一行）

10 李烏王楊曹高□

（後缺）

四　子部

黃石公三略上略

Дх.17449

尺寸24.2×52.8cm，存26行，高昌郡時期寫本。劉景雲考證爲劉昞所注。

參：俄藏17，126頁；劉景雲2009，82-87頁；京都國立博物館2009，94-95頁；藤井律之2011，115-127頁。

（前缺）

1 士□[　]

2 得其幹，收其半，則[政行而]不[　]

3 政□[因]理，故不怨也。

4 、用兵之要，在於崇禮而重祿，禮

5 崇則士至，祿重則戎士輕其死。[　]敵也。

6 故録賢不愛財，賞功不過時，登[　][賞]其有功□[　]

□以勸衆也。則下力并而敵國消。消，滅也。

、用人之道，之卜尊以爵，瞻（贍）之以財，瞻（贍），猶饒也。則士自來。接之以禮，厲之以辭，則□死之。以善言誘厲之也。

、夫將率者，必同滋味，共安危，敵乃可加。加兵誅伐之也。是故兵有全勝，敵有□囚。囚，拘也。全，爲已於拘制也。昔者良將之將兵也，人有饋一簞醪者，使役（投）諸河，簞，器名，以盛其漆□□令士卒迎流而飲之。夫一簞之醪，不味一河，河大醪也，不能使河使河有味也。然三軍之士思□之死者，何也？以其滋味之及已□語，未見其人也。

、軍讖曰：軍井未遠（達），將不言渴讖□者曰讖。軍營屯止，穿井未達於水，將不言渴，示與衆共所欲也。軍幕未辨（辦），將不言倦。不敢言疲倦，示同其勞也。与之安，与之危。與衆共安危也。
故其衆可合而不可離。感恩德，思盡力，内外合聚以效用，而不離散也。
可用而不可罷，士力可用而不可罷勞也。以其恩素畜，
策謀和也。軍讖曰：蓄恩不倦，以一取
萬。□□施恩，蓄厚不解，士感其惠，□報其德，施之以一，可以取萬也。
、將之所以威者，號令也。戰之所以

（後缺）

針灸甲乙經　皇甫謐撰

Дх.2683b + Дх.11074r, Дх.2683a

Дх.2683b + Дх.11074r 綴合後尺寸爲 30.5×24.5cm，存 22 行，Дх.2683a 存 2 行。隸書，有分節符號。據背面石垂渠諸地現種青苗曆文書，當爲吐魯番寫本。俄藏已將 Дх.2683b + Дх.11074r 兩件綴合，原定名爲黄帝内經素問。據考，此卷文字與晉人皇甫謐針灸甲乙經之陰陽大論第七及正邪襲内生夢大論第八文字基本相同（北京：人民衛生出版社，1956 年），殘卷中所存半行文字的篇題，正是「正邪襲内生夢大論第八」的中間部分，而 Дх.2683a 是正邪襲内生夢大論第八最後部分的文字，原本當在 Дх.2683b + Дх.11074r 殘片後，但不能直接綴合。

參：俄藏 9，332 頁；孟列夫 1999b，451-452 頁；丘古耶夫斯基 2000，99-100 頁；關尾史郎 2001，43 頁；關尾史

郎 2002, 15 頁；李應存、李金田、史正剛 2008, 16-23 頁；袁仁智 2010, 78 頁；王杏林 2010, 105-108 頁；王興伊、段逸山 2016, 308-311 頁。

（一）Дx.2683b + Дx.11074r

（前缺）

1 病之始起也，可刺而已；其盛□

2 而減之，因其衰而章之。形不足者□

3 其高者，因而越之；其下者，引而竭之；中□

4 以爲汁（汗）；其在皮者，汗而發之；其尉（彪）悍者，案□

5 其陰陽，以別柔剛。陽病治陰，陰病治陽。定其血氣，各守其鄉。血實

6 宜決之，氣虛宜瘛引之。

7 、陽從右，陰從左，老□上，少從下，是以春夏歸陽爲生，歸秋冬爲死，反之歸

8 秋冬爲生，是以氣少多逆順皆爲厥。有餘者厥，一上不下，寒厥到膝，

9 少者秋冬死，老者秋冬生。氣上不下，頭痛巔疾，求陽不得，求之陰矣。

10 、冬三月之病，病合於陽者，至春正月，脉有死徵，皆歸出表。冬二月病，在理已

11 □葉皆煞春，陰陽皆絶，期在孟春。春三月之病，陽病曰煞，

12 □□□病，至陰不過十日，陰陽交期，在濂

13 □已，陰陽交合者，立不能坐，坐不能起，
14 □□水。
15 □襲内生夢大論第□
16 黄帝問曰：淫泮衍奈何？岐伯對曰：正耶從外襲内，而未有定舍，反淫
17 於臧，不得定處，与榮衛俱行，而与魂魄飛揚，使人臥不得安而善
18 夢，凡氣淫於府，則有餘於外，不足於内。氣淫於臧，則有餘於内，不足
19 於外。問曰：有餘不足有形乎？對曰：陰氣盛，則夢涉大水而懼。陽氣
20 盛，則夢涉大火而燔焫。陰陽俱盛，則夢相煞。上盛則夢飛，下盛則夢
21 □則夢与，甚飢則夢取。肝氣盛，則夢怒。肺氣盛，則夢恐懼，哭
22 □盛，則夢善笑，恐畏。脾氣盛，則夢歌樂。□□。腎

（後缺）

（二）Дx.2683a

（前缺）

1 □深池（地）窌中。客於
2 □□者，至而補之立已。

（後缺）

耆婆五藏論

Дx.9935Iv + Дx.10092v + Дx.9935Ir + Дx.10092r, Дx.12495v + Дx.12495r + Дx.9170v + Дx.9170r, Дx.9882r + Дx.9935IIIr + Дx.9882v + Дx.9935IIIv, Ch 3725r（T II Y 41）

楷書，有烏絲欄。正背面連寫，原爲册子本。俄藏敦煌文獻 Дx.9170、Дx.9178、Дx.9882、Дx.9888、Дx.9935、Дx.9936、Дx.10092（俄藏敦煌文獻 14）及 Дx.12495（俄藏 16）等八件殘片與德藏殘片 Ch 3725r 是同一組文書，該寫本連續抄録耆婆五臟論、諸醫方髓。耆婆五臟論部分可分爲四組：（一）Дx.9935Iv + Дx.10092v + Дx.9935Ir + Дx.10092r，存 12 行；（二）Дx.12495v + Дx.12495r + Дx.9170v + Дx.9170r，存 24 行；（三）Дx.9882r + Дx.9935IIIr + Дx.9882v + Дx.9935IIIv，存 12 行；（四）Ch 3725r，存 6 行。交河故城出土。

參：黑田源次 1935, 662-663 頁；萬斯年 1947b, 101-102 頁；羅福頤 1952，卷 1, No. 21；三木榮 1964, 156 頁；馬繼興 1988, 36-37 頁；宮下三郎 1992, 498 頁；王淑民、龐莎莎 1995, 46-51 頁；小曽户洋 1996, 642-643 頁；榮新江 1998b, 320 頁；李勤璞 1998, 87 頁；真柳誠 1998, 986-988 頁；俄藏 14, 133-134, 207 頁；俄藏 16, 130 頁；Nishiwaki 2001, 87 頁；馬繼興 2002, 159 頁；陳明 2002, 100-108 頁；陳明 2005a, 157-167 頁；陳明 2005b；張輝 2006, 62-64 頁；李應存、李金田、史正剛 2008, 36-45 頁；姚崇新 2010, 160-161 頁；袁仁智 2010, 128-132 頁；陳明 2013, 352-354 頁；陳陗 2014, 107-108 頁；馬繼興 2015，上 56 頁，中 86-88 頁；王興伊、段逸山 2016, 24-37 頁。

（一）Дx.9935Iv + Дx.10092v + Дx.9935Ir + Дx.10092r

（前缺）

1 □□也。問曰：□□將五藏敗
2 者，何也？一手掌无文，心敗；二面白
3 脣黑，肺敗；三面目暗，肝敗；四齊（臍）
4 腫脹滿，脾敗；五陰腫不起，腎敗。
5 此是五藏敗也。問曰：何爲十絶者？
6 答曰：一氣短，眼暗疼，心絶。二口鼻
7 張，氣長短促，肺絶。三面青，眼
8 不明，目中淚出，肝絶。四面黑，青（睛）黄，
9 汗流，腎絶。五泄精不覺，時時忘（妄）
10 語，脾絶。六云十指甲青，惡罵不正（止），
11 筋絶。七脊背酸疼，□腫，腹重，
12 □面無精光，鬚髮自落，血絶。

（後缺）

（一一）Дх.12495v + Дх.12495r + Дх.9170v + Дх.9170r

（前缺）

1 香嗅，尋□

2 足，不療[ ]

3 眄眄眼失[ ]

4 連胸腋，四[ ]

5 眼前見火[ ]

6 肝不足，不療[ ]

7 足，心中悒然，惶[ ]

8 聞言，眼前[ ]

9 遍身悉皆[ ]

10 無少，氣□[ ]

11 汁，腰跨（胯）[ ]

12 不療□[ ]

13 [ ]□腹瘡。

14 [ ]□藏。不用聞

15 [ ]□將。此爲脾不足，不爲

16 [ ]問曰：病在何處，何時服藥？

17 [ ][在]胷隔（膈）已上，先喫食，後

18 [ ]在心腹已下者，先服藥，後

□在四支者，空腹服藥。知病即
□醫方内有三種枉死？答曰：
□不肯服藥，一死；二者，信巫
□三者，輕身薄命，三死。
□□何也？答曰：十
□□十六兩

（後缺）

（三）Дх.9882r + Дх.9935IIIr + Дх.9882v + Дх.9935IIIv

（前缺）

尋覔藥草，都計七百卅種。上藥一□
廿種爲君，主養命以應天，無毒，多服
□□不傷人。中藥一百廿種爲臣，養姓（性）
□應人，無毒有毒。下藥一百廿五種爲左（佐）
使，主療病以應地，多毒，不可久服。三
品藥都計三百六十五種。有更三百六
十五種，有名無實。從此以後，劫初衆生

8 身上老病死現也。衆生業增上力，男
9 □□形，一一具全。陽名曰福悕，陰名
10 □□茋。此二陰陽元氣，氣於子地。男
11 陽從子左行，女陰從子右行，二俱至
12 於巳。男年三十，女年廿，然後行□□

（後缺）

（四）Ch 3725r（T II Y 41）

（前缺）

1 分。右擣節（篩）爲散，一服方寸匕，□
2 如藥法。五夢（勞）：肺勞則語聲□澀；心勞
3 則腰疼痛。傷心即吐血；傷腎即尿血；
4 傷肥肉即白骨疼，惡寒盜汁（汗）；傷腸
5 即洩痢；傷肺則語聲不通；傷肝即
6 眼膜暗。　焉（耆）婆五藏論一卷

（後缺）

諸醫方髓

Ch 3725v（T II Y 41），Дх.9888v + Дх.9836v + Дх.9888r + Дх.9936r, Дх.9178r + Дх.9178v

楷書，有烏絲欄。正背面連寫，原爲册子本。德藏殘片 Ch 3725 與俄藏敦煌文獻 Дх.9170、Дх.9178、Дх.9882、Дх.9888、Дх.9935、Дх.9936、Дх.10092（俄藏敦煌文獻 14）及 Дх.12495（俄藏 16）等八件殘片是同一組文書，先抄耆婆五臟論，後接抄諸醫方髓，Ch 3725 正背面恰好是兩書終止和起始處。兩書當是同一人所抄。諸醫方髓部分計存三組：（一）Ch 3725v，存 6 行；（二）Дх.9888v + Дх.9936v + Дх.9888r + Дх.9936r，存 12 行；（三）Дх.9178r + Дх.9178v，存 12 行。

參：黑田源次 1935, 664-665 頁；萬斯年 1947b, 102-104 頁；羅福頤 1952，卷 1, No. 22；三木榮 1964, 158 頁；馬繼興 1988, 497-498 頁；宫下三郎 1992, 503 頁；小曾户洋 1996, 642-643 頁；榮新江 1998b, 320 頁；真柳誠 1998, 986-988 頁；俄藏 14, 133-134 頁；俄藏 16, 207 頁；Nishiwaki 2001, 87-88 頁；馬繼興 2002, 159 頁；陳明 2002, 100-108 頁；陳明 2005a, 157-172 頁；李應存、李金田、史正剛 2008, 36-45 頁；姚崇新 2010, 159-160 頁；袁仁智 2010, 128-132 頁；陳陗 2014, 107-108 頁；馬繼興 2015，中 933-934 頁；王興伊、段逸山 2016, 24-37 頁。

（一）Ch 3725v（T II Y 41）

1 諸醫方髓一卷
2 夫天地靈立之時，人天无異，衆生福
3 重，隨身光明，飢飡淋𪏭、地味、自然
4 粳米，衆生受五欲樂，君王有道，无有

5 諍事，衆生不識生老病□，□□□

6 四足牀，梵云伽囉都伽時▭

（後缺）

（二）Дx.9888v＋Дx.9936v＋Дx.9888r＋Дx.9936r

（前缺）

1 □□□□道□▭

2 郎□□，貧窮下賤，□□▭

3 才利，此醫工第一志地，凡□▭

4 解八術。何名八術？請與列名。▭

5 答云：頭眼方、灌鼻等方，第一術▭

6 □五藏六府、内病、切脈、療□▭

7 ▭

8 □氣、魍魎鬼氣等治之，此第▭

9 諸瘡癰腫、金瘡、下血等，此第▭

10 諸毒藥方，合仙藥得長命▭

11 五童子，此第五術。療諸▭

等，此第六術。療静□□□

（後缺）

（三）Дх.9178r + Дх.9178v

（前缺）

衣无始无□，略述□□，以施要用，
同醫積代，病藥俱閑，手下驗
方，謹□□首，撰成詩訟，分兩
悉皆備足，具録如後，特望
天恩施行天下。臣幼不堪拓境，赤
心爲國，養人方藥，既即幽靈，臣終
不能獨用，疑臣妄語，始臣方驗，即知
驗也。醫若无功，
請誅之，以令天下。詣表殿庭，毀住
誠惶，皆□所罪。鬼疰心痛方一首：
鬼疰連胷背，如刀乍刺心，麝香並
犀角，雄黄一分　百（白）朮□□　甘草四分　添□

（後缺）

療諸風方

Ch 1036r（T II T）

尺寸爲28.5×27.6cm，存12行，唐朝時期寫本，大字正文，雙行小注。原有標籤題「藥性論」。其背面爲本草經集注。吐峪溝遺址出土。「桑枝煎」見於外臺秘要卷一四引元希聲所集張文仲療諸風方，「療一切風方」下小字又見文仲之名，但「鎮心丸」不見於外臺秘要所引張文仲方，此文書應是醫方療風病之部，抄録各家療風之方，今據此擬題。

參：黑田源次1935，634-635頁；萬斯年1947b，74-86頁；羅福頤1952，卷4，No.31；三木榮1964，158頁；馬繼興1988，173-175頁；宮下三郎1992，503頁；小曾户洋、真柳誠1993，1218-1220頁；小曾户洋1996，640-642頁；上山大峻1997，203頁（圖）；榮新江1998b，315頁；Nishiwaki 2001，88；馬繼興2002，158頁；姚崇新2010，159頁；袁仁智2010，148-149頁；陳陗2014，91-92頁；馬繼興2015，上55頁，中300-302頁；王興伊、段逸山2016，164-167頁。

（前缺）

1 小重，千金不傳効方。

2 桑枝煎：療一切風及偏風 不用全新嫩者。

3 右以水一大斗，煮取二大升，夏月井中

4 沉，恐壞。每日空腹服一盞，盡。桑枝

一大斗切，並無所忌諱。

療一切風文仲四時服有效神方。防風六分 羌活六分 伏神六分 桂心六分 牛膝六分 人參六分

枳殼六分炙 五加皮六分 勺藥六分 丹參六分 意（薏）以（苡）人六分 麥門冬六分 松子人六分 乾地黃六分 大黃六分 青木香六分 慈（磁）石十分研 檳郎（榔）人六分

右擣篩爲散，蜜和丸，々梧子。空腹以清々（酒）

□服十五丸，日再，加至卅五丸，忌猪、魚、油、蘇。

□鎮心丸，療人五藏風虛驚悸。

茯神四分 當歸四分 人參四分 赤石脂 芍藥四分 遠志四分 桔梗四分 □

從容三分 巴戟天五分去心 仲（杜）杜（仲）四分 黄 □分 附子□分炮 菖

（後缺）

本草經集注卷下蟲獸部下品 陶弘景撰

Ch 1036v（T II T）

尺寸爲28.5×27.6cm，存12行，楷書，字極佳。朱墨雜書，大字正文，雙行小注。原有標籤題「藥方文」。其正面爲療諸風方，渡邊幸三根據字體大小和版式認爲此寫本是七卷本本草經集注的卷四，馬繼興亦從此説，真柳誠通過對該寫卷長度的重新測量，每行字數的計算，及與敦煌本的對比，認爲此寫卷更可能是三卷本本草經集注。至於此本的

抄寫時間，黑田源次認爲是六朝寫本，渡邊幸三認爲是唐寫本，馬繼興根據避諱字認爲是唐以前寫本，真柳誠援引東野治之對寫本書法的斷代，認爲應該是初唐寫本。龍谷大學藏大谷文書5467r應當是同一寫本，而大谷探險隊所獲敦煌文書本草集注殘卷則更可能是七卷本。

參：黑田源次1935，648-649頁；萬斯年1947b，86-100頁；羅福頤1952，卷2，No. 28；渡邊幸三1957，39-42頁；三木榮1964，153頁；渡邊幸三1987，248-265頁；馬繼興1988，384-386頁；宮下三郎1992，493頁；小曽户洋1996，640頁；上山大峻1997，202頁（圖）；榮新江1998b，315頁；真柳誠2000，135-143頁，圖5；Nishiwaki 2001，88；馬繼興2002，158頁；虞舜2003，166-168頁；Mayanagi Makoto 2005，315-317頁，圖13.5；葉紅潞、余欣2005，60頁；姚崇新2010，157-158頁；余欣2012，189-204頁，圖7-1；陳陗2014，92-94頁；馬繼興2015，中681-683頁；岩本篤志2015，83-86頁；王興伊、段逸山2016，54-57頁。

（前缺）

1 □肥，此蓋□

2 □不皸裂，肪膏煎藥，無不用之。勿令□ 之員革脂，入道家用。其屎汁拯治□

3 □又白猪、白啼（蹄）雜青者不可之食，猪外□ □用田舍牡者，尖頭不用，食宅店猪以田野□

4 □有效作藥法：取臘月雪置空堈中，猪屎和之，埋□ 即氣病者，絞汁服之二升即差，天下良驗，百始□

5 鷰屎：味辛，平，有毒。主治蠱毒、鬼注，逐不祥邪氣，破五

6 癃，利小便。生高谷山平谷。鷰有兩種，有胡，有越。紫勾（胷）輕小者是越鷰，不入藥用。匈（胷）斑黑，聲大者是胡鷰。世

7 呼胡鶮爲夏侯，其作窠熹長，人言有容一疋絹者，人（令）家富。窠亦入藥，与屎同。多以作湯洗浴，小兒驚邪。户有北向及尾羽色白者，皆數百歲鶮，食

8 之延年。凡燕肉不可食，令人入水爲蛟所呑，亦不宜殺也。

9 天鼠屎：味辛，寒，有毒。主治面癰腫、皮膚説（洗）々時痛，腹

10 中血氣，破寒熱積聚，除驚悸，去面黑皯。一名鼠活，一名石肝。

11 生合浦山谷。十月、十二月取。惡白斂（蘞）、白微。方家不用，世不復識此耳。

12 鼹鼸鼠：味鹹，無毒，主治癰疽諸瘻，蝕惡瘡，陰慝爛瘡。

13 在土中行。五月取，令乾燔之。世中一名隱鼠，一名鼢鼠，刑（形）如鼠，大而無尾，長鼻甚彊，恒身耕地中行，討掘即

（後缺）

劉涓子鬼方卷九、卷一〇

德國舊藏吐魯番寫本（無原編號）

尺寸爲 12.2×28.5cm，册子裝，存一葉，正背連續書，各存 15 行，每一醫方前有「△」標記。避唐太宗「世」字諱，但不避唐高宗「治」字，據此當爲唐初傳抄本。寫本原件已佚，中國國家圖書館善本部藏有王重民 1935 年所獲照片（圖一、圖二）。

參：三木榮 1964, 158-159 頁；馬繼興 1988, 138-143 頁；小曾户洋 1996, 643-644 頁；馬繼興 2002, 157 頁；李德範 2007, 344-346 頁；陳增岳 2008, 475-477 頁；李德範 2008, 11260-11261 頁；姚崇新 2010, 161 頁；馬繼興

2015，中 248-254 頁；王興伊、段逸山 2016, 212-213 頁。

正面（圖一）：

（前缺）

1 大黄、白歛（蘞）、黄芩各二兩，右三味，擣篩令□［　　］
2 煎一沸，絞去滓，適冷洗瘡，日十度。△治小兒頭［　　］
3 當歸、大黄、澤蘭、黄芩、蛇牀子、黄蓮（連），各［　　］
4 右六味，以水一斗五升，煎取六升，去滓，□鹽□□，温洗□□［　　］
5 治熱瘡、洗浴瘡，生地榆根湯方： 生地榆根二斤，右以水［　　］
6 煎取五升，去滓，適冷暖以洗浴，日三度。△治諸惡瘡［　　］
7 戎鹽洗湯方： 戎鹽二合、黄蓮（連）、蛇銜、石南、大黄、［　　］
8 黄芩、礬石各一兩，右八味，以水七升，煎取三升，□［　　］
9 日三。△治小兒□□□□梔子湯方： 梔子卅枚、□□［　　］
10 白芷、甘草、黄蓮（連），右六味，以水一斗二升，煎取六升，去滓，以洗□。
11 △治小兒丹，洗浴紵（苧）根葉湯方： 紵（苧）根葉、小豆四升，右二味，以水
12 煎取五升，去滓，泠洗浴，日三度。△治小兒丹，慎火汁□
13 慎火，絞擣取汁，以拭檢赤處，日十度。△治小兒丹，洗檢

湯方：煩柳葉一斤，右一味以水一斗，煎取五升，去滓，以洗，日
十度。△治小兒丹腫，衆治不差，棗根檜湯方：棗根□▭

（後缺）

背面（圖二）：

（前缺）

梔子、黃蓮（連）、升麻、甘草、大黃、黃蘗各二兩，▭
右九味，以水一斗，煎取七升，絞去滓，適冷暖，以故綿□▭
赤腫處，小暖，復易之，恒使温。
劉涓子鬼方卷第九
劉涓子甘伯濟治秣陵令已用省驗方卷第十
余以元嘉廿年臨秣陵，發背綿困。主上垂矜，遣甘伯濟資給，
以見治救。又劉涓子素周遊，于時隣居，參共爲治。蒙得令□，
將舊應方，亦已詳備，既是所經，爲復連集，以爲一卷。
△竹葉黃耆湯方：淡竹葉切，三升，甘草、麥門▭
黃芩、前胡、乾地黃、枳實炙，人參、芍藥、芎藭▭
生薑各三兩、小麥三升，大棗廿四枚，黃耆三兩，右十六味▭

12 七升，煎竹葉、小麥，取一斗三升，澄清，内諸藥，煎取四升，分四服。

13 △二竹葉黄耆湯方：黄耆、甘草、黄芩、麥門冬、乾地黄□

14 石膏、芍藥、枳實、生薑、知母、芎藭各三兩，右十□

15 六升，先煎竹葉，取一斗二升，内諸藥，取四升半，每服一升□

（後缺）

療婦人病方

Ch 396(T I D)

尺寸爲 19.8×14cm，存 8 行，楷書不佳，「攻」字有朱筆改訂。此件文書，小曾户洋指出黑神散見於宋代和局劑方所引紹興續添方，並根據其字體推測此爲宋元時代之方書，但黑神散之名已見於經效産寶。黑神散是療婦人産後病方，據前一方藥物配伍，可知其亦爲療婦人産後病或補婦人血氣之方，據此擬題。黑神散之方以下原未録。高昌故城出土。

參：小曾户洋 1996, 644 頁；榮新江 1998b, 314 頁；Nishiwaki 2001, 86，圖 15；馬繼興 2002, 157-158 頁；馬繼興 2005, 69 頁；袁仁智 2010, 142-143 頁；陳陗 2014, 90-91 頁；馬繼興 2015，上 55 頁；王興伊、段逸山 2016, 142-143 頁。

（前缺）

1 右件爲散，煉蜜丸如彈子大，空心温酒、米湯，

2 下一粒。

3 又方：　澤蘭一兩　、枸杞半兩，揀、乾熱地黄一兩、

4 　萆薢半兩、炙艾半兩、覆盆子一兩、芍藥一分、

5 　當歸一分、赤石脂半兩、栢子仁一分、阿膠炒、

6 　桑寄生各一分。

7 右件爲散，煉蜜丸彈子大，空心温酒、米湯，下一粒。

8 黑神散，治婦人産後一切危惡之疾，功效不能

（餘白）

醫方書

高昌殘影 330 號甲、乙

共二片，爲同一寫本。甲片尺寸 8. 13×8. 7cm，存 8 行，楷書，有烏絲欄，前後及下部缺。内容係本書目録部分；乙片 13. 7×9. 5cm，存 11 行，烏絲欄，前後及下部缺，記諸藥名，有夾注。唐朝時期寫本。高昌殘影題「本草書」，但甲片前 5 行所列目録似是醫方目録，第 6 行後及乙片所列藥物的叙述模式與文字，係摘抄自本草集注中「上石類」（參日本龍谷大學所藏龍 530 號）。全書可能是以叙述藥物使用爲首卷的醫方書。

參：高昌殘影，圖版 LVII；藤枝晃 2005, 200-201 頁；陳陗 2014, 83-84 頁；王興伊、段逸山 2016, 60-61 頁。

甲片：

（前缺）

1 □第十五 治□□

2 治腸鳴第廿 治下滿急□

3 治消穀第廿五 治解百毒□

4 □□第卅 治下部匶□

5 治□第卅五 治蚘蟲第□

6 金石草木蟲獸第□

7 石上玉屑畏鹿角花玉泉畏花。□

8 □□□

（後缺）

乙片：

（前缺）

1 滑石惡曾□□□紫石英□

2 黄石脂曾青爲之使，惡細辛，畏蜚廉（蠊）。白石脂黄□□

3 石[中]鐘乳蛇牀爲使，畏紫石、蘘草，惡牡丹、玄石、杜蒙。[殷]……

4 凝水石畏地榆，解巴豆毒。石膏雞□惡莽[草]。……

5 下。青琅玕畏雞骨，得水銀良，煞錫毒。[礜]……

6 礜石畏水，火練之良。大鹽漏蘆[爲之]使。草□……

7 栢子牡厲、杜茈子爲之使，惡菊花，畏羊蹄、諸石及麵。……

8 术防風、地榆爲之使。女萎畏鹵鹹。干[地]……

9 庶梨盧、齊合。殺天雄、附子毒。得伏苓、房（冬）葵、龍骨良。[署]……

10 志及大戟、芫花、甘遂、海[藻]。[澤瀉]畏海蛤、[文蛤]。……

11 大戟爲之使，□……

（後缺）

醫方書

Ch 1986v（T II T 1274）

尺寸爲10.2×6.4cm，存6行，楷書，有烏絲欄，但文字寫出欄外。

參：榮新江 1998b, 317 頁；Nishiwaki 2001, 86；馬繼興 2002, 158-159 頁；余欣（待刊稿）；馬繼興 2005, 70 頁；袁仁智 2010, 144 頁；陳陗 2014, 96 頁；馬繼興 2015, 上 56 頁；王興伊、段逸山 2016, 198-199 頁。

（前缺）

1 □□□如人行四□里進一服，忌如

2 □□□蚓、薤人、黄連、茯苓

3 □□□□三服

4 □□□療噎病方，　取驢

5 □□□上，立差。

6 □□□□□□

（後缺）

雜醫方

Ch 354（T II T 3032），Ch 483（T II D 136）

兩殘片爲同一寫本，尺寸分别爲 9.5×4.2cm、10.1×4cm，正背書，各 3 行。探險隊原始編號前者標吐峪溝遺址出土，後者標高昌故城出土，未知孰是。

參：小曾户洋 1996, 644 頁；榮新江 1998b, 314-315 頁；Nishiwaki 2001, 87；馬繼興 2002, 157-158 頁；馬繼興 2005, 69-70 頁；余欣（待刊稿）；袁仁智 2010, 142-144 頁；陳陗 2014, 89-90 頁；馬繼興 2015，上 55 頁；王興伊、

段逸山2016, 178-181頁。

（一）Ch 354（T II T 3032）

正面：

（前缺）

1 稱准人名者，即語不得。若□

2 欲却。好者其針即離，其□

3 以乳洗之，燒謝香安悉□

（後缺）

背面：

（前缺）

1 作人舌，以人血塗之，取驢□□

2 針丁其舌上，堁佩子中，以□

3 人糞、苟（狗）糞，取糠燒之□

（後缺）

（二）Ch 483（T II D 136）

正面：

（前缺）

1 怕者（？）□人顛[　　]取死膽[　　]

2 膽并　相爪足充上花西青木[　　]

3 香，取人髮，取燕子糞，口一上[　　]

（後缺）

背面：

（前缺）

1 等物相和爲叢，三夜共前

2 一百八遍，呼何人□者，即顛狂也。

3 若欲人語[　　]取黑氈

（後缺）

雜醫方

Ch 3138r（T III T 132），Ch 3218r（無原編號）

兩殘片爲同一寫本，尺寸分別爲 12×5.7cm 和 20.3×4cm，分別存 3 行、2 行，楷書精寫，有折欄，以朱筆分段。

現兩號背面爲摩尼教惠明佈道書（Sermon of Light-Nous），因爲正面醫方折欄折在字上，説明摩尼教經典實際先於醫方書寫。吐峪溝遺址出土。

參：小曾户洋 1996, 645 頁；Yoshida 1997, 35-39；榮新江 1998b, 319 頁；Nishiwaki 2001, 85-86；馬繼興 2002, 159 頁；馬繼興 2005, 71 頁；王丁 2007, 43、54 頁，圖 5-6, 9-10；袁仁智 2010, 144-145 頁；陳陗 2014, 97-98 頁；馬繼興 2015, 上 56 頁；王興伊、段逸山 2016, 158-159 頁。

（一）Ch 3138r

（前缺）

1　羊糞二千顆，曝千顆，日别□

2　澄清，晨旦以布絹裹，列（濾）去滓□

3　○治牙疼，以正月一日々未出時，口含□

（後缺）

（二）Ch 3218r

（前缺）

1　□取人頭髪燒作灰，用竹筒吹鼻中，即止。

2　□□乳，吞馬藺子二枚，即差。　○治婦人胎死腹

（後缺）

廿八宿日占日月蝕、地動法

高昌殘影331號甲、乙+Ch 1830(T II 1829)

高昌殘影331號甲片尺寸爲6.5×7.5cm，乙片尺寸爲6.7×14.5cm，德藏殘片尺寸爲9.4×21.8cm，兩者上下可以銜接，正背書，正面存17行，背面16行。文字不佳，有不整齊之墨欄。高昌殘影題「占星書」。

參：高昌殘影，圖版LVII；榮新江1998b，317頁；Nishiwaki 2001，91；西脇常記2002，140-165頁，圖45-46；宇野順治、古泉圓順2004，44-63頁；Nishiwaki 2004，40-48；藤枝晃2005，202-203頁。

正面：

（前缺）

1 □□□□若畢宿日々月蝕，則
2 至那國人多遭疫癘及諸熱病；若地動，婦人災厄，
3 人多嗽病。●若觜宿日々月蝕，君王有厄；若地動，則諸
4 王子及居山人、老瘦之類有災厄，宜禳禍，法一同昴
5 宿。●若參宿日々月蝕，則人々皆有厄；唯綵有地
6 動者，草木萎死，苗嫁（稼）毀落，行人、小王、盜賊等死。
7 ●若井宿日々月蝕，則人多瘡病，沙門、梵志并有厄，
8 宜祭日天，以炒稻花散向於南方，災厄自除；若有地

9 動，則多饒水虫，然其國王及臣佐并衆人，皆有逃

10 難，奔投他國，諸牧馬人、諸高旅人、諸畜類，皆

11 有厄。●若鬼宿日々月蝕，則國王、大臣及居近海人，皆

12 有迍厄；若地動，外寇將至，然諸國王更相侵擾。

13 ●若柳宿日々月蝕，則織綾絹師，皆有迍厄；若有地

14 动，國土災厄；若從西地動，則龍蛇狼蝎及百足有毒

15 長虫，皆有餓死。●若星宿日々月蝕，東方、南方諸國

16 君王皆厄；若地動，諸梵志及諸驍踴騰擲戲人，皆

17 □□□。●若張宿日々月蝕，則南方國王，當有迍厄，

背面：

1 □□□國王皆有厄，水居禽鳥皆有厄，其歲之□

2 人多怨忿，及有疫病，應更地動，々從北方來。●若

3 翼宿日々月蝕，東方國土及其臣佐有厄；若地動，

4 迍厄同前。●若軫宿日々月蝕，諸婦人及工巧人皆有

5 厄，人宜鐵（截）屎裹以赤繒，束之以黄帯，繫左臂上，

6 諸厄消滅；若地動，其歲之中，國無災厄，諸物

7 成熟，然諸和口、婦人有迍厄。●若角宿日々月蝕，
8 歲之中，國事清吉；若地動，諸國王、工巧師厄。●若
9 亢宿日々月蝕，其年清泰；若地動，則諸驢馬、野
10 獸等，皆有災厄，又其歲中，多有疫癘。此宿生者，
11 皆有災厄。唯地動，諸有盜賊、樂人、屠者、行
12 困人，貴土（士）及諸大夫，皆有災厄。●若壁宿日々月蝕，大
13 國王當有厄，宜祭於月，穰（禳）解之吉；若地動，牧馬人及
14 諸天竺國，皆悉有厄。諸厄人，宜取金魚，燒烙其頭，吉。
15 ●奎宿日々月蝕，有牛疫，宜消取特牛角祀，燒薰
16 香木，哀正矣；若地動，其歲無事，然諸人皆有災。

（後缺）

歲星圖法

Ch 1459v（T II Y 54）

尺寸爲10.8×10.9cm，存1行，中繪一命盤，中央題「歲星圖」，有褐紅色綫從歲星圖引向四周的十二地支，正北順時針依次爲：子酉戌亥丑申卯午巳辰寅未。左一行殘存「圖者多官事」，有烏絲欄，可能是利用歲星進行占卜的文書。正面爲陰陽婚嫁書。

參：榮新江 1998b, 317 頁；Nishiwaki 2001, 94，圖 17。

1 □圖者多官事

（後缺）

京氏易占

Ch 1635（無原編號）

尺寸爲 16. 2×19. 8cm，正背面形式相同，正面 10 行，背面 13 行，墨書，有烏絲欄。頁右上角有卦圖，四周有小字説明，上下及後面是大字占詞。現在的玻璃版上有舊標籤，題「易經」，實際非易經本身，而是易卦占卜書。卦圖及其周圍的説明文字，以及大字占詞涉及納甲説、納支説、八宫説、八宫六十四卦納五行、飛伏説、六親説以及卦氣説，均爲今本京氏易傳之内容，可見其應是中古時期以京房易學爲基礎衍生的占卜書，據此擬題。中國國家圖書館善本部藏有向達 1937 年所獲照片（圖三、圖四）。

參：榮新江 1998b, 317 頁；Nishiwaki 2001, 96，圖 19；榮新江 2005, 273 頁；李德範 2007, 373-374 頁；李德範

2008，11263-11264頁；翟旻昊 2013，92-98頁。

正面（圖三）：

（前缺）

1 坤爲地，爲母，爲[ ]

2 命，絶命主□[ ]

3 發變爲巽，母疒□[ ]

4 筮得坤卦者，坤者，順也。□[ ]

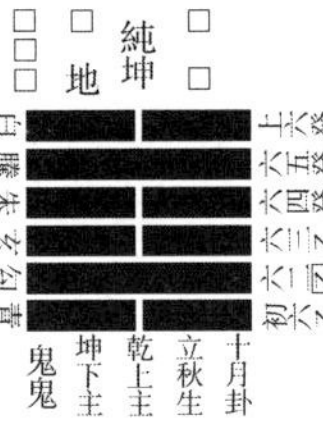

5 □所求皆得逐順，地性柔順，藏万物故。官事終无所苦上下順故。占婚[ ]

6 [ ]一陰□故。一云，不宜子孫，傷家長女，出，孤寡。又云，雖□[ ]

7 [ ]及告地，不宜動故。　占出軍兵，□□先發□[ ]

8 [ ]得此卦者，有利，他月得之，市易有□[ ]

9 [ ]□人，吉□陰風故。丈夫凶咒陽，故病在心腹。占怪，吉。夢[ ]

10 [ ]占客，善人來。占年中善熟，攻城得，雨少雨[ ]

（餘白）

背面（圖四）：

乾家歸魂，歸魂□
者爲丘墓，卒病者
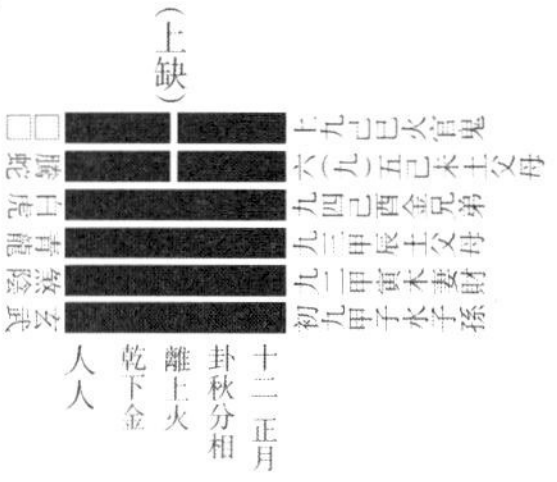

伏爻乙卯土 飛爻甲辰土，飛剋伏。筮得
善掩惡，盛物□吉之卦，曰
不宜諫人過，万國皆歸，不期自會，不可强人取財物，豐□
□辰被扶，吉。雖有被扶抑，官事自散，過之无罪，天之護
□應在初世，爻動青龍。雖爻爲病死破傷，諍訟之事，先凶後吉
□□官得見貴人，吉。史人遷進，訴訟得理，十年居，吉。占官無咎
□復出燒頭鬼，家有聚蟻爲之，吉。移徙，吉。
云：赤色，女工□情，盜賊急逐之。占追
□金鳴，爲春夏得此卦□

（後缺）

占風法

Ch 3316(T II T 4006)

尺寸爲12.6×11.2cm，正背書，各6行，楷體，有朱點分段。正背面字迹相同，雖無法接續，但應爲同一占卜文獻的不同部分。背面爲一圓形圖案，中間殘存字迹爲「□占八方風圖」，周圍文字呈放射狀，按順時針方向閱讀。據此圖題，擬爲占風法。吐峪溝遺址出土。

參：榮新江 1997b，396 頁；榮新江 1998b，312，319 頁；Nishiwaki 2001，96；余欣 2007，87-114 頁；余欣 2011，144-170 頁，圖 4-1。

正面：

（前缺）

1 ［　　］月十五日，從旦至［　　］

2 ［　　］●准田種人不［　　］

3 ［　　］若其日風至［　　］

4 □□箇□雨●若平旦至［　　］

5 ［　　］風来一箇□［　　］

6 ［　　］来向南去其年□［　　］

背面：

（前缺）

婆羅□
有蟲□
南
□占八方風圖

西南
□□
□□□熟更有歲□
□鬼入界□

西
□恒風来蒲桃以菓□
子不熟穀□□
性少病安□□

西北
風□□
□竊賊□
（後缺）

（後缺）

葬書

Ch 1282（T II 1768）

尺寸爲 12.8×5.3cm，存 3 行。從第二行「此日葬者大吉」一句，可知其爲擇葬日之書，其前有一「火」字，擇日之法似與五行相關。

參：榮新江 1998b，316 頁；Nishiwaki 2001，97。

（前缺）

1 □子封公，亻來使

2 □火，此日葬者大吉，取

3 □貴子二千石，廿年中

（後缺）

解夢書水篇

Ch 773r（T II 1510）

尺寸爲 9.5×14cm，存 8 行，楷體，有折欄。此文書殘存部分均涉及與水相關之夢象，其象及占詞與敦煌文書 S. 620 解夢書水篇第廿四頗類，據此擬題。背面爲成玄英莊子齊物論疏。

參：榮新江 1998b，315 頁；Nishiwaki 2001，90，圖 13。

（前缺）

1 夢見飲水，所求得□

2 夢見在水中者，身□

3 夢見飲湯水，吉。

4 夢見河水□塞者，□

5 夢見在水歌，憂死喪▭

6 夢見水流者，富貴□▭

7 [夢]見水溺者，富貴□▭

8 夢見溺水不得□▭

（後缺）

陰陽婚嫁書

Ch 1459r（T II Y 54）

尺寸爲 10.8×10.9cm，存 8 行，楷書不精，以朱筆分段。第 3 行有篇題「（上殘）辰、寡宿法第六」，從孤辰、寡宿兩個神煞，與其下占詞的内容可知，此部分是以孤辰、寡宿占卜男女婚嫁吉宜占卜法。可知其全文是關於婚嫁事宜的占卜書，據此擬題。其中「某月生男不娶某月生女」等語，亦見於敦煌文書 S.612v，題名爲推胞胎月法。與 Ch 1644 或爲同一書。背面爲歲星圖法。交河故城出土。

參：榮新江 1998b，317 頁；Nishiwaki 2001，94，圖 17。

（前缺）

1 ▭[月]、[八]月、十一月納財□

2 ▭[大]吉　　、土命女[四]□

3 ▭辰、寡法第六

4 ［　　］生人四月犯孤辰　、六月犯

5 ［　　］宿　、申酉戌生人十月犯孤辰

6 ［　　］宿，男財妨婦，女財剋夫，不保

7 ［　　］男不取四月生女，　七月生男，

8 ［　　］生男不取十一月生女［　　］

（後缺）

陰陽婚嫁書

Ch 1644r（T III T 133）

尺寸爲 12×18.2cm，存 11 行，字不佳，大字正文，雙行小注，有烏絲欄。第 1 行有「閉日嫁」，第 3 行有神煞「喪門」，可推知是以建除與神煞爲婚嫁擇日的内容。第 6 行有殘篇名「（上殘）看行道法第十（下殘）」，參其下占辭，可知應是占往女家迎娶行道吉宜之法。可知其全文是關於婚嫁事宜的占卜書，據此擬題。與 Ch 1459 或爲同一書。背面爲占釜鳴法。吐峪溝遺址出土。

參：榮新江 1998b，317 頁；Nishiwaki 2001，94。

（前缺）

1 ［　　］□生七人。閉日嫁□［　　］

2 ［　　］六　正月、五月、九月［　　］

□月、十一月喪門在丑□

□来妨婦　女□

□□看行道法第十□

□生生女宜從壬向丙，女家在□。

□女宜從丙向壬，當令女家在丙。

□生女　□日生女　右伴六相□

□熟成　壬地吉己亥生女，午□生女。子日生□

□地安□

（後缺）

黄帝産法

Ch 1649v（T II 1970）

尺寸爲 8×10.3cm，利用廢棄户籍背面書寫，存 7 行。第 1 行有殘篇名「黄帝産（下缺）」，5 至 7 行内容與外臺秘要所引崔氏年立成圖法相似，據此擬題爲黄帝産法。又二行寫於正面唐西州柳中縣户籍文書右側，但文體不同，分别編爲（一）（二）。

參：榮新江 1996a，83 頁；榮新江 1998b，317 頁；Nishiwaki 2001，97；王興伊、段逸山 2016，48-49 頁。

（一）

（前缺）

1 ［　　］[第]一　黄帝産［　　］

2 ［　　］[之]重者，命生[有]［　　］

3 ［　　］包而亡身，或貪□［　　］

4 ［　　］[少]包，營利横遭□［　　］

5 ［　　］□上来産生，大吉。□［　　］

6 ［　　］[閉]肚在壬，反支八月丙，年［　　］

7 ［　　］[肚]在甲，反支十月辛，年十［　　］

（後缺）

（二）

（前缺）

1 ［　　］□[亻]□□□□［　　］

2 ［　　］生人死妨媒人

（後缺）

推建除亡殃法推人上計及合死不合死法

Ch 217（T II T 1260）

尺寸爲14.1×18.8cm，存12行，部分行前有朱筆三角勾記，係推人上計及合死不合死法的表格的一部分。第1至6行與敦煌文書P.3647葬經占衰殃去處頗相似，據此擬題爲推建除亡殃法推人上計及合死不合死法，吐峪溝遺址出土。中國國家圖書館善本部藏有向達1937年所獲照片（圖五）。

參：榮新江1998b，314頁；Nishiwaki 2001，95；榮新江2005，274頁；李德範2007，372頁；李德範2008，11276頁；游自勇2010，87頁。

1 △建日亡者，注長子，不出[一]月内死。 △[除]……

2 △滿日亡者，注家長不利，不出三月。 △[平]……

3 △定日亡者，殃西家一人，不期男女。 △[執]……

4 △破日亡者，殃家中三人，不出七月内。 △[危]……

5 △成日亡者，殃東北家一長子，不出三月。

6 △開日亡者，叔不出，殃家中寡婦，八日内。

7 △星曆 正月 二月 三月 四月 五月 六月 七月 八月 [九]……

8 一日 室 奎 胃 畢 叅 鬼 星 [翼]……

9 二日 壁 婁 昴 觜 井 柳 張 軫 [亢]……

10 三日奎　胃　畢　參　鬼　星　翼　角　氐□

11 四日婁　昴　觜　井　柳□

12 五日胃　畢　參　鬼□

（後缺）

推十二支死後化生法推建除日同死法

Ch 842v（T III 62-1000）

尺寸爲 19×10cm，存 6 行。册頁裝，字不佳。文書前三行按照十二地支順序排列，叙述死後化生的結果，後三行按照建除排列，占卜該日的死亡人數，據此擬題。正面爲妙法蓮華經卷七。

參：西脇常記 1997b，80 頁，圖 11；榮新江 1998b，315 頁；Nishiwaki 2001，93；西脇常記 2002，43-44 頁，圖 2；游自勇 2010，84-90 頁。

（前缺）

1 酉日死，化人，一百日受辛苦後生霍□□

2 戌日死，化狗，一年向岐州任家作女身。

3 亥日死，化羅刹，八年後生南□□家女身。

4 建日同死二千六百人，□千七百人。

5 滿日同死四千二百人，□百人。

6 定日同死一千二百人，□二百人。

（後缺）

推四鄰妨忌推亡犯何罪而死及喪家凶吉法

Ch 2910（無原編號）

尺寸爲14.6×13.3cm，存8行，字不佳，有欄。此文書1至2行與敦煌文書P.3028占死喪法（擬）第53行相似，第3至8行與P.3028第55至63行相似，應爲占死喪法（擬）抄本中的一部分。

參：榮新江1998b，319頁；Nishiwaki 2001，93。

（前缺）

1 □壬癸日死，□

2 □吉，北家口舌，凶。

3 □先犯動土、見血光而亡第八日兩重煞之。

4 [先]犯發屋、破土、治宅、動土，當妨婦女。

5 [者]煞之，爲先犯祭神不了未呪咀，當亡女煞婦。

6 [先]犯治門户、井竈，當家重煞婦女。

7 □犯治宅及厠爲患，主亡人不語，見血重

8 □之，爲先犯土公、呪咀亡人，不得語，目不合，主重

（後缺）

發病書

Ch 468r（T II D 287）

尺寸爲 10.9×6.4cm，存 6 行，小字，有朱點。第 3 至 4 行與敦煌寫本 P.2856 發病書推五子日病法相似，第 5 至 6 行，殘存題：「（上殘）年反支法」，據以定名。背面爲唐西州籍，實則先寫户籍，公文廢棄後抄寫發病書。高昌故城出土。

參：榮新江 1996a, 83 頁；榮新江 1998b, 314 頁；Nishiwaki 2001, 92；岩本篤志 2013, 95-96 頁；岩本篤志 2015, 262 頁；陳陗 2014, 91 頁；王興伊、段逸山 2016, 40-41 頁。

（前缺）

1 魄在离未去，鬼剪（箭）射病人背［　　］

2 西北而治之，服黄藥，吉。［　　］

3 ·壬申日病，至戊戌日，廿七日差［　　］

4 ·甲申日病，至戊子，五日差。兵［　　］

5 □□年反支法， 左行十二辰，服□［　　］

6 ［　　］女年廿九反支三［　　］

（後缺）

發病書推得病日法

U 3887r(T I D 1031)

尺寸爲 13.1×8.1cm，3 行。其内容與敦煌文書 P.2856 發病書推得病日法、Дx.1258 + Дx.1259 + Дx.1289 + Дx.2977 + Дx.3162 + Дx.3165 + Дx.3829 + Дx.6761 + Дx.6761v 天牢鬼鏡圖並推得日法相似，據此擬題。背面爲白畫，一婦人(供養人?)坐像，一童子持旗乘龍像，旁有一行小字「子水兑□」。高昌故城出土。

參：Nishiwaki 2001, 93；岩本篤志 2013, 97-98 頁；岩本篤志 2015, 263 頁。

(前缺)

1 □□顛倒，祟在水□

2 □寅日□差。卯日，忌鬼名□

3 □此病因食得之。酉日病□

(餘白)

發病書推得病日法

Ch 3148(T II T 3004)

尺寸爲 10.5×19.7cm，存 6 行。其内容與敦煌文書 P.2856 發病書推得病日法、Дx.1258 + Дx.1259 + Дx.1289 + Дx.2977 + Дx.3162 + Дx.3165 + Дx.3829 + Дx.6761 + Дx.6761v 天牢鬼鏡圖並推得日法相似，據此擬題。吐峪溝遺址

出土。

參：岩本篤志 2013，97 頁；岩本篤志 2015，263 頁；王興伊、段逸山 2016，44-45 頁。

（前缺）

1 午日得病者，腰脊[ ]

2 胷脇氣滿，四支□[ ]

3 不食，從外行来，□[ ]

4 鬼爲祟，竈神不□[ ]

5 許，不与朝差暮[ ]

6 伯。夫今在東十□[ ]

（後缺）

發病書推十二時得病輕重法

Ch 1617v（T II T 3072）

尺寸爲 8.7×8cm，存 3 行。其性質屬發病書。背面爲占卜書。

參：岩本篤志 2013，96 頁；岩本篤志 2015，262 頁；馬繼興 2015，上 56 頁；王興伊、段逸山 2016，42-43 頁。

（前缺）

1 □□夫痔病、婦人帶下漏，血星鬼爲之[ ]

2 □□俱病，々者祟在血星鬼伏灸飛□□□

3 □者浄也。是守常者假安浄□

（後缺）

剃頭良宿吉日法洗頭擇吉日法

Ch 3821v（T II 1497）

尺寸爲13.3×45cm，存21行，係剪斷佛典而寫。同類文獻見俄藏Дх.1064、Дх.1699、Дх.1700、Дх.1701、Дх.1702、Дх.1703、Дх.1704（俄藏敦煌文獻7）。

參：榮新江1998b，320頁；Nishiwaki 2001，92；西脇常記2002，166-180頁，圖47；余欣（待刊稿）。

1 剃頭良宿吉日法

2 女宿剃頭，无病，大吉。

3 虚宿日剃頭，无瘡，大吉。

4 婁宿日剃頭，聰明，長命，吉。

5 觜宿日剃頭，潤澤，易長，大吉。

6 角宿日剃頭，宜道行，吉。

7 鬼宿日剃頭，聰明，强記。

室宿日剃頭，安樂，无病，吉。
□□日剃頭，相富貴，得寶，吉。
□□日剃頭，身安，自在，吉。
[　　]□八日六日
[　　]□□□□日

[　　]法
[　　]洗頭，令人長命。
[　　]至老不入獄。
[　　]頭，令人至老不被事。
[　　]日、十二日洗頭，令人高遷，大吉。
[　　]一日、廿六日洗頭，令人眼明。
[　　]月二日、十二日洗頭，令人長命，富貴。
[　　]洗頭，令人不橫死
（後缺）

占釜鳴法

Ch 1644v（T III T 133）

尺寸爲 12×18.2cm，存 3 行，文字與正面不同，亦無烏絲欄。正面爲陰陽婚嫁書（擬）。

參：榮新江 1998b, 317 頁；Nishiwaki 2001, 94。

（前缺）

1 □日□□

2 □事、口舌，凶。□□□[用][甲]□

3 □釜上，大吉，此□□

（餘白）

古注本推三陣圖法

Ch 1044v（T III Š 67）、Ch 2432v（T III S 94）

尺寸分别爲 28.9×18.5cm、16.7×13cm，前者 9 行，後者 3 行。其另面書寫春秋經傳集解昭公二十二年，其出土地參見該件説明。第 1 行正文見於唐李筌太白陰經察情勝敗篇所收推三陣法，由於第 1 行前即圖像，可知其應爲此段首行。由紙張殘缺長度推測，此行開頭大約僅殘三到四字，因此文書文字與太白陰經中的推三陣法並不完全相同，不能將其看作太白陰經注本。然可據此將Ch 1044v 文字部分定名爲推三陣法。Ch 1044v 和 Ch 2432v 的圖形基本一致，其旁邊注記有干支和青龍、逢星、明堂、太陰、天門等神煞。Ch 1044v和 Ch 2432v 圖像應是與推三陣法配合使用，大致可稱爲陣法神煞圖。因此文書整體擬題爲推三陣圖法。

參：榮新江 1998b，316, 318 頁；Nishiwaki 2001, 90；陳昊 2009, 17-20 頁。

（一）Ch 1044v（T III Š 67）

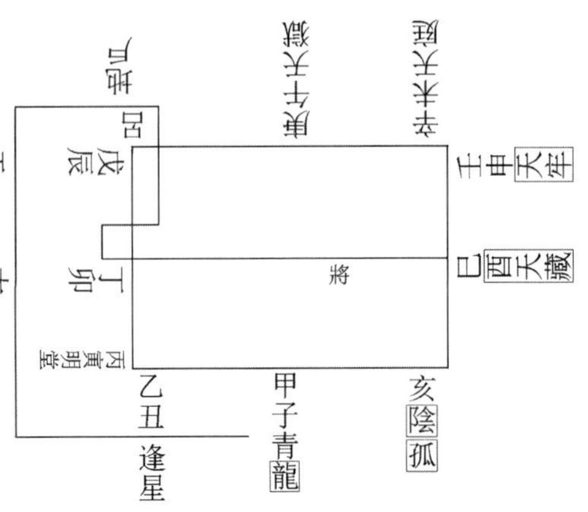

1 □□商畢卯酉 ▯ 前左青衣赤旗頭東方爲左木行，青衣也。青衣赤頭者，吏兵，皆屬金火尅金，皆赤頭

2 ▯兵皆屬金火

（後缺）

（二）Ch 2432v（T III S 94）

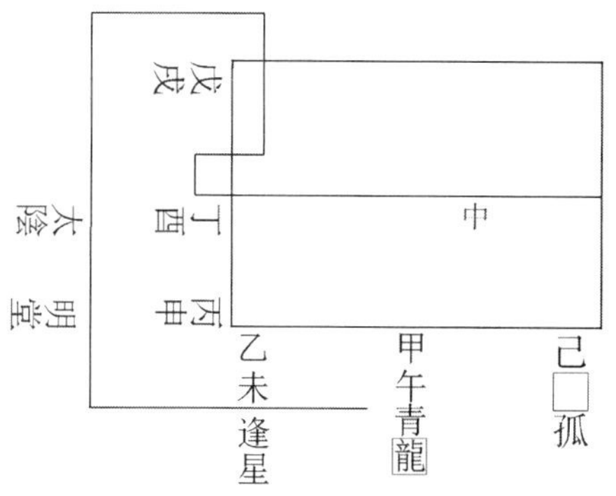

占卜書

Ch 1331（T II 346）

尺寸爲 14.9×5.4cm，正背書，各存 4 行。正面似爲某種占法的推演説明，背面第 3 行有「慎勿傳之」四字，可知爲某種占法結尾。

參：Nishiwaki 2001, 35 頁。

正面：

（前缺）

1 □□□□□用者看［　　］
2 □□任意多少，亦無定數，信手分爲［　　］
3 □之餘剩者，即成□卦也，切在［　　］
4 □□□□□也［　　］

（後缺）

背面：

（前缺）

1 □□□□□□［　　］
2 □□誠，若涉輕易，即損壽命，此□［　　］
3 □慎勿傳之。
4 □□之□□□也，綿々□［　　］

（後缺）

占卜書

Ch 1634（T III 1117）

尺寸爲 9.3×18.4cm，存 15 行，文字拙劣，紙上有殘孔多處，第 4 行有「占燈吉凶法」字様，第 8 至 10 行爲推男女行年法，整個文書似爲占卜書之雜鈔。

參：榮新江 1998b，317 頁；Nishiwaki 2001，95，圖 18。

（前缺）

內不致　五真土　六燈火不散
燈無聲　二長明　三粗大
凡人□逐□轉一
不見□形大吉　占燈吉凶法
滿一聰爭訟得勝，宜公王
氣力豐盈，求財万倍，百物
來，四體安寧，惡鬼退散。
年在□□□作皆後去惡善
女七、十六、廿五、卅四、卌三、五十二、六十一、七十、七十九、八十八、九十七
男九、十八、廿七、卅六、卌五、五十四、六十三、七十二、八十一、九十、九十九
橫財□□大吉。大昌、太清
盈倉、遠行，大吉。宜見公王，
勝常多繞（饒）珍寶，票（漂）處
散居，□亡興生，得利万倍。

15 應絶身，得康頌，惡鬼退。

（後缺）

占卜書

Ch 1617r（T II T 3072）

尺寸爲 8.7×8cm，存6行。小字，不佳，有烏絲欄。僅存占辭部分，難以判斷占法。背面爲發病書推十二時得病輕重法（擬）。吐峪溝遺址出土。

參：小曾户洋 1996，645 頁；榮新江 1998b，317 頁；Nishiwaki 2001，95-96；馬繼興 2002，158 頁。

（前缺）

1 ……□□物，難得爲物，入地中□……

2 ……事口舌起，得人扶接之事。□……

3 ……余還爲歸魂在外，故居官□□……

4 ……女田産少收，所求及財，未得市易……

5 ……婚嫁，凶。　占孕生女　占夢長女……

6 ……无風雨

（餘白）

占卜書

Ch 2011（T II T 1286）

尺寸爲 10.4×5.5cm，正背書，正面 4 行，背面 5 行。字不佳，有烏絲欄。正面僅存占辭部分，背面提及「六卦宜合相生」，似爲易占之書，吐峪溝遺址出土。

正面：

（前缺）

1 安，占病者從□［　　］

2 蛇鼠爲怪。占火光爲怪［　　］

3 舌凶惡。占失物難得□［　　］

4 ［　　］[移徙]不吉。占□［　　］

（後缺）

背面：

（前缺）

1 □□□□□□□□□□［　　］

2 六卦宜合相生，占者大吉□［　　］

火神之事，賽神即差□［　　］
路之事，入獄速出，占□［　　］
三月九月□□□［　　］
（後缺）

占卜書

Ch 1467（T II D 406）

尺寸爲 8.2×8.6cm，存 6 行。僅存占辭部分，難以判斷占法。高昌故城出土。

參：榮新江 1998b，317 頁。

（前缺）
皆悉隱□［　　］
甚吉大利□［　　］
舍永安，屋［　　］
若遠行，從［　　］
人貴百子［　　］
［　　］□［　　］
（後缺）

占卜書

Ch 2993r（無原編號）

尺寸爲14.3×10.3cm，存4行，字拙。背面爲曲子詞（？）。

參：榮新江1998b，319頁；Nishiwaki 2001，93。

（前缺）

1 □□廿七相牛法入室[四]九卅

2 □四十王太王氵□不護六

3 □道上，人□脱衣耽

4 □文牛思現

（後缺）

泰卦卦辭（？）

Ch 2519（T II T 1340）

尺寸爲9.2×6.2cm，存4行，前寫八卦，後爲解釋。吐峪溝遺址出土。

參：榮新江1998b，318頁；Nishiwaki 2001，129。

（前缺）

泰

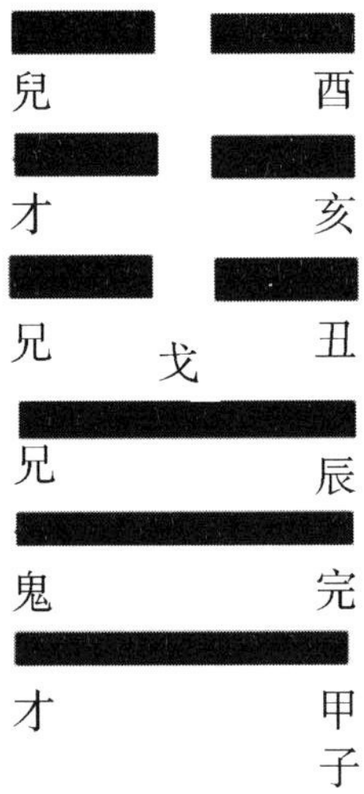

1 飛魂死先□從又，一旦身前見介福。
2 未得脱身歸谷若，雁飛從者别瀟湘。
（後缺）

曆日

Ch 1512r（T II D 183）

尺寸爲11.3×23.2cm，存9行。背面爲佛典殘片。高昌故城出土。

參：榮新江1997b，396頁；榮新江1998b，312，317頁；Nishiwaki 2001，89。

（前缺）

1 ［　　］□，吉。
2 ［　　］
3 ［　　］
4 ［　　］葬□□，吉。

解除，吉。
往亡。
壞垣、破屋、作竈、解除、療病吉
□。
入學，毋倉、皈忌，加冠、拜官、修造
□、血忌、九坎。
廁、出行。
（後缺）

曆日

Ch 3330r（T II 1948）

尺寸爲8.5×16.7cm，存10行，字不佳，亦無欄。背面爲佛典殘片。

參：榮新江1997b, 396頁；榮新江1998b, 312, 319頁；Nishiwaki 2001, 89。

（前缺）
歲後，天
大、小歲後，天恩
歲後、小歲位，□
歲後。
歲後，加冠、拜官，吉。

6 □歲後，療病、□□□

7 □歲後，解除□

8 □歲後，祭祀、嫁□

9 □大、小歲前，嫁取□

10 □大、小歲前□

（後缺）

某年具注曆日

Ch/U 6377r（T I αx7），U 284r（T III M 249 500），Mainz 168r（無原編號）

Ch/U 6377r尺寸爲10.7×12.5cm，存5行，小字，分欄寫。爲曆日中所注之人神流注，避「丙」爲「景」，表明其爲唐寫本，而形制則與五代、宋的曆日接近，可能爲唐末高昌所用具注曆日。曆日廢棄後，西州回鶻時代爲摩尼教徒用來在行間寫回鶻文讚美詩。高昌故城α遺址出土。

參：榮新江1998b，321頁；Wilkens 2000, 296-297, No. 329；Nishiwaki 2001, 89-90。

（一）Ch/U 6377r（v）

（前缺）

1 □人神在氣衝

2 □人神在股内

3 □人神在足

4 □十刻 刻 人神在踝

5 □人神在小指

（後缺）

（二）U 284r（T III M 249 500）

（前缺）

1 □　人神在□

2 □四月之節　即　日西行□

3 □甲時寅後卯前　用景時□

（後缺）

（三）Mainz 168r（無原編號）

（前缺）

1 □水危

2 □甲子金成　□

（後缺）

具注曆日

MIK III 4938（T I）

尺寸爲 9.2×16.7cm，存 5 行，九宫圖部分存二十八宿圖（圖六）。華瀾以爲此文書與 MIK III 6338 爲同一寫本，年代不早於十世紀。

參：榮新江 1997b, 384 頁；榮新江 1998b, 322 頁；Nishiwaki 2001, 90-91；華瀾 2004, 323-325 頁。

（前缺）

1 □□□□□

2 今年太歲已下諸神煞□

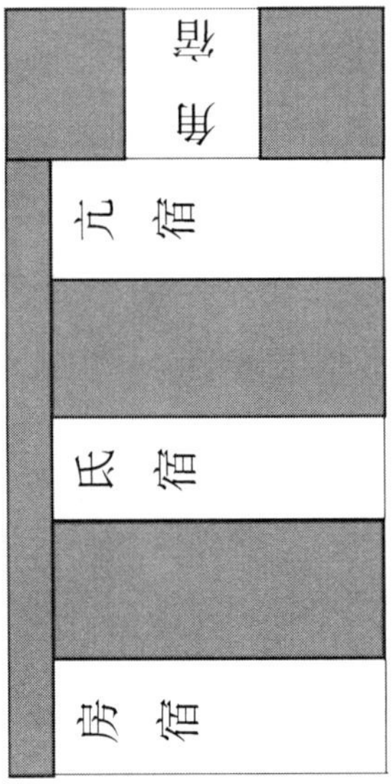

具注曆日

MIK III 6338（T II Y 38）

尺寸爲 17×18.7cm，3 行，正背書。背面爲具注曆日開頭部分，正面是九宫圖，從内向外依次繪十二宫、星圖、二十八宿（圖七）。華瀾以爲此文書與 MIK III 4938 爲同一寫本，年代不早於十世紀。交河故城出土。

參：Eberhard 1936, 84-87，圖6；夏鼐 1979, 46-47頁，圖版13；榮新江 1997b, 384頁；榮新江 1998b, 322頁；Nishiwaki 2001, 91；華瀾 2004, 323-325頁；馬小鶴 2013, 336-339頁。

（前缺）

1 大耗在巳　小耗在午　蠶□

2 發盜在未　喪門在寅　□□□

3 今年太歲已下諸神煞方位　新添

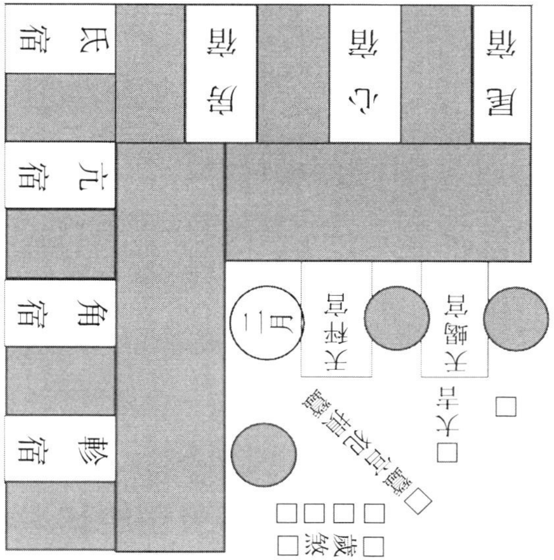

明永樂五年丁亥歲（1407）具注曆日

Ch 3506（T III M 144）

尺寸爲22.4×8.1cm，存9行，刻本，前、後和下部均殘，頂端有一小截粗墨綫邊框。原由細綫隔爲四欄：現存上欄有「末伏」注記；其下一欄爲日序、干支和六甲納音；再下一欄爲建除和二十八宿之曆注；再下一欄爲吉凶宜忌等選擇事項。年代據鄧文寬考訂。木頭溝遺址出土。

參：榮新江1997b，396頁；榮新江1998b，312，320頁；鄧文寬2001，263-268頁；Nishiwaki 2001，88-89，圖16；鄧文寬2002，255-261頁+圖版。

（前缺）

1 二十一日癸卯金　成張　宜□

2 二十二日甲辰火　收翼　宜納財□

3 二十三日乙巳火　開軫　□

4 二十四日丙午水　閉角　宜祭祀，立券，交易，剃頭，安葬，　不宜出行□□

5 二十五日丁未水　閉亢　立秋七月節宜祭祀，　不宜出行、裁種、針刺。

6 二十六日戊申土　建氐　日入酉正三刻晝五十六刻夜四十四刻宜祭祀、嫁娶宜用辰時。

不宜動土。

7 二十七日己酉土　除房　宜祭祀、沐浴　不宜出行、移徙、裁種。

8　未伏　二十八日庚戌金　滿心　宜進□、裁衣宜用辰時、開市、交易、納財。

9　二十九日辛亥金　平尾　宜□

（後缺）

淮南子時則訓注　許慎撰

Дx.7892, Дx.17463 II, Дx.17463 I, Дx.3936, Дx.236

尺寸和行數分别爲 17×7cm，存 4 行；19.5×26cm，存 6 行；19.5×26cm，存 6 行；18×13cm，存 6 行；24.5×5cm，存 3 行，正文大字，注雙行小字，高昌郡時期寫本。「當」字有雌黄塗改。高田時雄、藤井律之考爲許慎淮南子時則訓注逸文。

參：俄藏 6, 150 頁；俄藏 11, 102 頁；俄藏 13, 349 頁；俄藏 17, 129 頁；藤井律之 2009, 133-145 頁；京都國立博物館 2009, 96-97 頁。

（一）Дx.7892

（前缺）

1　東方，□甲□

2　々龍之屬也。其音角，々□觸也□

3　其數八，木數三，加以五行，故八也。其味□

4 其臭羶，々者陽氣揚萬物也。……其祀……

（後缺）

（二）Дх.17463 II

（前缺）

1 中。其……

2 角，律中夾……

3 羶，其祀户，祭□脾，……

4 華以陽氣發生。倉庚鳴，倉庚□□□陽類与氣相應，……

5 鳩鷹，鶡也。鳩，布穀也。順陽不煞，故化也。天子……

6 龍，服蒼玉，……

（後缺）

（三）Дх.17463 I

（前缺）

1 □鐸也，鳴知採雷使不□……

2 聲有不戒其……
3 （備，有菑也。）令官同度量，鈞……
4 稱，〔端〕權概。（度量，尺丈也。鈞者……衡石，稱……斗函，量也。端，正也。權稱□……）
5 无竭水澤，无漉波（陂）池，无……
6 大事以而（妨）農功，祭……

（後缺）

（四）Дх.3936

（前缺）

1 □鱗，其……
2 味酸，其臭羶，……
3 始華，（隨陽□華也。）田鼠……
4 （出化爲鴐，々生母鳥也。）虹始見，萍始生，……
5 天子衣青衣，乘青龍，服……
6 青旗，食麥与羊，服八風……
7 □□……

（後缺）

（五）Дх.236

（前缺）

1 □門間，大庾客，々胃不得奄姦庾索之也。斷刑

2 罰，煞當罪，阿上亂法者誅。立冬之日，

3 □率三公九卿大夫以迎歲于北郊北郊

（後缺）

類書刺史縣令篇

德國舊藏吐魯番寫本（無原編號）

本書體例爲先事對，後敘文，事對詞條往往兩兩對仗，與敦煌本籯金和語對雷同，年代在武周時成書的李若立籯金之後。字體工整，爲唐朝時期寫本。原件在二戰中佚失，所幸中國國家圖書館善本部藏有王重民、向達1935年所獲照片（圖八）。

參：李德範 2007, 349頁；李德範 2008, 11257, 11269, 11276頁；胡鴻 2011, 441-449頁。

1 □百城百城也。□□

2 □□劉昆爲太守，猛獸浮渡河。還珠孟嘗爲合浦以前□

百里嵩爲刺史，時旱，車所至處即便雨下。仁風逐扇東宏云當□……
水任棠爲太守，常置水，有囑請之書，即投於水。褰帷賈琮□□……
爲太守，人有佩劍者，教之云：何爲不賣劍以賣（買）牛而佩其犢。盡能……
人哥云曰：廉叔度來何暮也。至晚賈琮爲南陽太守，人歌其至晚。兩岐□□□爲太□日麥秀兩岐
中和王襄爲益州刺史，作中和樂職之哥。待期郭伋爲并州太守，乘竹馬小兒期不……
名高千里，剖符勝壤。分竹名區，任□……
郭汲弘待期之信，南都歎賈琮之……
度之來遲，流佩犢之規□。□……
歌兩岐而發響，還珠播……
縣令一同縣令地……□……

五　集部

潘岳書札

甘肅省博物館藏卷

該卷用淺黄色麻紙書寫，被分割四片，通高 24-24.5cm，寬 17、20.5、15.5、19.2cm，存 43 行，460 餘字。上下有欄，第 5 行、10 行、20 行、37 行欄上有墨點提示另起。此卷係民國新疆財政廳長徐謙舊藏，1930 年黄文弼在新疆考古，曾在烏魯木齊予以抄録，爲吐魯番出土無疑。

參：秦明智 1987，53-61 頁；榮新江 2018a，54-55 頁。

（前缺）

1 情□[　　]

2 不篤隆□[　　]

3 易面難。奚用贈之，黽勉曰干。奚用爲誨，罔

4 極遊槃。

5 、芝英，美至德也。至德之君子，應期而秀[　　]

五才穎發，百行久著。行爲群賢之□，□
爲國家之瑞。有似于芝英，故詩人興喻□。
一章歎其德，二章美其才，三章申交遊□
四章叙離別之懷云尔。
、爰有嘉瑞，寔惟芝英。誕杞神嶽，育體□
（中缺）
□□□
音孔彰□□延□
詠雄軻。厥博伊何，浩若淵河。□□
曄如春華。其二虎嘯致風，龍動雲興。□
歎友生，易美断金。管鮑符合，喬□□
親。唯我与尔，寔同斯心。精誠好合，如鼓
琴瑟。其三世路殊軌，出處異方。我□□
土，之子西翔。情感離別，心焉切傷。長□
永歎，涕泗沾裳。勉勗翻沖，爲龍爲□。
、岳白：夫甘簞食之味者，則遺郁膳□

21 嗞；安陋巷之□□，□□□□□之宇。修

22 蒿之[ ]

23 □□[ ]

（中缺）

24 乱顔淵[ ]

25 霾慘烈。悲窮□□，□□沈滯。於是披玩

26 古義，吟咏聖哲。且尋鹿鳴之章，則□□

27 疇之好；歎管鮑之節，則感終始之義。

28 覩陳張之〔□〕，則貴鄭〔□〕之操；觀蕭朱之分，則

29 慕王公（貢）之路。有感而興，有悟而動。乃惟

30 足下藉世胄之姿，懷逸群之量。鋒鍔

31 穎于龍淵，厥文繁於春蘭。所樂六經之

32 範，所詠朋徒之好。言託無能，缺疑咨否，路□

（中缺）

33 於邑[ ]

34 有望委積□□□□□詩一首。雖義淺

35 辭蚩，不足顯貢，然志之所之，以□[ ]

張。岳白。
、巖々嵩領，是曰靈岳。浩々洪源，是曰四瀆。昔
稱申甫，今惟名族。顯允君子，承輝載旭。
黄中喧昶，冰潔玉燭。茗柯其華，隨和□
璞。澄之不清，擾之不濁。琳出琨山，竹逝
吴川。蘭萌而芳，石生而堅。匪琢匪彤（彫），涏□
馥鮮。仃々楊生，六操自然。幽遊衡門，□
志沖玄。□□□□窮□六□
与道□
（後缺）

文選卷四、卷五

MIK III 520r（Turf.）

約存 240 行左右，行書，唐朝時期寫本。白文無注本，當是原三十卷本文選舊觀。存揚雄羽獵賦、長楊賦，潘岳射雉賦，班彪北征賦，曹大家東征賦，潘岳西征賦，文字起「亶觀夫剽禽之紲（踰）」句，訖於西征賦「冠沐猴而［縱火］」句，有朱筆句讀與補字。上半及中間多有破損缺失，共十殘片。背面爲繪卷。吐魯番出土。

參：Härtel et al. 1982, 152 頁；古寫本展，No. 6；西脇常記 1997b, 33-66 頁，圖 2-10；榮新江 1998b, 312-313,

322頁；饒宗頤 2000, 2, 22-28頁；Nishiwaki 2001, 136；西脇常記 2002, 185-223頁，圖48/1-16；秦丙坤 2004, 55-57頁；束錫紅、府憲展 2006, 56-62頁；郭殿忱 2008, 29-31頁；金少華 2008, 36-37, 90-91頁；秦丙坤 2009, 71-74頁；朱玉麒 2009, 92頁；秦丙坤 2010, 119-124頁；朱玉麒 2010, 185頁；金少華 2017, 230-278頁。

A：

（前缺）

1 ［　　］與。亶觀夫剽禽之踰［　　］

2 ［　　］亡魄失，觸輻關脰，安發期中，［　　］

3 ［　　］冥之館，以臨珍池。灌以岐［　　］

4 　　［　　］怪物暗［　　］

5 ［　　］鳬鷖振鷺，上下［　　］

6 ［　　］蹈獱獺，據［　　］

7 ［　　］離，剖明月之［　　］

8 ［　　］匡雅頌，揖讓於［　　］

9 ［　　］長，逐珍來享，抗乎（手）稱臣。［　　］

10 ［　　］哉乎德，雖有唐虞大夏［　　］

11 ［　　］哉。上猶謙讓而未［　　］

12 ［　　］騏驎之囿，幸神雀之林。奢［　　］

□飾，木功不雕，拯民乎農桑，□
□禁苑，散公儲，創道德之囿□
□麋鹿蒭蕘与百姓共之，□
□勤五帝，不亦重乎。乃祇莊雍□
□之靡也。因回軫還〔衡〕，背阿□

（中空約五行）

□射雉賦一首　潘安仁

佃（畋）獵下　長楊賦

□斜，東〔至〕弘農，南歐（驅）漢中，□
□熊館。以罔爲周阹，縱禽獸其□
□從至射熊館，還，上長□
□風。其詞曰：
□爲身。今年獵長楊，先命右扶
□列萬騎於山隅。帥軍踤阹，錫
□極觀也。雖然，亦頗擾於農人
□之則不〔以〕爲乾豆之事，豈爲
□動以疲車甲，本非人主之急務

□其二，見其外不識其内者也。僕□
□焉，客曰唯々。主人曰：昔有强秦，封豕其土，□
□沸雲擾，群黎爲之不康。於是上帝眷顧
□所爲麾城擲邑，下將降旗。一□
□虱，介胄被霑汗。以爲万姓請命乎□
□下密如也。逮至聖文，隨風乘流，方垂意□
□木器□宫賤瑇瑁而疏珠璣，却翡
□之樂，憎聞鄭衛要妙之□
□相亂。遐萌爲之不安，中國
□電發。飈騰波流，機駭
□吾遂獵乎王庭。驅橐駝，
□累老弱，吮鋋瘢耆、金鏃淫夷
□兵四臨，幽都先加。迴戈邪指，南越
□絶黨之域，自上仁所不化，茂德之所不綏，莫不
□金革之患。今朝廷純仁，遵道顯□
□所覆，莫不霑濡。士有不談王道□
□肆險，安不望（忘）危。迺時以有事年出□

萃然登南山，瞰烏戈（弋），西壓月堀，東
禦也。是以車不按（安）軔，日未
王之田，反五帝之虞。使農
役。見百年，存孤弱。率与
鳴球，掉八列之舞。酌允鑠，
若此，故真神之所勞也。方將
徒欲淫覽泛觀，馳騁粳（秔）稻之
鹿之獲哉。且盲者不見咫尺，
獸，曾不知我亦將已獲其王侯。言未卒，墨客降
能及也。乃今日發矇，廓然已昭矣。」
兮，樂羽族之群飛。偉采毛之英麗兮，有五色
略兮，畫墳衍之分畿。於時青陽告謝，朱
以隕舊，天泱々而垂雲，泉涓々而吐
媒之變態。奮勁驍以角槎，瞵悍目以
以姣態。尔乃擊場拄
衷料戾以徹鑒，表厭躡以
視。何調翰之喬桀，邈疇

［　　］跟蹡而徐來。摘朱冠之赩
［　　］臆蘭綷，或蹶或啄，時行時止。
［　　］捧黃間以密㲉，屬剛挂以
［　　］堅凌岑，飛鳴薄廩。擎牙砥
［　　］擅場挾兩。櫟雌姤異，儵來忽往。忌上風之飬
［　　］技癢。伊義鳥之應機，啾攫地以厲饗。彼聆
［　　］而臆仰。或乃崇憤夷靡，農不易壟。［　　］

B：

［　　］以驅敵，雖形隱而草動。瞻挺毬之傾
［　　］。望靨合而翳皛，雉胦肩以旋踵佽
［　　］驚，無見自脉。周環回復，
［　　］膺，傍截疊翮。若夫多
［　　］闚閤斸葉，冪歷乍見。
［　　］直匈，裂膝破觜。夷險
［　　］解顏於一箭。醜夫爲之
［　　］藝之安逸兮，羌禽從而
［　　］豈唯皂隷，此焉君舉！

端操或虧。此則老氏之

北征賦一首　班叔皮

以丘墟兮，曾不得乎少留。遂奮袂以北征兮，超絶
而反顧兮，望通天之崇崇。乘陵崗
之不傷。彼何生之優渥兮，我獨離此百殃
阪入義渠之舊城。忿戎王之淫佼兮，穢宣后
以歷茲。遂舒節以遠逝兮，
悲祖廟之不脩。釋余馬
傷情兮，哀詩人之歎時。
怨。舍高亥之切憂乎（兮），事
兮，猶數功而辭釁。何夫子
獯鬻之猾夏兮，吊尉邛於朝
佗。降几杖於藩國兮，折吴濞
望山谷之嵯峨。野蕭條以莽蕩兮，
雲霧之杳々兮，涉積雪之皚々。雁邕々以群
撫長劍而慨息，泣連落以霑衣。攬余涕
度。諒時運之所爲兮，永伊鬱其誰愬乱

人從事有儀則兮，行止屈申与時
懼兮？
春之吉日，撰良辰而將行。乃
發曙而不寐兮，心遲々而
陳力而相追。且從衆而就列，
徂逝，聊遊目而遨魂。歷
既免脱於峻嶮兮，歷滎陽而
而竊歎。小人性之懷土兮，
追想兮，念夫子之阨勤。彼
而將昏。到長垣之境界，察
惕覺寤而顧問兮，想子路之威神。
東南兮，民亦尚其丘墳。唯令德爲不朽兮，
仁賢。吴札稱其君子兮，其言信而有
之在天兮，由力行而近仁。俛（勉）仰高而蹈
庶靈祇之監照兮，祐貞良而輔信。
兮。先君行止，則有作兮。雖其不敏，敢
之智（運），愚智同兮。靖恭

兮。
統日，乙未御辰。潘子憑
廓忽恍，化壹氣而甄
命，位有通塞之遇。鬼神
納旌弓於鉉台兮，讚庶
道兮，佐士師而一黜。武皇
冢宰。彼負荷
明以安位兮，祗居逼以示專。蹈亂逆
與國而舒卷。苟蔽微以謬彰兮，患
之拘攣兮，飄萍浮而蓬轉。寮位
玄燕巢幕。心戰懼以兢悚，
作。匪擇木以栖集兮，鮮林熒（焚）
秋霜之嚴威兮，流春澤之渥恩。甄大
牧疲民於西夏兮，攜
兮，疚聖達之幽情。矧疋
闕庭。眷鞏落（洛）而掩涕兮，
遠矣姬德，興自高辛。

旋牧野而歷茲兮，愈
猶危兮，祀八百而餘
指日而比盛。人度量之
建都□營築。既定鼎于郟鄏，
而是祐。豈時王之無僻兮？賴先哲
頹之樂禍兮，尤闕西之效戾。重戮帶
義以獻説。咨景悼以迄丐兮，政陵

C：

二竟□於虎口兮，
坎路側而瘞之。亭有
眄山川以懷古兮，悵攬轡
劉后之來蘇。事迴沉（沉）
虎狼之强國兮，趙侵弱
以接刃。辱十城之虛壽兮，
兮，若四體之無骨。處
言。當光武之蒙塵，致
奮翼而高揮。建佐命

10 託墳於南陵兮，文違風於
11 帥以濟河。值庸主之矜愎，殆
12 敗而不詘兮，雠凌晉以雪恥。豈虛名
13 虞。貪誘賂以賣鄰兮，不及臘而就拘。
14 援兮，仲雍之祀忽諸。我祖（徂）安陽，言陟陝郛。
15 固乃周邵國之所分兮，二南□

D：

1 許而中惕。□□□
2 鋒刃兮，洞□□□
3 悵兮，惜兆亂而兄替。枝
4 武之無恥兮，徒利開而義
5 害。或開關而延敵兮，競逡
6 合而成大。豈地勢之安危，
7 甘微行以遊槃。長慠賓於
8 巡幸兮，故清道以後往。懼
9 重於天下兮，奚斯漸之可
10 趙虜。加顯戮於儲絕□□

11 全節兮，又繼之以盤□□
12 濟潼。眺華岳之陰崖兮，覿高掌□
13 於孔公。唱（慍）韓馬之大憝兮，阻關谷以稱亂。
14 笄。砰揚桴以振塵兮，劃瓦□
15 低仰。蹈秦郊

E：

1 清風
2 漕引淮海之粟。林茂有鄠
3 於東主兮，安處所以聽於
4 掌兮，義桓友之忠規。竭股
5 兮，疾幽皇之詭惑。舉僞烽以
6 又有繼於此者，異哉秦始皇
7 勤。外離西楚之禍兮，内
8 厚德載物。觀夫漢高之
9 愛。澤靡不漸，恩無不逮。
10 豐，製造新邑。故社□
11 家而競入。籍含怒於鴻門兮，沛

兮，危冬葉之待霜。履虎尾而不噬，
龍攄兮，雄霸上而高驤。曾遷
疏飲餞於東郊兮，畏極位之盛
□
自强
營宇寺署，肆廛管
明建陽昌陰，北涣南平。
縈駁娑而欻駘蕩，轥
殿傍。何黍苗之離々兮，而
遷於灞川。懷夫蕭曹魏邴
兵舉而皇威暢。臨危而
長卿、淵雲之文，子長、
掌。終童山東之英妙，
奮迅泥滓。或從容傅會，
於上列，垂令問而不已。想
也乃薰灼四方，震耀都鄙而死□
漸臺而扼捥兮，梟巨猾而餘怒，揖□

而不悟，曲陽譖於白武兮，化奢淫
惑文成而溺五利。倬造化以製作，窮
骼於漫沙兮，

F：

無賜。較面朝之焕
輕體之纖纚。咸
撫劍兮，快孝文之命帥。周
䜌肅天威之臨顏兮，率軍
孝里之前號。惘輟駕而容
兮，反推怨以歸咎。未十里
墟於渭城兮，冀闕緬其
楹以抗憤。燕圖窮而荆
茲兮，亦狼狽而可愍。
邊。儒林填於坑穽兮，詩書
犬何可復牽。
而寄坐。兵在頸而顧問兮，何不早而
決兮，敢討賊以舒禍。勢土崩而莫

14 ⋯⋯羽天與[而弗取]兮，冠沐猴而縱火。[贯]
15 ⋯⋯舊處。⋯⋯

C：

1 ⋯⋯[高貴]，⋯⋯
2 ⋯⋯舉。存威格乎天⋯⋯
3 ⋯⋯兮，諒惠聲之寂寞。弔
4 ⋯⋯而矜謔。殞吴嗣之局下，[蓋]
5 ⋯⋯兮，兹沮善而勸惡。呰孝
6 ⋯⋯儉。過延門而[責]成兮，忠何
7 ⋯⋯剿皇統之孕育。張□
8 ⋯⋯法〔堯〕而承羞，永終古而
9 ⋯⋯漢耻而不雪。雖積誠□□
10 ⋯⋯橋而旋軫兮，歷弊邑□
11 ⋯⋯倬樊川以激池，役鬼[庸]□
12 ⋯⋯[馳]，宗祧汙而爲沼兮，豈斯宇⋯⋯
13 ⋯⋯以拜郎。誦六藝以飾奸兮，焚[詩]□
14 ⋯⋯游兮，紹衰緒而中興。不□□

造自

H：

似湯谷，夕類虞

峙。圖万載而不傾兮，奄

㒵躍鴻漸。乘雲頡頏，

玆池之肇穿兮，肆水戰於

有瞻乎原陸，在皇代而物土，

課獲引繳，舉效鰥夫。

經連白，嗚根厲響。貫

躍鱗，素鯅揚鰭。

兮，賓旅竦而遲御。

乃端策拂茵，彈冠振

敢夢兮，竊

莫之亢吉。□深林□

子羸鋤以借父兮，化秦法

芮愧而訟息。由此觀之，土

渾淆。

（後缺）

文選李善注卷三五張景陽七命

Ch 3164（T II 1068）、Дx.1551、Дx.7305、Дx.8011、Дx.8462、大谷 5028、大谷 5423、大谷 5468（26）、大谷 10374、大谷 11030、LM20-1517-0275

楷書工整，有烏絲欄，行大字約 19-20 字，或小字 27-28 字不等，正背字迹不同。Ch 3164、Дx.1551、Дx.7305、Дx.8011、Дx.8462、大谷 5028、大谷 5423、大谷 5468（26）、大谷 10374、大谷 11030 與旅順博物館藏 LM20-1517-0275 是同一組寫本，目前已發現 11 件。該組寫本可分爲六個部分：（一）大谷 5028r，存 2 行；（二）大谷 5423r，存 3 行；大谷 10374r，存 4 行；LM20-1517-0275r，存 5 行；大谷 5423r 與大谷 10374r 幾乎上下可綴；大谷 10374r 第 3 行與 LM20-1517-0275r 第 1 行在同一行，之間僅殘缺小字注 1 字；（三）大谷 11030r，存 6 行；Дx.8011r，存 3 行；Дx.1551r，存 3 行；Ch 3164v，存 6 行，皆屬同一段落，各紙間相隔一至二行；（四）Дx.7305，存 3 行；（五）大谷5468（26）r，雙行小字注 4 行；（六）Дx.8462r，存 6 行。（圖一）中國國家圖書館善本部藏有王重民帶回 Ch 3164 舊照片，原編號作 T III 1085，與今不同。

參：俄藏 8，228 頁；俄藏 14，13，54-55 頁；榮新江 1997b，396 頁；榮新江 1998b，313，319 頁；孟列夫 1999b，473 頁；饒宗頤 2000，3，52-53 頁；Nishiwaki 2001，138；西脇常記 2002，227 頁；徐俊 2002b，40-42 頁；李梅 2003，6-7 頁；大谷文書集成叁，101，185 頁；榮新江 2005，273 頁；羅國威 2006a，231-233 頁；羅國威 2006b，331-336 頁；李德範 2007，350 頁；金少華 2008，37-39，92-93 頁；李德範 2008，11256 頁；朱玉麒 2009，92 頁；大谷文書集成肆，149，195 頁，圖版 62，77；朱玉麒 2010，185 頁；張涌泉 2013，598-599 頁；李昀 2014，135-153 頁；徐俊 2016，519-

528頁；李昀 2016, 89-103頁；金少華 2017, 439-449頁。

（一）大谷5028r

（前缺）

1 啓中[　　]

2 [　　]副也。劉向[　　]□□□

（後缺）

（二）大谷 5423r, 大谷 10374r, LM20-1517-0275r

（前缺）

1 [　　]華草錦繁，飛

2 [　　]承意恣歡，仰折神藟，

3 [　　]眷椒塗於瑤壇。邊讓□華

4 [　　]衡[　　]而堂。爾乃浮三

5 [　　]艘，長十丈中在水中沚。潛鰓

6 [　　]沈絲結，飛矰[　　]

絲□

（後缺）

（三）大谷11030r, Дх.8011r, Дх.1551r, Ch 3164v

（前缺）

□然此妍（豣），

足撥飛鋒。說文曰：「□反。廣雅曰：「撥

物（動）也，五忽反。郭璞爾雅注曰：反。孔安國論語注曰：「扣，擊

石逞伎。史記曰：「蜚廉以尸子中黃伯

水行不避蛟龍，陸之不吉。王怒，□

淮南子

虎。貙，黑虎□揖漢書注曰：「貙豸似

買反。瀾漫狼藉，傾榛倒壑

西京賦注曰：「胔，死禽獸名也。」又曰：「僵，僕也。」郭璞爾雅

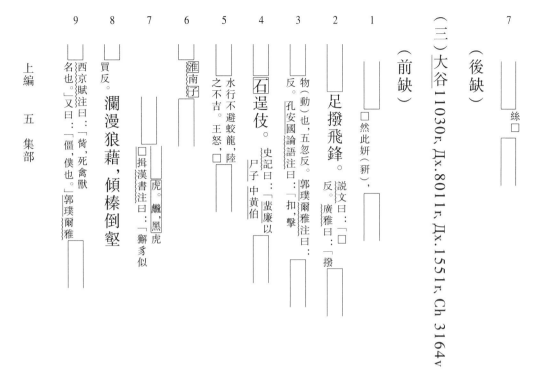

（中缺）

10 虞人數獸，

11 息馬韜弦。張晏 犒勤

12 軒。説文曰：

（中空二行）

13 爲之乎？」□□□□天下之壯觀。公子曰：「余病，未能

14 營。越絶書曰：楚王召風湖子而問之曰：「寡人聞吴有干將，越有歐冶子，寡人願齎邦之重寶，請此二人作爲劍，可乎？

15 之吴，見歐冶子、干將，使之作鐵劍二曰太阿，三曰工市。陽劍，見下文。邪溪之鋌，赤山之精。越絶書曰：「越王

16 寶劍五，聞於天下，客有能相劍者，名曰薛燭，王召而問之，對曰：「當劍之時，赤堇之山破而出錫，若耶之溪涸而出銅。」許慎淮南子注曰：「鋌

17 鐵璞也。」 徒鼎反。精，謂銷踰羊頭，鍱越鍛成。淮南子曰：「苗山之鋌，羊頭之銷，雖水斷龍鬚，

18 生鐵 □廣

（後缺）

（四）Дx.7305r

（前缺）

1 ▭□□▭□▭

2 ▭二哉。耕父推畔，魚豎讓▭

3 ▭危冠之飾，輿台笑短後▭

（後缺）

（五）大谷5468（26）r

（前缺）

1 ▭天下，□▭

2 ▭黃帝治天▭

3 ▭賦曰：「士有▭

4 ▭□□□▭

（後缺）

（六）Дx.8462r

（前缺）

1 ▭□▭

2 ▭聞皇風載韙，▭

3 ……寶爲秋，摘藻爲……

4 ……□簡主：「吾不復樹其實，今子樹非□……

5 ……君。尚書大傳曰：「周人可比屋而封。」……

6 ……敏已……

（後缺）

幽通賦注

Ch 3693r + Ch 3699r + Ch 2400r + Ch 3865r（均無原編號）

存四殘片，尺寸分别爲 13.1×18.5cm、13.9×16.4cm、13.2×29.6cm、19×47.2cm，分存 11 行、9 行、16 行、26 行，可以綴合（圖二）。正文存「形氣發〔於根柢兮，柯葉彙而零〕茂。恐罔（魍）兩（魎）〔之責景兮，羌未得其〕云已。犁（黎）〔淳耀于高辛兮，芈〕彊大於南汜。〔嬴取〕威於伯儀兮，姜本〔支乎〕三趾。既人（仁）〔得其信然〕兮，仰天路而同軌。東厶虐而殲仁兮，〔王合位乎〕三五。〔戎女烈而〕喪孝兮，伯祖（徂）歸於龍虎。〔發〕還師以成性兮，重醉行〔而自耦〕。」若干字缺文，今爲補足。另外尚有八個小殘片，文字依稀可辨，暫不録。

注語甚長，現存起於顔淵、冉伯牛不壽之嘆，當是正文「聿（吹）中龢爲庶幾兮，顔與冉又不得」句下者，「子輅」即「子路」。對勘文字，既不與諸家文選注（李善注、五臣、六臣注及舊注）重合，又非今本漢書注（顔注及其引舊注），極有可能是早期注家項岱（三國人）爲漢書叙傳所作注，其中賦注部分析出單行，成爲獨立的篇章注釋。是隋書經籍志所載「幽通賦一卷，項岱注」的寫本形態。抄寫時間約在 5－6 世紀。

參：榮新江 1997b, 396 頁；榮新江 1998b, 312, 320 頁；饒宗頤 2000, 8, 108-111 頁；Nishiwaki 2001, 136-138，圖 28；西脇常記 2002, 225-263 頁，圖 49-52；許雲和 2006a, 26-62 頁；朱玉麒 2009, 92 頁；徐暢 2013, 30-60 頁。

（前缺）

1 （前缺）入孤子不（後缺）

2 （前缺）去兩館□（後缺）
（前缺）□子不壽也（後缺）

3 （前缺）黄耇之壽不能及焉。□（後缺）
（前缺）性不可移，命不可變（後缺）

4 亂，子輅何驟死乎？昔靈公大子□（後缺）
諫之，乃作高車卑蓋，好帶長劍，長（後缺）

5 長一尺，靈公知其〔不〕可以專國，乃立（後缺）
（前缺）輒國，輒奔魯。時子睾宰（後缺）

6 （前缺）爭□，吾爲其閒，輅聞之（後缺）
（前缺）守門謂子輅曰：門已閉（後缺）

7 （前缺）乞弧黶□□□敵子輅□□（後缺）
（前缺）爲君爲師？（後缺）

8 （前缺）祐乎子輅（後缺）
（前缺）向□□黶裁可□（後缺）

9 （前缺）□如黶，頓赴不能自（後缺）
（前缺）□子輅以衣覆，黶遂前（後缺）

崔欲報孤鷹,往告孔 欲報之,子崔曰：就父
子曰：行矣,此復讎之道 不備,願須後日會城
□可□記在 哀公二年中。形氣發
零茂。琨,根也。柢,本。柯,莖。寅(彙),茂 稟形,生於父母,出自先祖
零落茂盛,其類 根本也。恐罔兩
其云已。羌,猶乃。云,有也。□ 害,或疑其身,或
今子起,嚮子行,今止,何其 □孤而不得已,罔兩曰：主亦何爲
然也,彼欲安寢,虫入其耳,得 非虫之穴,人非棘之叢,物有遭
言人胎受吉凶,善惡之命矣。及 同歸而殊塗,一致而〔百〕慮。於是吉凶
其各得謀慮,以爲門戶,內因其 消息,承斬進退,隨時委曲,窮理盡
云賤者裁□□當□縋繒絲筍 族悚惕之徒,見其如斯而不知其
者施其爲以求譽,拙者竭其力以 □其略以逐利。失之憔悴,得之則
然不爲可毀之行,不患人之 □已也,不能信禍,無致信已,不

□致無縣欲，既至，無易願，信
□貧固不變其志，以逐世利，是
德，窮則有以自守，困則有以舜
不知已定乎死生之分，通乎榮辱
而行人事也。論語曰：天生德於予，
何？又曰：公伯寮愬子輅於季孫，
聽又曰：道之將行与，命也，道之將廢
曰：不怨天，不尤人，下學而上達，知我
懼。遂遁世不恨，樂天知命，
故不憂，此之謂也。犂醇
彊大於南汜；犂，楚之先 有天下
威於伯儀兮，姜本
上下，順草木，伯夷秩宗
者。犂爲高辛氏火正，姜
祝融之德大於周，未有□
伯益能儀伯物以佐舜，其子孫未有
芈，寔與諸姬代相干也。其後齊有桓公□
□秦遂并六國而有天下，故楚彊大於南
齊者伯夷之德。嬴取威於伯儀者，伯益
□封爲上公，在南方，主祝貴神，々者，祝融也。
具德最大，故後子孫當興。伯夷爲堯臣，主祭天
□中知欲使堯致大平，伯□侯堯臣也，養々戰々狩々衆
□，水名，百草於民有益，故字益，々伯功應
在受滅也。昔堯、后稷，主五穀民人，伯夷

□水（？）戰狩皆有大功，后稷之胄，至周有天下。契之皆（？）[ ]
夷之苗。齊桓霸，伯益之裔也，至秦亦有天下，使禹□[ ]
□良（？）而上先人之央，頡烈而當先人之福，豈不既人[ ]
慎哉！斯亦甚明矣
兮，仰天路而同軌。即是言推跡人[ ] 天路下視人道盈（？）[ ]
□至爲惡凶則臻 軌亦（？）可矣。東亾虐而殲仁兮，[ ]
乎三五。東亾，謂紂暴虐也。殲，盡也。仁，三仁也。紂[ ] 子囚，比干死，三仁既盡，武王罰王也□[ ]
□在淳火，月在天四，日在析木之津，辰在斗柄，[ ]
皆在四維，顓酷之所建也。帝酷受娥姬，出自天黿[ ]
□牽牛焉，則娥皇妣大姜之姪，伯陵[ ]
神也，歲之所在，則我有周之分也野。月之[ ]
我大祖後稷之經緯也。王欲合此五位三所在[ ]
癸亥夜，陳，甲子昧爽殺之紂，傾天下數也。言[ ]
禹也。農者，神也，福之先見者爲詳。大姜者，周[ ]
大姜兄弟字伯凌，封逢國，故言逢公。后稷[ ]
堯使后稷養五□，爲時節度，教百姓種作，
經緯此上皇，故言後稷所經緯也。戎[ ]
喪孝兮，伯祖歸於龍[ ]
往也。晉獻公伐麗戎，得此女，以爲后。故言麗姬[ ]
弟重耳懼誅，出奔翟，以歲在卯出，以歲在酉入，過[ ]
率歸，立爲文公，故稱伯。卯在東爲龍，酉在西爲[ ]
麗姬何爲譖申生乎？言獻公前夫人有三子，長者[ ]

49 耳，次曰夷吾，麗姬与公有二子，長曰奚齊，次曰卓奚齊，故毁申生於公：妾昨夜夢見申生母齊姜

50 命生祭於曲沃，々，申生母冢地，及還，上祚於公，々時寘酒肉中，公歸，欲享之，麗姬曰：妾聞食外來者，

51 犬，々死。以酒飲青衣，青衣死。麗姬乃長歎曰：爲人父已老，豈不能須終哉？非但欲殺君，并及妾身

52 之地，無大子所魚肉也。申生聞之，懸繩自經。其傅明。申生曰：吾直麗姬當誅，念吾君年老，飢不得麗

53 麗姬不安，失君所安，非孝子也。里克曰：子何不去試父名，天下豈有無父之處，遂自經而死矣。遠

54 發還師以成性兮，重醉行

55 王名也，言發稱大子，觀兵于孟津，八百諸侯不召見還師，二年，紂殺比干，囚箕

56 於文公重耳初出

（後缺）

附復原本

（前缺）

1 入孤子不

……去兩館□……
……□子不壽也……
……黄耇之壽不能及焉。□……
……性不可移，命不可變……
亂，子輅何驟死乎？昔靈公大子〔蒯聵無道，好高蓋，公〕
諫之，乃作高車卑蓋，好帶長劒，長〔一丈，公諫，乃作短者，〕
長一尺，靈公知其〔不〕可以專（傳）國，乃立〔止。〕……
……輒國，輒奔魯。時子睾（皋）宰……〔滅髭鬚，衣婦人衣逃出。〕
〔曰：父子〕爭□〔國〕，吾爲其閒，輅聞之……
……守門謂子輅曰：門已閉……
〔繩鈞子輅半城，問曰：〕爲君爲師？〔曰：在君爲君，在師爲師。〕
……〔乞〕弧黶□□□敵子輅□□〔黶從城上下麻〕
……祐乎子輅……
……向□□黶裁可□
〔目，願覆之。〕子輅以衣覆，黶遂前……
……□如黶，頓赴不能自〔前〕……〔謂曰：畏子之〕
……〔子〕崔欲報孤黶，往告孔〔子〕……
〕欲報之，子崔曰：就父
……子曰：行矣，此復讎之道……〔黶知之，曰：夫君子〕
〔不掩人之〕不備，願須後日會城〔西〕……
……□可□記在
……哀公二年中。形氣發〔於根柢兮，柯葉彙〕
〔而〕零茂。琅，根也。柢，本。柯，莖。寅（彙），茂……
稟形，生於父母，出自先祖……
……零落茂盛，其類
……根本也。恐罔（魍）兩（魎）〔之責景兮，羌未〕

〔得〕其云已。羌，猶乃。云，有也。□□〔諸子以顔、冉、季輅逢災蹈害，或疑其身，〕國〔非其師，是由罔兩問景，莊子曰：罔兩〕

□孤而不得已，罔（魍）兩（魎）曰：主亦何爲〔曰：嚮子坐，〕今子起，嚮子行，今止，何其〔無特操與？景曰：吾有待而然者也。〕

然也，彼欲安寢，虫入其耳，得□非虫之穴，人非棘之叢，物有遭□

言人胎受吉凶，善惡之命矣。及□同歸而殊塗，一致而〔百〕慮。於是吉凶□

其各得謀慮，以爲門戶，內因其□消息，承斬進退，隨時委曲，窮理盡□

云賤者裁□□當□縋繒絲筍□族悚惕之徒，見其如斯而不知其□

者施其爲以求譽，拙者竭其力以□□其略以逐利。失之憔悴，得之則□

□然不爲可毀之行，不患人之〔之不己知，患己無能也。〕□□已也，不能信禍，無致信已，不□

□致無縣欲，既至，無易願，信□□貧固不變其志，以逐世利，是□

德，窮則有以自守，困則有以舜□不知已定乎死生之分，通乎榮辱□

而行人事也。論語曰：天生德於予，〔桓魋其如予〕何？又曰：公伯寮愬子輅於季孫，□

聽又曰：道之將行与，命也，道之將廢〔与，命也，公伯寮其如命何？〕曰：不怨天，不尤人，下學而上達，知我〔者，其天乎？〕□

懼。遂遁世不恨，樂天知命，故不憂，此之謂也。

犂（黎）醇〔耀于高辛兮，芈〕

28 彊大於南汜；羋，楚之先〔也〕，□ 有天下□ 〔嬴取〕□ □

29 威於伯儀兮，姜本〔支乎三趾。〕

30 上下，順草木，伯夷秩宗□ □者。羋爲高辛氏火正，姜□

31 □祝融之德大於周，未有□□ □伯益能儀伯（佰）物以佐舜，其子孫未有□□□姜、

32 〔嬴、荊、〕羋，寔與諸姬代相干也。其後齊有桓公□□ □□秦遂并六國而有天下，故楚彊大於南□

33 □齊者伯夷之德。嬴（嬴）取威於伯儀者，伯益□ □封爲上公，在南方，主祝貴神，々者，祝融也。

34 具德最大，故後子孫當興。伯夷爲堯臣，主祭天□ □中知欲使堯致大平，伯□侯堯臣也，養々戰々狩々衆□

35 □□，水名，百草於民有益，故字益，々伯功應□ □在受滅也。昔堯、后稷，主五穀民人，伯夷□

36 □水（？）戰狩皆有大功，后稷之胄，至周有天下。契之皆（？）□ 夷之苗。齊桓霸，伯益之裔也，至秦亦有天下，使禹□□

37 □良（？）而上先人之央，頡烈而當先人之福，豈不 慎哉！斯亦甚明矣。 既人〔得其信然〕

38 兮，仰天路而同軌。即是言推跡人□ 天路下視人道盈（？）□

39 □至爲惡凶則臻 □軌亦（？）可矣 東厶（鄰）虐而殲仁兮，〔王合位〕

40 乎三五。東厶（鄰），謂紂暴虐也。殲，盡也。仁，三仁也。紂□ 〔箕〕子囚，比干死，三仁既盡，武王罰王也□□

□〔歲〕在淳火，月在天四（駟），日在析木之津，辰在斗柄，〔星在天黿。星與日辰之位，〕皆在四（北）維，顓酷之所建也。帝酷受娥姬，出自天黿〔及析木者有建〕
□牽牛焉，則娥（我）皇妣大姜之姪，伯陵〔之後，逄公之所憑〕神也，歲之所在，則我有周之分也野（野也）。月之〔所在，辰馬農祥也。〕
我大祖後（后）稷之經緯也。王欲合此五位三所在□癸亥夜，陳，甲子昧爽殺之紂，傾天下數也。言□
禹也。農者，神也，福之先見者爲詳（祥）。大姜者，周□大姜兄弟字伯凌（陵），封逄國，故言逄公。后稷□
堯使后稷養五□，爲時節度，教百姓種作，經緯此上皇，故言後（后）稷所經緯也。戎〔女烈而〕
喪孝兮，伯祖（徂）歸於龍〔虎〕。□□，〔祖，〕
往也。晉獻公伐麗戎，得此女，以爲后。故言麗姬□弟重耳懼誅，出奔翟，以歲在卯出，以歲在酉入，過□
率歸，立爲文公，故稱伯。卯在東爲龍，酉在西爲□麗姬何爲譖申生乎？言獻公前夫人有三子，長者〔曰申生，次曰重〕
耳，次曰夷吾，麗姬与公有二子，長曰奚齊，次曰卓〔子，〕□奚齊，故毀申生於公：妾昨夜夢見申生母齊姜□
命生祭於曲沃，々，申生母冢地，及還，上祚於公，々時〔出狩，〕□寘酒肉中，公歸，欲享之，麗姬曰：妾聞食外來者，〔不可不試也，〕□
犬，々死。以酒飲青衣，青衣死。麗姬乃長歎曰：爲人□父已老，豈不能須終哉？非但欲殺君，并及妾身□
之地，無大子所魚肉也。申生聞之，懸繩自經。其傅〔里克〕□〔自〕明。申生曰：吾直麗姬當誅，念吾君年老，飢不得麗
麗姬不安，失君所安，非孝子也。里克曰：子何不去□試（弑）父名，天下豈有無父之處，遂自經而死矣。遠□

54 發還師以成性兮，重醉行〔而自耦。〕〔發，武〕

55 王名也，言發稱大子，觀兵于孟津，八百諸侯不召見□□還師，二年，紂殺比干，囚箕〔子，〕

56 □於文公重耳初出□

（後缺）

枵子賦

Ch 2378（T II T 1443）

尺寸爲 14.1×10.5cm，存 6 行，字體不佳。大谷文書 3506 有「枵子賦一首」，僅存題目。吐峪溝遺址出土。

參：榮新江 1998b，318 頁；Nishiwaki 2001，138；張新朋 2015a，142-148 頁。

1 □枵子賦　枵子一去□

2 謹告諸人等，僕緣□□

3 □女往織機，無人扶策□

4 □虧中柱合好□

5 □□蕎户即□

6 □□斯□

（後缺）

前秦擬古詩

Дх.11414r + Дх.2947r

兩殘片分別存8,9行，可以綴合，綴合後尺寸爲14.2×23.9 cm，存17行。作者有魏文帝、秘書監朱彤、中書侍郎韋譚等。徐俊據背面前秦建元十三年（377）買婢契、建元十四年（378）買田券年代，定詩集大約抄於建元八、九年（372,373）至十三年之間。存詩四首，第一首魏文帝曹丕詩有傳世本，作見挽船士兄弟辭別詩，餘均爲佚詩。

參：俄藏10,136頁；15,212頁；徐俊2002a,205-220頁；關尾史郎2004,71-74頁；陳國燦2005,111-112頁；朱玉麒2009,93頁；朱玉麒2010,190-193頁；徐俊2016,66-87頁。

1　五言詩　　魏文帝作

2　鬱々河邊樹，青々野田草。捨我故鄉客，將適萬里道。□

3　婦牽衣袂，拭淚沾懷抱。還附幼稚子，顧託兄与嫂。辭訣未□

4　終，嚴駕一何早。負藉引大舟，飢渴常不飽。誰令汝□□，

5　咨嗟何所道。

6　五言詩　　秘書監朱彤作

7　飄々隨風蓬，葉々水上萍。豈不樂本處，風波不得□。□□

8　□巧□，意□□□□。□前何怪□，妻子誰□□。□□

9　□不覺淚以零。辭家言未竟，長角啾以鳴。擔□

10 □□要立名。

11 五言詩　　中書侍郎韋譚擬

12 亭々河上荷，汎々水中舟。男兒窮叵□，棄家□□［　　］

13 不覺縱横流。日月如馳星，儵忽過三□。［　　］

14 □□思故鄉，感念心游々。謝爾殷［　　］

15 [五]言詩　　[秘]書郎［　　］

16 翩々水中漚，瞥々雲間□［　　］

17 出門辭□□，□［　　］

（後缺）

附復原本

五言詩　　魏文帝作

鬱鬱河邊樹，青青野田草。捨我故鄉客，將適萬里道。

妻婦（子）牽衣袂，拭淚沾懷抱。還拊幼稚子，顧託兄与嫂。

辭訣未及終，嚴駕一何早。負蘕引大舟，饑渴常不飽。

誰令汝貧賤，咨嗟何所道。

五言詩　　秘書監朱彤作

飄飄隨風蓬，葉葉水上萍。豈不樂本處，風波不得□。

□□巧□，意□□□□。□前何怪□，妻子誰□□。

□□□□□，不覺淚以（已）零。辭家言未竟，長角啾以鳴。

擔□□□□，□□要立名。

五言詩　　中書侍郎韋譚擬

亭亭河上荷，汎汎水中舟。男兒窮亘□，棄家□□□。

□□□□□，不覺縱橫流。日月如馳星，儵忽過三□（秋）。

□□□□□，□□□□□。□□思故鄉，感念心遊遊。

謝爾殷□（勤）□，□□□□□。

五言詩　　秘書郎□□□

翩翩水中漚（鷗），瞥瞥雲間□。□□□▭

出門辭□□，□□▭

東晉毛伯成等詩卷

Ch 3693v + Ch 3699v + Ch 2400v + Ch 3865v（均無原編號）

尺寸分別爲13.1×18.5cm、13.9×16.4cm、13.2×9.6cm、19×47.2cm，分別存11行、17行、9行、25行。可以

綴合（圖三）。正面爲幽通賦注，詩鈔係將原卷上下翻轉過來鈔寫，文字與正面顛倒，但順序與正面相同。存詩十四首，均爲佚詩。

參：榮新江 1998b, 320 頁；柴劍虹 1999, 107-116 頁；柴劍虹 2000, 345-354 頁；Nishiwaki 2001, 139-140，圖 29；徐俊、榮新江 2002, 1-13 頁；西脇常記 2002, 225-263 頁，圖 49-52 頁；許雲和 2006b, 62-75 頁；許雲和 2008, 99-107 頁；朱玉麒 2009, 93 頁；徐俊 2016, 49-65 頁。

（前缺）

1 ［　］英逐豪［　］
2 ［　］增遐嘆
3 ［　］幽厲何爲昏，旌才良□［　］
4 ［　］有餘。豈億關後葉，翻與□［　］
5 ［　］□。蕭公竟玉折。京［　］
6 ［　］儒夫悲□□既□［　］
7 ［　］知大宗□勝［　］
8 ［　］一官□公勉。素□［　］
9 ［　］曜比雲端。白□［　］
10 ［　］省，瑰然□醉顔［　］
11 ［　］□巖下言智，所以［　］

……晉史毛伯成□……
……群英。齊桓杖菅□……
……宛風振。虎□□……
……謝絡童，弱冠愧……
……□尋傾。方剛□厲志
……金石有餘聲。
……□。進不守衡門，退不躭□
……□四方客。□乱□豪丈□
……先哲言，不求故无獲。誰
……似白
……事弘。垂髮建豪志，□
……取比九万鵬。既亮趍□
……嶺構，敗亦千岳崩。裕
……登。
……因。風雲時未積，豪士守窮
……臨洪津。仰尋振百□
……遐思，英兲排三辰。□……

［　］劍潚漢王鬱，□［　］
［　］□刃謝布衣，子□［　］
［　］□恥求人。張儀游北燕，蔡□［　］
［　］模，煩矩何足詢。
［　］□无塵俗韻。々往故不周，俯仰□□
［　］□。悲哉卅年，白髮已生鬢。燕來意
［　］□信。咄哉忻勝公，手辟攘矣□。［　］
［　］□稟騰翟姿，雲崖未爲峻。
［　］境，既優成陸沈。三逕春鳥鳴，再聞秋
［　］□親賢，用慰羈旅心。玄古既已邈，道□
［　］悅情初好，必使成蘭金。愧无愁生才，□
［　］人間可知來，且共潚山林。
［　］兆，吉凶苑人事。世隆可无知，世喪必□
［　］□五道。願裧山嶽起，奮劍亢客思。俎
［　］□水難備。借問儒默徒，軒轅安得治？大
［　］附委曲意。
［　］否太无定蹤。慨矣生周末，戢我洙泗公。□

□澗下龍。福椽苟難求，有故安得從？長
□□山峰。鳳鳥時不至，翻飛誰与同。苦哉□
□業叢。
□黔首將移樹。□哉豐沛公，桀起亢□
□騰群歸附。矯鋒六合傾，投戈二儀固。
□醉衿歡犁謔。桓々英風邁，落々客々蹤。
□□，陵谷豈常處。如何布衣叟，嘯叱登□
□年立猶未珍。豈无凌奮懷，初九鬲
□池下，頓足駕駘群。誰謂知難戢，□
□□愧葛巾，□可□□□。

（後缺）

附推擬原本

（一）□英逐豪□

（二）增遐歎

□□□□□，□□□□□。幽厲何爲昏，旌才良□□。
□□□□□，□□□有餘。豈億（憶）闕後葉，翻與□□□。
□□□□□，蕭公竟玉折。京□□□□，□□□□□。
□□□□□，儒夫悲□□。既□□□□，□□□□□。

（三）

□□□□□，□□□□□。□知大宗□，勝□□□□。
□□□□□，□□□□□。一官□公勉，素□□□□。
□□□□□□，□□□□□。□曜比雲端，白□□□□□。
□□□□□，□□□□省。瑰然□醉顏，□□□□□。
□□□□□，□□□□□。□巖下言智，所以□□□。

（四）

晉史毛伯成□

□□□□□，□□□群英。齊桓杖菅□，□□□□□。
□□□□□，□□宛風振。虎□□□□，□□□□□。
□□謝絡童，弱冠愧□□。□□□□□，□□□尋傾（頃）。
方剛□厲志，□□□□□。□□□□□，金石有餘聲。

（五）

□□□□□，□□□□□。進不守衡門，退不躭□□。
□□□□□，□□四方客。□乱□豪丈，□□□□□。
□□先哲言，不求故无獲。誰□□□□，□□□似白。

（六）

□□□□□，□□□事弘。垂髮建豪志，□□□□□。
□□□□□，取比九万鵬。既亮趍□□，□□□□□。
□□□嶺構，敗亦千岳崩。裕□□□□，□□□□登。

（七）

□□□□□，□□□□因。風雲時未積，豪士守窮□。
□□□□□，□□臨洪津。仰尋振百□，□□□□□。
□□□遐思，英炁排三辰。□□□□□，□□□□□。
劍潚（嘯）漢王鬱，□□□□□。□□□□□，□□□□□。
□刃謝布衣，子□□□□。□□□□□，□□耻求人。
張儀游北燕，蔡□□□□。□□□□模，煩矩何足詢。

（八）

□□□□□，□无塵俗韻。韻往故不周，俯仰□□□。
[□□□□□，]□□□□□。悲哉卅（三十）年，白髮已生鬢。

燕來意□□，□□□□信。咄哉忻勝公，手辟襄矣□。

□□□□□，□□□□□。□稟騰翟（躍）姿，雲崖未爲峻。

（九）

□□□□境，既優成陸沈。三逕春鳥鳴，再聞秋□□。

□□□親賢，用慰羈旅心。玄古既已邈，道□□□□。

□悦情初好，必使成蘭金。愧无愁生才，□□□□□。

人間可知來，且共潚（嘯）山林。

（十）

□□□□兆，吉凶苑人事。世隆可无知，世喪必□□。

□□□□□，□□□五道。願祧山嶽起，奮劍亢客思。

俎□□□□，□□水難備。借問儒默（墨）徒，軒轅安得治？

大□□□□，□附委曲意。

（十一）

□□□□□，否太（泰）无定蹤。慨矣生周末，戢我洙泗公。

□□□□□，□□凋下龍。福椽苟難求，有故安得從？

長□□□□，□□□山峰。鳳鳥時不至，翻飛誰與同。

苦哉□□□，□□□業（葉）叢。

（十二）

□□□□□，黔首將移樹。□哉豐沛公，桀起亢□□。

□□□□□，□騰群歸附。矯鋒六合傾，投戈二儀固。

□□□□□，醉衿歡犁譙（黎庶）。桓桓英風邁，落落客客蹤。

□□□□□，陵谷豈常處。如何布衣渡（叟），嘯叱登□□。

（十三）

□□□□□，年立猶未珍。豈無凌奮懷，初九鬲□□。

□□□池下，頓足駕駘群。誰謂知難戢，□□□□□。

□□愧葛巾，□可□□□。（下缺）

（後缺）

梁武帝梁簡文帝詩卷

SH.130

本卷由 18 塊大小不等的殘片組成，總寬 30cm、長 29cm。中村集成原定名爲月令；吴麗娱、陳麗萍從中分離出 M、J、K、E 片的部分爲梁武帝會三教（M_{15-17} + J_{46-47} + J_{43-44}）、天安寺疏圃堂（J_{44-45} + K_{1-2}）詩，梁簡文帝侍游新亭應令（K_{3-7}）、經琵琶峽（K_{7-8} + E_{1-2}）、漢高廟賽神詩（$E_{2-4/5}$）題目和詩文各一首。字體工整，爲唐朝時期寫本。吐魯番出土，梁玉書舊藏。

參：中村集成中，284-287頁；王三慶2012，660-665頁；吴麗娱、陳麗萍2012，87-104頁。

M_{14} 梁武帝會三教詩一首五言　［　］□□［　］
M_{15} 少時學周孔，弱冠窮六［　］
M_{16} 青。踐言貴去伐，爲善［　］
M_{17} ［　］鏤金板，真言［　］
J_{46} 齡。晚年聞釋卷，猶日映泉星。苦集妨覺知，因果□□□。
J_{47} 示教唯平等，至理　無生。分別恨難壹，執着性易驚。窮源
J_{43} 無二聖，測善非三英。大椿徑億尺，小草裁幼萌。大雲降天雨，隨
J_{44} 分各受榮。心相起異解，報應有殊形。差於豈。天安寺疏圃堂
J_{45} 一首五言　乘和蕩遊豫，此焉聊止息。□山〔□〕無限，長洲望不
K_{1} ［　］皆春色。晻暖矚□慈（絲），出没見飛翼，
K_{2} ［　］寧有飾。
K_{3} ［　］新亭應令一首五言
K_{4} ［　］□邁，歧路愴徘徊。遥瞻千里陌，傍望九成臺。鳳管
K_{5} ［　］龍騎藉春。曉光浮野映，朝烟承日迴。沙文浪中
K_{6} ［　］□來。柳葉帶風轉，桃花含雪開。聖情蘊珠綺，搦札

K7 □□顧憐同礦硤，何以儷瓊瓌。　琵琶峽一首 五言

K8 □□山川，此地獨迴邅。百嶺相紆蔽，千崖共隱天。橫峯

E1 □復疑前，夕波照

E2 □九還。漢高山

E3 □□白雲蒼梧上，丹鳳

E4 □□如地脉，望□□天

（後缺）

附復原本

梁武帝會三教詩一首 五言

少時學周孔，弱冠窮六〔經。孝義連方册，仁恕滿丹〕青。
踐言貴去伐，爲善〔存好生。中復觀道書，有名與無名。〕
〔妙術〕〔鏤金板，真言隱上清。密行貴陰德，顯證表長〕齡。
晚年開釋卷，猶日映泉（衆）星。苦集妨（始）覺知，因果乃方明。
示教唯平等，至理〔歸〕無生。分別恨（根）難壹（一），執着性易驚。
窮源無二聖，測善非三英。大椿徑億尺，小草裁幼（雲）萌。

大雲降天（大）雨，隨分各受榮。心相（想）起異解，報應有殊形。
差於（别）豈〔作意，深淺固物情。〕

天安寺疏圃堂〔詩〕一首五言

乘和蕩遊（猶）豫，此焉聊止息。運山〔去〕無限，長洲望不〔極。
參差照光彩，左右〕皆春色。晻曖矚遊絲，出没見（看）飛翼。
〔其樂信難忘，翛然寧〕有飾。

〔梁簡文帝侍游〕新亭應令〔詩〕一首五言

〔神襟愍行〕邁，歧路愴徘徊。遥瞻千（十）里陌，傍望九成（城）臺。
鳳管〔流虚谷，〕龍騎藉春〔荄〕。曉光浮野映，朝烟（煙）承日迴。
沙文浪中〔積，春陰江上〕來。柳葉帶風轉，桃花含雪（雨）開。
聖情蕴珠綺，搦札（札命）〔表英才。顧〕憐同礵（碔）硤（砆），何以儷瓊瓌。

〔經〕琵琶峽〔詩〕一首五言

〔由來歷〕山川，此地獨迴邅。百嶺相紆蔽，千崖共隱天。
横峯〔時礙水，斷岸或通川。還瞻已迷向，直去〕復疑前。
夕波照孤〔月，山枝斂夜煙。此時愁緒密，□□魂〕九遷。

漢高山（廟）〔賽神詩

玉軑〕朝行動,〔閶闔旦應開。〕白雲蒼梧上(去),丹鳳〔咸陽來。
日正山無影,城斜漢屢迴。瞻流〕如地脈,望嶺匹天〔台。
欲祛九秋恨,聊舉十千杯。〕

初入秦川路逢寒食詩 唐玄宗撰

Or. 8212/599 + SH.130

SH.130 由 18 塊大小不等的殘片組成,其第一片即玄宗詩,存 3 行 15 字。吐魯番出土。梁玉書舊藏,日本書道博物館藏。與英國圖書館藏 Or. 8212/599(Kao. 094. b)爲同一寫本,但不能直接綴合(圖四),後者存 3 行 11 字,爲殘片上半部分,高昌故城出土。

參:斯坦因漢文文獻,154 頁;中村集成中,284 頁上;朱玉麒 2009, 94-95 頁;朱玉麒 2010, 185-186 頁;朱玉麒 2012b, 63-76 頁;王三慶 2012, 660-665 頁;吴麗娱、陳麗萍 2012, 87-104 頁。

(前缺)

1 □洛□芳樹影天津,霸岸

2 □新□處樂,不知虚

3 度兩京春。去□早,曙色

4 和風着草,可怜□

(後缺)

附復原本

洛川芳樹影（映）天津，霸（灞）岸垂楊窣地新，
直爲經過行處樂，不知虛度兩京春。
去年餘閏今春早，曙色和風着花草，
可憐寒食已清明，光輝並在長安道。
自從關内入秦川，争道何人不戲鞭，
公子途中妨蹴踘，佳人馬上廢鞦韆。
渭水長橋今欲渡，葱葱漸見新豐樹，
遠觀驪岫入雲霄，预想湯池起烟霧。
烟霧氛氳水殿開，暫拂香泉歸去來，
今歲清明行已晚，明年寒食更相陪。

古詩文雜鈔

SH.130

本卷爲長篇雜鈔中用於作詩範本的古詩文部分，係該卷 18 殘片中吴麗娱、陳麗萍 2012 定爲 M 片的前半部分。雜鈔特點是將詩句組合定式化以教人寫詩的一類作品，主旨多男女之情，或以月份特徵爲切入點的借景傳情之作。

字體工整，爲唐朝時期寫本。

參：中村集成中，284-287頁；王三慶2012，660-665頁；吴麗娱、陳麗萍2012，87-104頁。

（前缺）

1 □成罪歎□□

2 遠度遼不謂征人何期□

3 還不笑頻眉咨嗟似笑□□□釦叙□□

4 無處嬌玉面無嬌應嬌 即附將白象牙梳交渠□

5 拭淚盡昔日手巾羅巾 羅襦段寄信遣買且買□□

6 覺刑（形）銷裙長帶綬鏡裏 一柳箱朝邑羅襦由來 千嬌攬取□□

7 言不信君但若也何爲 實是貴送意都盧人心 早來語道能勝□

8 別時腰暫來驗取請抱 寄李娘飛鸗銜書通情 莫怨須臾夜盡□

9 十二月　歲暮寒將盡，房幽恨轉新。花臉由垂淚，涼風以入春。教仁徹□

10 瘦，無聊賴。都爲盡（畫）眉人。羅襪已生塵。漢發其來早，今冬限

11 至過。敬至掩留住，透思惱郝（却）他。君愁相妾恨，無勞問斟酌阿誰多。

12 啼淚々成河。爲憶今微信，長垂〔玉〕筯痕。試覺含窺鏡，羞將影對人。誰知一別後，

13 經年同。终日兩眉頻。啼哭怕人聞。

殘詩（露色下梧楸）

高昌殘影328號

尺寸7.6×5.1cm。楷書，有烏絲欄。存五言詩3行。日本大阪四天王寺出口常順藏吐魯番文書。

參：高昌殘影，56頁；吐魯番總目（日本），443頁；藤枝晃2005，197頁；朱玉麒2009，94頁。

1 [ ]月夜[ ]

2 □□露色下梧楸□[ ]

3 □闕未曉。别夜幸[ ]

唐詩（向者逞高才）　釋教論文

SH.169

尺寸165×433cm。存21行。隸書。舊題「吐魯番出土」，有王樹枏題跋。

參：中村集成下，63頁；朱玉麒2009，96頁；朱玉麒2012a，86頁。

1 □善信□□於蘭俄然奄[ ]

向者逞高才，往々弄詞章。即令□
獵師失黄羊，投身此處藏。低□
無事學神仙，徒勞漫作卜。老子□
風脣跺々動，禁口駐横牙。百代□
義路若天衢，河源不可測。□
屢々語不成，頻々聲乃死。專□□
論義總不解，相嘲一向錯。外□□
昔五山道士落鬢髪於漢帝□
耶止於聖君之下。

釋教論文

□師詞條擢幹，學樹開花。故□
將登蓮座，演法義於無聞；蹔□
厶甲識慚蠡酌，不知大海之淺□
遠近，蹔遊講肆，忽命論玄，耶□
重嘆法師　法師辨驚龍□
理契一乘之致，加復捿池艤□□
引慈輪而超火宅，六波羅蜜□

19 切弟□遊々末客，蕩々羈人［　　］

20 □□□法筵見法師敷□［　　］

21 ［　　］甲從竹［　　］

唐三時詞

中國國家博物館 51

尺寸爲 29×30.3cm，存 11 行，行草書。按，據敦煌文書中類似的作品，此殘文雖然只存三時，實當有十二時之數。此題亦當作「十二時」。鄯善出土，羅惇㬊、唐蘭遞藏。

參：法書大觀 11, 195-196, 240 頁；朱玉麒 2009, 96 頁。

1 人定亥，自嗟沉慾海。二鼠朝々咬命根，

2 四蛇喋々飢相待。三塗劍樹騁心鑒，七

3 寶蓮花無意採。但看昔時至王位，唯

4 唯見枯桑故塚塊。　夜半子，當眼火

5 光裏。无明昏醉不曾醒，聞經聞法不能

6 從。勸君正念好□□，何時空中心歸理。勿

7 作飛蛾自投火，□□沉淪虚生死。

8 雞明丑，恒飲貪黄海。焉能騁國覓虚財，

9 不解尋城訪真[人]。□勞廣讀談諸論，
10 唯有防身禁意行。六道隨順有□央，只
11 爲愚迷空浪走。

散花樂

Ch 3002r（T III 20.1）

尺寸爲 17.7×15.0cm，存 5 行，大字，不佳。唐寫本。背面有習字 3 行。

參：榮新江 1998b, 319 頁；朱玉麒 2009, 96 頁；朱玉麒 2010, 188, 191 頁。

（前有餘白）

1 □散花樂　滿道場
2 □天人大聖十方尊
3 □□不敬軀命捨金[身]
4 □□骹骨出髓不坐嗔
5 □□夜半餘越出宮繞
（後缺）

曲子詞

Ch 3010（T III T 630）

尺寸爲13.0×11.1cm，存9行，文字不佳。吐峪溝遺址出土。

參：榮新江1998b，319頁。

（前缺）

1 ［　］過去煞猪羊

2 ［　］猛火實難當

3 ［　］歷多年　受苦辛

4 ［　］盛夏當□卧掩　鹿

5 ［　］飲食爲將水草塵

6 ［　］長處西方断貪嗔

7 ［　］體猶来猛炎然

8 ［　］才爲有骨相連

9 ［　］次欲見枯泉

（後缺）

策賢良問五道　顔師古撰

Ch 610v

尺寸爲9.3×5.6cm，存3行。楷書，内容爲顔師古策賢良問五道之第三道末尾，第四道開始部分，見文苑英華卷四七三。唐人寫本。

參：Nishiwaki 2001, 58，圖5；朱玉麒 2009, 97頁。

（前缺）

1 □通，原始要終，當盡弘博。□

2 □問：學以從政，昔賢令則，□

3 □職，開物成務，率由茲□

（後缺）

祭文

靜岡縣磯部武男藏003

尺寸爲8.0×30.5cm，後缺下殘，存8行，每行存2－4字不等。

參：丸山裕美子 1999, 23-24頁。

1 維歲次□

2 累々，謹以□

3 故丈人□

4 伏惟靈□

5 能仁何□

6 盈姑男
7 今神
8 路傍

（後缺）

秦觀海康書事十首之三習字

Ch 3800 + Ch 3801（無原編號）

Ch 3800和Ch 3801的兩個殘片爲同一寫本，觀其格式應屬西州回鶻時期習字寫本。前者10.6×9cm，分四行寫「爐香入幽」四字，每行各四遍；後者14.3×8.9cm，分五行寫「海月明孤斟」五字，每行各六遍，應當是秦觀詩的習字文本。

參：榮新江1998b，320頁；Nishiwaki 2001，145-146；榮新江2007a，308頁；林珊2009，26-34頁。

1 爐爐
2 香香香香
3 入入入入
4 幽幽
5 海
6 月月月月月月

7 明明明明明明

8 孤孤孤孤孤孤

9 斟斟斟斟□

附秦觀海康書事十首之三原作

卜居近流水，小巢依嶔岑。終日數椽間，但聞鳥遺音。

爐香入幽夢，海月明孤斟。鷦鷯一枝足，所恨非故林。

六　道教文獻

洞真太微黄書經

Syr 1749v（T II B 66）

尺寸爲 12.3×13.5cm，存 8 行。楷書。内容爲對道教經教體系十二部類中的戒律、威儀、方法、術數、記傳、讚頌等的論説。與六朝陸修静、宋文明及隋和唐初玄門大義、道教義樞等對十二部事的解説都不相同。唐初太玄真一本際經卷三聖行品中也有近似的文字，但差異比較明顯，陳懷宇認爲是不同版本的緣故，擬題爲太玄真一本際經。按太平御覽六七三道部十五仙經下摘引的太微黄書經與本抄本前 6 行文字同，又 P. 3676 正经（擬）前 4 行與本抄本 5 至 8 行文字同。太微黄書經即洞真太微黄書經，全書原八卷，約出於東晉南朝，是早期上清派重要經典，今已散佚，而傳世道藏本僅收有原書兩卷内容。太平御覽所引太微黄書經雖只有一句見於道藏本，但據太平御覽引書體例，不會將幾種道經文句繫於某一部道經之下，因此其餘文字當是太微黄書的佚文，而非本際經。故擬名爲洞真太微黄書經。葡萄溝廢寺遺址出土，爲德藏吐魯番出土叙利亞文寫本編號文獻中的漢文殘片。

參：西脇常記 1999, 49-59, 63 頁，圖版 4；西脇常記 2002, 116 頁，圖 33；陳懷宇 2014a, 292-299 頁；陳懷宇 2014b, 290-299, 308-309 頁；趙洋 2017, 165-168 頁。

（前缺）

1 重科條，防檢□

2 仰，進止容式，軌□

3 藥秘要，神草靈□

4 明辯思神，存真念□

5 元和，道引三光，練□

6 載述學業，得□□

7 聖之辭，巧飾章句，稱□

8 [向生尊]□

（後缺）

洞真太一帝君太丹隱書洞真玄經

SH.176-86

存6行。楷書，有烏絲欄。裱於流沙碎金册葉一五，中村集成未定名，郜同麟比定爲無上秘要卷五。出土地尚不能確定。

參：中村集成下，126頁；周西波2008，88－89頁；包曉悦2015a，46-47頁；郜同麟2016，42-43頁；包曉悦2017，146頁。

（前缺）

1 兆己，道合无名，數

2 匝，兆體乃成，和合三

3 當須帝營，天皇之功，

4 与神并，神去則死，神

5 之根，太一爲道之變，九

6 □之宅，玄液爲道之

（後缺）

靈寶經目録

Ch/So 10334（T I α）v

存3行。背面爲粟特文佛典。

參：劉屹 2013, 257-264頁。

（前缺）

1 明真科

2 右一部六卷，

3 智慧

（後缺）

洞玄靈寶長夜之府九幽玉匱明真科

SH.174-5-103

存5行。楷書精寫，有烏絲欄，卷面疏朗。裱於北涼寫經殘紙冊（五）葉一六，出吐峪溝，王樹枏舊藏。中村集成未定名，今考訂。

參：中村集成下，113頁；包曉悅2015a，46頁；部同麟2016，36頁；包曉悅2017，132頁。

（前缺）

1 [ ]三揲[香][ ]
2 [ ]王國王、[君][ ]
3 [ ][學]門人，隱□[ ]
4 [ ]道，歸身歸[ ]
5 [ ]□□命太上[三][ ]

（後缺）

太上洞玄靈寶無量度人上品妙經

Ch 349r（T II T 2052），Ch 1002v（T II T 1005）

前者尺寸爲5×10.8cm，存4行；後者爲兩折葉，一葉紙幅21.6×11cm，兩葉長21.9cm，存8行。兩者爲同一寫本的不同部位，有朱點句讀，文字分別相當於敦煌本P.2606的98至101行、134至139行，見大淵忍爾敦煌道經圖録編66頁上欄、67頁上欄。亦參中華道藏第3册，327頁上欄第15至18行；327頁下欄第13至19行。吐峪溝遺址出土。

參：榮新江1998b，314，315頁；西脇常記1999，49，62頁（圖3）；Nishiwaki 2001，132-133；西脇常記2002，118-120頁，圖35-36；劉屹2011，77-88頁；劉屹2015，315頁。

（一）Ch 349r

（前缺）

1 ［　　］生大聖

2 ［　　］飛天神

3 ［　　］東南

4 ［　　］聖無

（後缺）

（二）Ch 1002v

（前缺）

1 淵 通 元 洞 天， 帝梵行觀生。

太文翰寵妙成天，　帝那育醜瑛。
太素秀樂禁上天，　帝龍羅覺長。
太虚无上常融天，　帝總監鬼神。
太釋玉隆騰勝天，　帝眇眇行元。
龍　變　梵　度　天，　玄（帝）運上玄玄。
太極平育賈奕天，　帝大擇法門。
三十二天、三十二帝、諸天隱諱、諸
（後缺）

太上洞玄靈寶無量度人上品妙經

MIK III 7484r（T III Š 96）

尺寸爲 23×25.5cm，存 13 行，楷書正體，有界欄（圖一），文字相當於敦煌本 P. 2606 的 199 至 212 行，見大淵忍爾敦煌道經圖録編 68 頁下欄，亦參中華道藏第 3 册，329 頁上欄 5 至 21 行。背面紙縫處鈐有「涼州都督府之印」，同一印鑒又見 Дх. 111 + Дх. 113 老子道德經寫本（俄藏敦煌文獻 7, 319-320 頁）、P. 4634 + S. 1880 + S. 11446 + S. 3375 永徽東宫諸府職員令、P. 2819 公式令、P. 4745 吏部格或吏部式殘卷（TTD I, 1980, 22, 29, 46 頁），説明此卷爲天寶年間官頒寫經。背面爲白描畫稿，有三人角力圖，又繪一建築物中坐佛，旁邊有婆羅謎文字及雜寫。碩爾楚克遺址出土。

參：榮新江 1997b, 384 頁；榮新江 1998b, 312, 323 頁；西脇常記 1999, 51, 64 頁（圖 5）；榮新江 1999a, 138-

139頁；Nishiwaki 2001, 131頁；西脇常記 2002, 120頁，圖37；王卡 2004, 24, 101頁。

（前缺）

□□

□之百遍，名度南宫。誦之千□，□

□道備，飛昇太空，過度三界，□□□

□音，魔王敬形，敕制地祇，侍衛送迎。□□

尸，五苦八難，七祖升遷，永離鬼官。魂度朱陵，

受練更生，是謂无量，普度无窮。有秘上天文，

諸天共所崇。泄慢墮地獄，禍及七祖翁。

道言：此二章並是諸天上帝及至靈魔王隱

秘之音，皆是大梵之言，非世上常辭。言无韻

麗，曲无華宛，故謂玄澳（奥），難可尋詳。上天所寶，

秘於玄都紫微上宫，依玄科四万劫一傳，若

□至人，賫金寶質心，依舊格告盟十天，然後

□

□亦有□人，日月五星□

（後缺）

太上消魔保真安志智慧本願大戒上品

Mannerheim MS. 65A－3

尺寸爲8.0×16.1cm，存9行，文字相當於道藏第6册太上洞玄靈寶智慧本願大戒上品經，157頁中欄。亦可參敦煌本P.2468的第126至132行（存首題「太上消魔保真安志智慧本願大戒上品」），但小字注釋部分與傳世本略有差異。

參：西脇常記2016，191頁，圖18。

（前缺）

禮經祝三首
皆歡悦而祐
若冝（冥）心禮經
樂法以爲妻，
遣所欲。淡泊
護，世世受大
鬱鬱家國
入大乘。因心
堂，我身白日

（後缺）

太上洞玄靈寶昇玄内教經卷一

SH.174-3-6 + SH. 174-3-4 + SH. 174-3-3 + SH. 174-3-5

存4殘片，前後殘缺，但文字連續，共存24行，有烏絲欄，楷書。裱於六朝經殘紙册（三）中，吐峪溝出土。

參：中村集成下，102-103頁；郜同麟2016，37-38頁。

（前缺）

1 [　　]鬼魅，[　　]

2 [　　]

3 [　　]不斷絶。

4 七當忍苦不勞，莫生疲厭。

5 八當求好朋友、明經學者，以爲知識。

6 [　　]如貧遇寶。

7 [　　]我所見，

8 [　　]

9 [　　]其長短。

10 十二若異學修善道者，可訪異同，冀

有益
……短，便生憐愍，不得
……
……類，或有貧困、孤
……憂厄、苦痛飢寒、熱惱
不安者，念欲令安。
……以耶術恐動百姓。
……巾褐。
……奢侈。除
……
十八當離色欲無畜妻妾。
十九當生慈心，不食生生有命者肉。若
……世有良衣（醫），言食肉病
……當不食。

（後缺）

太上洞玄靈寶昇玄内教經

Ch 935（T III 2023）

尺寸爲10.9×6.8cm，存2行，楷書精寫，有烏絲欄。文字相當於敦煌本P.2445昇玄内教經的2至3行，見大淵忍爾敦煌道經圖録編，278頁上欄。亦參中華道藏第5册，83頁下欄4至6行。屬於昇玄經卷一或卷二，學界尚有不同意見。

參：萬毅1995，71-73頁；榮新江1997b，396頁；榮新江1998b，312，315頁；西脇常記1999，48，60頁，圖1；山田俊1999，275頁；榮新江1999a，138頁；Nishiwaki 2001，130；山田俊2001，37-46頁；西脇常記2002，113頁，圖29；王卡2004，124頁；劉屹2004，466-467頁。

（前缺）

1 □日官、月官、星官、

2 □赤官、真一官、三

（後缺）

太上洞玄靈寶昇玄内教經卷七

Ch 3095r（T II T 1007）

尺寸爲26.3×19.7cm，存12行，楷書精寫，有烏絲欄。「世」字缺筆，「民」字不諱，唐初寫本。文字相當於敦煌本P.3341號昇玄内教經卷七的7至19行，見大淵忍爾敦煌道經圖録編，256頁上欄至下欄。中華道藏第5册，97頁上、中欄。後佛僧在背面抄寫馬鳴菩薩造譯觀世音如意心輪最勝秘蜜無礙陀羅尼別行，今編爲正面。吐峪溝遺址出土。

參：西脇常記 1995, 46-47, 54頁（圖）；榮新江 1997b, 396頁；榮新江 1998b, 312, 319頁；西脇常記 1999, 48頁；榮新江 1999a, 138頁；山田俊 1999, 189-207, 274頁；西脇常記 1999a, 138頁；Nishiwaki 2001, 130；西脇常記 2002, 110-113頁，圖 28；王卡 2004, 124頁。

（前缺）

□賊害財是□
□不積，當種福地。空堂清室，名爲
仙家。有此五者，不可一犯。喻如履冰之險，蹈
空之危。罪定考至，而不覺知。賢者坐起卧息，
深用自誡，身无反動，福報明矣。若有不信之
人，毁疑經法，不從五行者，現世殃至。吾今所
言所説，真實不虚。傳授之始，必得其人。道陵
拜首，唯諾奉行。
道言：吾觀十方將諸來世人、道士、男女、天下
人民輩，奉道專者，万无一人。何故言之？下世
彫薄，時俗使（吏）民，競相華尚，貪榮富貴，仁義不
行，權詐爲智，父子相欺，君臣相殆，傳相囑託

（後缺）

太上洞玄靈寶業報因緣經卷八

高昌殘影236號

尺寸爲25.7×16.3cm，楷書，有烏絲欄，存10行。相當於道藏第6册太上洞玄靈寶業報因緣經卷八，118頁中欄至下欄；中華道藏第5册，194頁中欄第8-20行。

參：高昌殘影，圖版XLIV；榮新江1999，138頁；藤枝晃2005，138頁。

（前缺）

1 馬珍玩、名衣上服、器具幬帳，種種布施，詭對

2 諸天，首寫所犯。三官則放其魂魄，延年益算，

3 使得更生。若大命將終，天算應盡，不可救拔，

4 捨身太陰，臨終之時，爲其發願懺悔，捨施衣

5 服、臥具，所有資財，受誡懺悔，最得功德，不

6 可思議。即從初亡至七日已來，造經造像，

7 設齋行道，礼誦悔過，燒香然燈，放贖生命，濟

8 度貧窮，晝夜相繼，開度亡人，克得生天。所以

9 者何？夫人欲亡，乃至七日已來，諸天童子、四

10 [來監臨]，[檢按]

（後缺）

太上洞玄靈寶三十二天尊應號經

Ch 2401r（T II T 2070）

尺寸爲14×19cm，存10行，楷書精寫，有烏絲欄。吐峪溝遺址出土。此據王卡擬名。

參：大淵忍爾1978，359頁；大淵忍爾1979，874頁；榮新江1998b，318頁；西脇常記1999，49，60頁，圖1；Nishiwaki 2001，132；西脇常記2002，114頁，圖30；王卡2004，128-129，283頁。

（前缺）

1 男女，積行所犯，剖胎破[卵]□

2 南方十直之神、太一八[神]□

3 其罪目上奏天曹。歷世[纏]□

4 顯定極風天，南方無極□

5 之函，下栲酆都，惡鳥[啄]□

6 無由解脱，衆惡並履，望[返]□

7 滅除，五道披散，三塗開□□

8 爲隨心之詣，衣食自然□

9 下奨男女，歸命之誡。□

10 顯定極風天，玉京玄臺□

（後缺）

老子道德經序訣

SH.174-2-50 + SH.174-2-58

原件裂爲兩片，可左右綴合，綴合後存7行（圖二一）。楷書精寫，有烏絲欄。分别裱於六朝寫經殘字册（二）葉八與葉一〇〇，該册封面有題籤：「六朝寫經殘字，出鄯善土峪溝，仲父珍藏。」（中村集成，359頁）知原爲吐魯番吐峪溝出土，王樹枏舊藏。中村集成未定名，今考定。這兩片又與大谷Ot. 8111、旅博LM20-1506-C0734a爲同一寫本。

參：中村集成下，100-101頁；包曉悦2015a, 44-45頁；包曉悦2015b, 135頁；游自勇2017, 154-155頁。

（前缺）

1 言，精進

2 則攜契

3 影，則神□

4 九陰，福生

5 文，洿之不

6 然也。應□

7 明。大道

（後缺）

老子道德經序訣

Mannerheim MS. 30－3

存12行，文字相當於敦煌本S. 75的第26至38行，唯本件「民」字避諱爲「人」，當爲唐初寫本。亦可參道藏第13册道德真經集注卷一序，1頁下欄。芬蘭探險家馬達漢藏品。本件可與旅博LM20-1522-09-16、LM20-1509-C1582e綴合，又與LM20-1520-27-14爲同一寫本。

參：王卡1983，116頁；西脇常記2016，191頁，圖17；游自勇2017，155-157頁。

（前缺）

1 □窮，常者也，故□

2 □由人，斯文尊妙，可□

3 □道者寶之焉。

4 □莫知其姓名也。漢孝文皇帝時結□

5 □河之濱，常讀老子道德經，文帝好□

6 □，詔命諸王公大臣州牧二千石朝□

7 □令誦之。有所不解數句，時天下莫能□

8 通者，聞侍郎說河上公誦老子，乃遣詔使□

9 所不了義問之。公曰：道尊德□
10 文帝即駕從詣之。帝曰：□
11 率土之濱，莫非王臣。域□
12 □道，猶朕人也□
（後缺）

老子道德經序訣

SH.174-5-78

存4行。楷書。裱於北涼寫經殘紙册（五），前人未定名，實爲老子道德經序訣，文字相當於敦煌本P.2370的第39至42行。亦可參道藏第13册道德真經集注卷一序，2頁中欄。

參：王卡1983，116頁；中村集成下，111頁；郜同麟2016，47頁；游自勇2017，154-155頁。

（前缺）
1 □此文道之□
2 □必昇仙。尤□
3 □靈寶法矣。□
4 □應仙□
（後缺）

老子道德經

SH.174-3-2

存9行，下部殘斷，楷書，有烏絲欄，抄寫精美，應當是唐代寫本。裱入六朝經殘紙册（三）中，吐峪溝出土，爲王樹枏舊藏。

參：中村不折 1927，下，28頁；中村集成下，102頁；包曉悦 2015a, 45-46頁；包曉悦 2015b, 140頁；游自勇 2017, 140-141頁。

（前缺）

1 含德之厚，比於赤子。毒蟲不□

2 搏。骨弱筋柔而握固。未知牝□

3 精之至。終日號而不嗄，和之□

4 □明，益生曰詳，心使氣曰彊。物□

5 道，非道早已。

6 知者不言，言者不知。塞其兊□

7 解其忿，和其光，同其塵，是謂□

8 親，不可得疏，不可得利，不可□

9 不可得賤，故爲天下貴。

（後缺）

道德經河上公注

高昌殘影 237 號

共 11 片，高昌殘影比定出了 5 片，其中有 2 片可以綴合，編爲（一）~（四）。（一）14×12.6cm，四邊均殘，存 8 行。楷書，有烏絲欄，大字正文，雙行小注。相當於道藏第 12 册道德真經注卷二象元第二五河上公章句，7 頁下欄至 8 頁上欄；（二）部分相當於道藏第 12 册道德真經注卷二虚無第二三河上公章句，7 頁上欄至中欄；（三）相當於道藏第 12 册道德真經注卷一成象第六河上公章句，2 頁中欄；（四）相當於道藏第 12 册道德真經注卷二益謙第二二河上公章句，7 頁上欄。注文部分略有差異。

參：高昌殘影，圖版 XLIV；榮新江 1999，138 頁；藤枝晃 2005，139-140 頁。

（一）

（前缺）

1 □不知其名，字□

2 □之。見萬物 □曰道。 强爲之名曰□

3 □無上，羅 □曰大。 大曰逝，其爲大，非若 天，常在上；非

4 □逝曰遠，言遠者窮於無窮，布 氣天地，無所不通

5 □絕，乃□身。故道大，天大，地

6 □所不容。天大者，無不蓋。□載。王亦大者，無不制。域中有

7 □八極之內有此□四大，王居其一。人法地，人當〔法〕地，

8 □穀，掘之□地法天，天湛泊□

（後缺）

（二）

（前缺）

1 □然。希□者，自然□

2 □終日。飄風，疾風□不能長，□

（後缺）

（三）

（前缺）

1 □谷神不死，□

（後缺）

（四）

（前缺）

1 曲從

（後缺）

莊子齊物論疏

成玄英撰

Ch 773v（T II 1510）

尺寸爲 9.5×13.8cm，存 9 行。字在行楷之間，頗佳，文字方向與正面倒置，有烏絲欄。文字相當於道藏第 16 册南華真經注疏（郭象注、成玄英疏）卷二，293 頁上欄。中華道藏第 13 册，98 頁上欄至中欄。與傳世本文字略有差異。正面爲解夢書。

參：榮新江 1998b，315 頁；西脇常記 1999，50-51，64 頁，圖 5；Nishiwaki 2001，129；西脇常記 2002，116-118 頁，圖 34。

（前缺）

1 受形情，各有崖量，不

2 不中塗亡失，適可守其

3 如馳，而莫之能止，不亦悲

4 既有逆有順，心便執

5 量格理物，深可悲傷。

6 競，知足者稀，故得此不休，復

7 風，功成何日。　茶然疲

8 而所好情篤，勞役心

9 其意謂，亦不知歸

（後缺）

太玄真一本際經卷三

E28/15d（n269r, T II B 66 No. 18）

存 8 行，文字相當於敦煌本 P. 2795 第 131 至 139 行，亦可參葉貴良敦煌太玄真一本際經輯校第 95, 100 頁。

參：葉貴良 2010, 95, 100 頁；Sims-Williams 2012, 136；陳懷宇 2014a, 298-299 頁；陳懷宇 2014b, 290-299, 310-311 頁。

（前缺）

1 一乘道。既

2 思惟，洞解玄妙，通達

3 分析觀察，知世俗相，皆

4 愛染心，斷滅煩惱，到

5 清浄，自在無礙，

6 身，而以一形，周遍

7 非心離心，亦非

8 圓通眼，照道

（後缺）

太玄真一本際經卷八

Ch 243（T III T 514）+ Ch 286（T II 1178）

存兩殘片，尺寸分别爲 8.5×10.8cm、13.8×11.7cm，可以直接綴合（圖三），共存 8 行。楷書精寫，有烏絲欄。文字相當於敦煌本 P.3674 太玄真一本際經卷八的 62 至 69 行，見大淵忍爾敦煌道經圖録編，339 頁上欄。中華道藏第 5 册，253 頁上欄 19 行至中欄 5 行。吐峪溝遺址出土。

參：榮新江 1998b，314 頁；西脇常記 1999，49，61 頁，圖 2；榮新江 1999a，138 頁；Nishiwaki 2001，130-131；西脇常記 2002，115-116 頁，圖 31-32；王卡 2004，207 頁。

（前缺）

1 「元始正身，

2 虛空相。云何乃問天尊

3 爲果，本无今有，有必還□
4 法。元始身者，非造作法，□
5 无始无終，无生无滅，□
6 因非果。」於是帝君□
7 請曰：「唯願道君勿入□
8 深非因果義。何以故？今□

（後缺）

失名道書

Ch 349v（T II T 2052）、Ch 1002r（T II T 1005）

Ch 349v 和 Ch1002r 爲某種佚名道經的刻本。前者尺寸爲 5×10.8cm，後者爲 21.9×11cm。有上下欄。前者 6 行，後者 12 行，一折頁刻 6 行文字，並有朱筆句讀。劉屹懷疑兩殘片不同屬於一種道書。吐峪溝遺址出土。

參：榮新江 1998b，314，315 頁；西脇常記 1999，49，62 頁（圖 3）；Nishiwaki 2001，132-133；西脇常記 2002，118-120 頁，圖 35-36；劉屹 2011，77-88 頁；劉屹 2015，311-328 頁。

（一）Ch 349v

（前缺）

1 □魔自

2 □身增

3 □ 如

4 □男子善

5 □籬牆

6 □掘諸（後缺）

（二）Ch 1002r

（上缺）

1 時司命、十二月建、遷移真神、駕乘黑

2 車黑馬將、黑從者，遷移速出宅外空閑

3 之地。諸神歡喜，受天尊教旨，頂禮而去。

4 中央闢神，

符

5 修造大吉。

6 天尊告地神内外、百官九府：遷移速出。

7 天道之方，令弟子興工修補，起造屋舍，

8 除故造新，改更竈焙，平治基土，填渠塞

9 穴，安置床座，門户井竈，碓磑倉庫，厠圈
10 欄櫪。若不禁固，有違干忤者，頭破作
11 七分，身不得完。諸神歡喜，受
12 天尊教旨，頂禮而去。

（後缺）

失名道教類書

Ch 353r(T III T 161)

尺寸爲 8.9×8.2cm，存 6 行。楷書精寫，有烏絲欄。本件前五行内容對應上清太極隱注玉經寶訣引太上玉經隱注有關道教法服的部分，文字略有不同（中華道藏第 4 册，86 頁上欄第 15 至 19 行）。釋文部分文字參洞玄靈寶道學科儀（中華道藏第 42 册，44 頁下欄第 18 至 23 行）。第 6 行的「經云」應是摘引道德經，故本件應爲某種佚名道教類書或洞玄靈寶部的科儀書。吐峪溝遺址出土。

參：小曾户洋 1996，644 頁；榮新江 1998b，314 頁。

（前缺）

1 ［　　］寶瓔珞，師［　　］
2 ［　　］兆勿慕世［　　］
3 ［　　］雖目下榮［　　］

4 □法帔而昇仙　昇仙□
5 □飛仙乘虚也。□
6 □經云：帔褐懷玉□
（後缺）

靈寶齋願文

静嘉堂文庫藏卷

前後缺，下部殘，有烏絲欄，3行。梁玉書（素文）舊藏，裱入六朝人寫經殘字册中，有後人題名「靈寶齋願文」。

參：榮新江 1996a, 184頁；劉屹 2000, 785頁；雷聞 2007b, 121頁。

（前缺）
1 帝修建靈□
2 慾祈恩請福，日夜□
3 經念誦，伏唯功德上□
（後缺）

七　摩尼教文獻

摩尼教惠明佈道書（Sermon of Light-Nous）

Ch 3138v（T III T 132），Ch 3218v（無原編號）

尺寸分别爲 12×5.7cm 和 20.3×4cm，各存 4 行、2 行，楷書，有烏絲欄。「民」字缺筆，唐寫本。因爲正面醫方折欄折在字上，説明摩尼教經典先於醫方書寫。Ch 3138 出土於吐峪溝遺址，Ch 3218v 原編號已佚，應和 Ch. 3138 出土於同一地點。

參：Yoshida 1997, 35-39；榮新江 1998b, 319 頁；Mikkelsen 2000, 21-22；Nishiwaki 2001, 135-136；Mikkelsen 2004, 213-220，圖 1-2，彩版 37-38 頁；王媛媛 2005, 54 頁；Kudara 2005, 116；王丁 2007, 43, 50 頁，圖 5-6。

（一）Ch 3138v

（前缺）

1　[即][扌][亻][令其]退散□

2　清净寄住客，性愧□□

3　如是，五種極大鬪□

4 人因此[憐]愍，誠[信]□□□

（後缺）

（二）Ch 3218v

（前缺）

1 □□憐愍設有怨憎，諸惡念起，當即摧伏

2 □□□退散已明性，想體還復清净寄

（後缺）

摩尼教下部讚

Ch 258（T II T 1319）

尺寸爲13.3×4.6cm，存一葉，正背書，各6行。紙葉高度與另一摩尼教文獻殘葉（Ch 174）相同，中間有折痕，折縫的上下各有一孔，似爲裝訂所用。折縫前爲五言詩，後爲七言詩，可見中間有缺葉。字極小，楷書，木筆所寫。背面爲同一文獻，折縫前爲七言詩，後爲五言詩。因紙面上有土，有些文字釋讀困難，背面尤甚。吐峪溝遺址出土。

參：Thilo 1991, 165-170，圖22-23；Sundermann 1991, 171-174；Sundermann 1996, 103-119；榮新江1997c, 542頁；榮新江1998b, 314頁；林悟殊1998, 48-49頁；Nishiwaki 2001, 134-135；Mikkelsen 2004, 213-220；張廣達2004, 358頁；王媛媛2005, 53-55頁；林悟殊2005, 127頁；王丁2007, 43, 50-51頁，圖1-2。

正面：

（前缺）

1 若食此菓者，而得獲常住。服此甘露味，心意常能福。

2 警覺於我等，與我作依止。扶策於我等，令我出生死。

3 稱楊慈父名，珎重廣大施。惟希於究竟，所願得如是。

（折痕）

4 □願慈悲受我請，与我離苦解脱門，令我速到常明界。

5 □□□業□大衆，過去未來現在者，各開清浄甘露口，

6 □□□音今□□，□夜今修此歡偈，幸聽□悉（？）如此説。

（後缺）

背面：

（前缺）

1 □　□智惠見（？）足（？）　□石十二時圓滿

2 □德　□□□□傳　大明使釋

3 一者無上光明王，二者智惠善小（妙）僧，三者常勝先意佛，

（折痕）

4 常救諸明性，離諸生死□。於諸山谷中，原野及砂磧。
5 江海及泉源，卉木兼苗實。四院及三災，水陸皆柚出。
6 有諸福德者，能知大威聖。法藏悉皆通，遍識諸身性。

（後缺）

摩尼教發願文

Ch 174（T II 1917）

尺寸爲13.4×8.1cm，黄麻紙，殘存一葉，形式頗似吐魯番出土伊朗語文獻之册頁。正背書，每頁6行字，分上下欄書寫，爲七言詩體。年代在九至十世紀西州回鶻時期。

參：Thilo 1991, 163-165頁，圖20-21；榮新江 1998b, 314頁；Nishiwaki 2001, 135；Mikkelsen 2004, 213-220；王媛媛 2005, 54頁；王丁 2007, 43, 50-51頁，圖3-4。

正面：

（前缺）

1 遂免地獄衆灾殃，遂免苦聚諸魔口。
2 大聖普聞聽我啓，大聖普現覯我身。
3 能救一切兼我救，能進一切兼我進。
4 □□□□無明檜，令我離此無明依。

5 □□□□□身縛，離斯貪魔心無記。
6 □□□□□□□，□性囚於五重院。

背面：

（前缺）

1 □□□□□□是，賢聖衆訶共不願。
2 □□□□□於牙，能沉一切清浄性。
3 □□□□得無厭，恒修惡業謗賢聖。
4 唯願時日數充足，得免輪迴生死海。
5 明門對我鎮恒開，暗户對我永常閉。
6 唯願速開解脱門，無數聖賢皆已出。

摩尼教文獻

Ch 1363r（T III 1058 Yar Choto）

尺寸爲9.1×5.8cm，存3行。黄麻紙，分上下欄書寫，欄寬1.8cm，僅存下欄，楷書。交河故城出土。

參：王丁2007，41-62頁，圖8。

（前缺）

1 [　　　]□□□□□
2 [　　　]□造新明界，其
3 [　　　]泉樹木花菓

（後缺）

八 佛教寫經題記

北涼神璽三年（399）道人寶賢寫賢劫千佛品經第十題記

安徽省博物館藏卷

尺寸不明，殘存文字兩行。出土地不明，據題記文字稱寫於高昌，當爲吐魯番寫本。

參：文物 1959-1，33頁；潘吉星 1979，174，180頁，圖1；池田温 1990，78頁；王素 1997，75頁；林世田、劉波 2009；楊榮春 2014a，76-77頁；王丁 2015，31-37頁；李燦 2015，141頁。

1 神璽三年太歲在亥正月廿日，道人寶賢於高昌寫此千

2 佛名，願使衆生禮敬奉侍，所生之處，歷奉千佛。

（後缺）

北涼神璽三年（399）張施寫正法華經卷十題記

MIK III 43（T I Chotscho, Ruine α）

寫經尺寸爲 11.9×75.7cm，全卷存 39行，題記 13行，隸書。高昌故城 α 寺遺址出土。

參：Härtel et al. 1986, 403；池田温 1990, 78頁；古寫本展，No. 3；饒宗頤 1992, 161-162頁；榮新江 1996b, 314-315頁；王素 1997, 75-76頁，No. 23；榮新江 1998b, 322頁；Drège 1999, 46-47頁；Nishiwaki 2001, 112-113；王素 2005, 18-19頁；毛秋瑾 2014, 82頁；楊榮春 2014a, 76-77頁。

1 魏（巍）隆大道，玄通無津。庨廓幽微，
2 脁覩叵聞。至人精感，⿰皀兆然發
3 真。三光俱盛，乾巛改新。□□
4 無際，含氣現民。顯矣世尊，
5 明德感神。
6 神璽三年七月十七日，張施於
7 冥安縣中寫訖，手拙，具
8 字而已，見者莫咲（笑）也。若
9 脱漏，望垂珊（刪）定。
10 三光馳像，機運迴
11 度。丈夫失計，志意
12 錯虞。一計不成，亦
13 爲百虞。

高昌郡時期衆度寫經題記

Ch 360r（T II D 286）

尺寸爲 6. 7×9cm，存 5 行。池田温疑寫於公元四世紀。高昌故城出土。

參：池田温 1990, 78-79 頁；王素 1997, 76 頁，No. 24；榮新江 1998b, 314 頁；Nishiwaki 2001, 113。

（前缺）

1 □（胡本二百一十首盧）

2 □十五日，度等卌餘□

3 □遍竟。

4 □衆度於高昌城北（？）□

（後缺）

北涼承玄二年（429）六月令狐岌寫妙法蓮華經方便品題記

SH.152-1

寫經尺寸爲 25. 5×68. 0cm，全卷存 33 行，有題記 1 行，隸書。原爲王樹枏所藏，有庚戌（1910）季春十一日王氏跋，稱此卷「宣統紀元，署鄯善知縣劉寶臣謨掘土峪溝古寺遺址，獲六朝以來殘經墨蹟，自中丞以下，分以相貽。星橋中丞、子丹學使磬其所得，悉以歸余」。又考「己巳爲宋元嘉六年（429），北魏神𪊨二年，北涼沮渠蒙遜之承玄二年也」。裱入北涼寫經殘卷（一）册子中。

參：訪古録卷一，葉9-10；中村不折1927，上，29頁圖；書苑6-9，6頁；小笠原宣秀1961b，12頁；池田温1990，83-84頁，圖9；王素1997，92-93頁；中村集成下，4頁；余欣2010a，102頁；余欣2012，170頁；朱玉麒2012a，77頁；包曉悦2015b，108頁。

1 歲在己巳六月十二日，令狐岌爲賢者董畢狗寫訖校定。

北涼緣禾三年（434）比丘法融寫大方等无想大雲經卷六題記

Φ.320

寫經尺寸爲53.5×27cm，首殘尾全，存20行，有欄，題記存三行。

參：姜伯勤1980，40-41頁；關尾史郎1985，1-11頁；白須净真1986，77-78頁；池田温1990，84頁；俄藏5，168頁；府憲展1996，89頁；王素1997，98-99頁；孟列夫1999b，204-205頁，圖1；關尾史郎2001，41頁；楊榮春2014b，35-36頁。

1 緣禾三年歲次甲戌九月五日，於田地城北劉居祠，寫此尊〔經〕，願持此功德，
2 施与一切衆生，皆得總持，超入法城，獲无生忍，成无上道。
3 比丘法融所供養經，書拙，字具而已。

大涼承平七年（449）涼王大且渠安周供養持世第一題記

SH.161-6

尺寸爲 24.6×21.8cm，前缺，下部微缺，有絲欄，存 3 行。王樹枏舊藏，有宣統庚戌（1910）二月王氏跋語，稱「此卷爲署鄯善知縣劉寶臣所贈」；又有詩云：「宣統初元歲己酉，劉侯貽我涼王經。」是此卷出土於 1909 年以前。

參：訪古録卷一，葉 20-22；中村不折 1927，上，28 頁圖；羅福萇 1923，24 頁；書苑 6-9，圖版 11；大谷勝真 1936a，39 頁；大谷勝真 1936b，219 頁；小笠原宣秀 1961b，13 頁；小笠原宣秀、小田義久 1980，94 頁。唐長孺 1983b，189-190 頁；池田温 1985，107 頁；池田温 1990，86 頁，圖 11；中村集成下，43 頁；劉安志 2006，205-206 頁；毛秋瑾 2008，63-65 頁；朱玉麒 2012a，96 頁；劉安志 2014，53-54 頁；毛秋瑾 2014，35-37，206 頁；包曉悅 2015b，116 頁。

1 歲在己丑，涼王大且渠安周所供養經。

（中空兩行）

2 吴客丹揚郡張烋祖寫

3 用紙廿六枚。

大涼承平十三年（455）涼王大且渠安周寫十住論第七題記

SH.152-16

寫經尺寸爲 26.0×28.6cm，前、下殘缺，有絲欄，題記 3 行。本件缺紀年，王素訂於承平十三年前，從之。原爲王樹枏舊藏，裱入北涼寫經殘卷（一）册子中。

參：中村不折 1927，上，31 頁圖；書苑 6-9，卷頭圖版 17，9 頁；大谷勝真 1936b，217 頁；小笠原宣秀、小田義久

1980，94頁；池田温 1985，107頁；池田温 1990，87-88頁，圖 13；柳洪亮 1995，44頁；王素 1997，131頁；中村集成下，7頁；毛秋瑾 2008，63-65頁；毛秋瑾 2014，35-37頁；包曉悦 2015b，109頁。

1 涼王大且渠安周所寫□

2 願一切衆生深解實相，悟无生忍。

3 用紙廿三張。

大涼承平十三年（455）涼王大且渠安周供養佛華嚴經題記

SH.013

寫經尺寸爲26.7×51.4cm，有絲欄，存22行，末2行爲題記。本件亦缺紀年，年代見上件。有王樹枏跋。

參：中村不折 1927，上，31頁；書苑 6-9，卷頭圖版 16，7頁；小笠原宣秀、小田義久 1980，94頁；池田温 1985，107-108頁；柳洪亮 1995，44頁；池田温 1990，88頁，圖 14；王素 1997，131頁；中村集成上，61頁；毛秋瑾 2008，63-65頁；朱玉麒 2012a，97頁；毛秋瑾 2014，36-37頁；包曉悦 2015b，101頁。

1 涼王大且渠安周所供養經。

2 廿紙。

大涼承平十五年（457）大涼王大且渠安周供養佛説菩薩藏經第一題記

SH.009

寫經尺寸爲25.6×116.3cm，有絲欄，存60行，題記7行（圖一）。舊題「吐魯番三堡出土」，後有王樹枏跋語，稱「此卷爲湘鄉陳鎔皆阜鈞客吐魯番曾炳熿幕時所得。庚戌（1910）十月持以貽余」。又有庚戌除日趙惟熙跋。

參：訪古録卷一，22-23頁；羅福萇1923，14頁；中村不折1927，上，29-30；藝林旬刊6，1928年第1版；書苑6-9，卷頭圖版14；大谷勝真1936a，39頁；小笠原宣秀1961b，13頁；小笠原宣秀、小田義久1980，94頁；池田温1985，107頁；池田温1990，87頁，圖12；中村集成上，48-49頁；毛秋瑾2008，63-65頁；朱玉麒2012a，82-83頁；崔中慧2013，353-357頁；毛秋瑾2014，35-37，193頁；包曉悦2015b，100頁。

1 佛說菩薩藏經第一　一校竟。

（中空一行）

2 大涼王大且渠安周所供養經

3 承平十五年歲在丁酉。

4 書吏臣樊海寫。

5 法師　第一校。

6 法師　第一校。

7 祠主道□

大涼承平年間（443-460）法静供養某經題記

SH.174-1-95

存1行。本件無紀年，内稱「涼都」，或指大涼都城高昌，應爲大涼寫經題記。原爲王樹枏舊藏，裱入北涼寫經殘字册（一）中。

參：中村不折 1927，上，32頁；書苑 6-7 圖版，3頁；池田温 1990，99頁；王素 1997，133頁；中村集成下，98頁；包曉悦 2015b，131頁。

1　涼都法静所供養。

大涼相華供養金光明經卷四題記

SH.155-1

寫經尺寸爲 26.5×178cm。本件缺紀年，池田温認爲大約在五世紀。舊題「吐魯番出土」，原爲王樹枏舊藏，裱入北涼寫經殘卷（六）册子中。

參：中村不折 1927，上，36-37頁；書苑 6-9 圖，5頁；池田温 1990，96頁；中村集成下，19頁；柴劍虹、薩仁高娃 2008，104頁。

1　相華所供養經。

闞氏高昌甘露元年（460）三月寫譬喻經卷三題記

SH.003

寫經尺寸爲 24×240.2cm，由七紙粘貼，首部斷裂，隸書，題記存2行。本件出土地點不明，學者多認爲文書中

「酒泉城」爲涼州酒泉城，「甘露元年」爲前秦年號（359）。吴震、王素據吐峪溝所出甘露二年正月沙門静志寫維摩經義記殘卷，認爲此酒泉城在高昌，「甘露」屬高昌年號，因而本件應出自吐魯番。按杏雨書屋編敦煌秘笈影片册一所刊静志寫經圖版，寫經末有「净土寺藏經」印，爲敦煌佛寺藏經，所謂吐峪溝出土或係誤傳。不過吐魯番亦有酒泉城，甘露元年寫經不必據静志寫經也可以推測來自吐魯番。關於年號歸屬，吴震認爲是闞伯周年號，建元年份爲 460 年；王素則認爲是麴光年號，甘露元年爲 526 年。今取吴説。

參：中村不折 1927，上，22-24 頁，23 頁圖；羅振玉 1933，寫經題記，95 頁；書苑 6-9，4 頁；池田温 1990，76 頁，圖 2；吴震 1995，17-27 頁；王素 1996b，244-252 頁；暨遠志 2003，279 頁；中村集成上，25 頁；毛秋瑾 2014，228-229 頁；陳國燦 2015，38 頁；包晓悦 2015b，99 頁。

1 甘露元年三月十七日於酒泉城内齋叢中寫訖。此月上旬，漢人及

2 雜類被誅向二百人。願蒙解脱，生々信敬三寶，无有退轉。

3 惟大聖之難遭，念至教實叵值。々之不懇惻，來

4 世何所冀，々感觉私慈，察徹知所忌。

（中空數行）

5 一校□□定寫訖。因記作數言，畢思其旨。

闞氏高昌永康五年（470）比丘德願寫妙法蓮華經卷十題記

SH.010

寫經尺寸爲 18.4×38.3cm，下部斷殘，存經文 14 行，題記 6 行。梁玉書（素文）舊藏，後有王樹枏跋稱：「宣統辛亥（1911）三月三日，素文先生出此卷相示。」

參：訪古録卷一，23 頁；白須浄真 1981, 158, 163 頁；池田温 1990, 88-89 頁；王素 1997, 135 頁；中村集成上，50-51 頁；朱玉麒 2012a, 88-89 頁；包曉悦 2015b, 100 頁。

1　　釋比丘德願。
2　妙法蓮華經卷第十
3　永康五年歲在庚戌七月□
4　常住三寶，媚宿緣尠薄□
5　染累纏結，遊浪三有。罔□□
6　形浮幻，命也難保。謹竭塵表之□
7　此躬已遍事諸佛，与陁羅尼善□
8　滯飲定水，以去亂想，使慶鍾□
（餘白）

闞氏高昌左祖興等發願文

SI-3119/1＋SI-3119/2

尺寸和行數分别爲 24×38cm，存 12 行；23.2×28.1cm，存 10 行。闞氏高昌國時期寫本。左祖興、蓴子興又見

1997年吐魯番洋海1號墓出土闞氏高昌永康年間（466-485）供物、差役帳（榮新江、李肖、孟憲實主編新獲吐魯番出土文獻，中華書局，2008年，129-145頁）。

參：京都國立博物館2009，90-91頁；Akao Eikei 2012，51-57頁；榮新江2013b，575-576頁；裴成國2019，542-551頁。

1 夫佛道虛凝，妙存化表。
2 因通塞之運，則有隱顯
3 之殊。顯則法輪振朗，嘿則
4 滅迹匿端，大誓動脩，光昧
5 俱益。是以雙樹之會，度者
6 若塵。清信士左祖興等，並
7 共生處末世，不覩佛興，故
8 共相合，率施立課，會讀
9 經道，月不廢加（功）。立限在
10 左，列名在右。以此功福，生々
11 所往嚴淨佛土，上生天上，
12 五事備足，下生世間，具以
13 報果。董身除欲，塵穢

14 永盡，登智慧臺，體菩
15 提樂。
（中空一行）
16 清信士左祖興　清信惠姜
17 清信士韓充宗　清信女明暉
18 清信士員樂孫　清信女□□
19 清信士劉虔子　清信女□[ ]
20 清信士蓴子興　清[ ]
21 清信士王法□　[ ]
22 清信士[ ]

南齊蕭道成供養妙法蓮華經卷七題記

Ch 422（T II T 2071）

寫經尺寸爲10.6×23cm，存經文5行，題記3行。學者推測其年代爲昇明元年（477）八、九月間。吐峪溝遺址出土。

參：KCBT I, 113, 205頁；圖11/13, 34/48；唐長孺1983b, 190-191頁；藤枝晃1987, 9頁；Drège 1989, 87；池田温1990, 91-92頁；王素1997, 136頁；榮新江1998b, 314頁；姚崇新1999, 55頁；Nishiwaki 2001, 113；馮培

紅、白雪 2011, 89 頁。

1 使持節、侍中、都督南徐□

2 騎大將軍、開府儀同□

3 郡開國公蕭道成，普□

南齊蕭道成供養某經題記

Ch 2521 + Ch 2836（均無原編號）

尺寸爲 13.7×11cm，存 2 行，有欄。學者推測其年代爲昇明元年（477）八、九月間。

參：KCBT I, 205-209 頁，圖 33；唐長孺 1983b, 191 頁；Drège 1989, 87 頁；池田温 1990, 91-92 頁；王素 1997, 136 頁；榮新江 1998b, 318 頁；姚崇新 1999, C55 頁；Nishiwaki 2001, 113-114；馮培紅、白雪 2011, 89 頁；毛秋瑾 2014, 53 頁。

1 使持節、侍中、都督南徐兗北徐〔兗青冀〕六州諸軍事、驃騎大將軍、

2 開府儀同三司、録尚書事、南徐州刺史、竟〔陵郡〕開國公蕭道成，普爲一切，敬造供養。

比丘僧壽供養菩薩善戒經題記

高昌殘影 102 號

寫經尺寸爲 28.5×30.5cm，存 18 行，有欄，楷書，題記存 2 行。池田温推測爲五世紀寫經。大阪四天王寺出口

常順藏吐魯番文獻，原爲德國吐魯番探險隊收集品。

參：高昌殘影，圖版II；池田温1990，97頁，No. 135；古寫本展，No. 18；藤枝晃2005，15頁。

1 一校竟

2 比丘僧壽所供養經

梁天監十一年（512）建安王蕭偉供養摩訶般若波羅蜜經卷一四題記

SH.014

寫經尺寸爲25.2×1179.4cm，由28紙粘貼，有絲欄，題記存5行。上殘，據「壬辰歲」及供養人名，推補爲天監十一年。有己未（1919）閏七月九日王樹枏跋稱：「此卷出吐魯番三堡中，即漢之高昌壁也。農人掘土得之，兒子禹敷郵寄京師。巨六先生見之，愛不釋手。僕以天下之物，應與天下人共之，況物聚於所好者耶？展玩數日，因爲跋而歸之。」

參：訪古録卷一，24-25頁；中村不折1927，中，3-4頁；書苑6-9，寫經21；池田温1990，102頁，圖34；吳震1995，26頁；王素1997，146頁；中村集成上，79頁；馮培紅、白雪2011，89頁；朱玉麒2012a，93頁；毛秋瑾2014，54-55頁；包曉悦2015b，101頁。

1 天監十一年］壬辰歲，使持節散騎常侍、都督江州諸軍事、鎮南將軍、開府儀同

2 三司、江州刺］史、建安王蕭偉，敬造衆經一千卷流通，願神徽鑒於六道，清猷

3 □。明靈聿輔，景福咸臻。深信堅明，大悲增上。照環中之奧理，得象

4 □情。捨身命財，護持正法，修菩提行，專向一乘。苞舉群生，導達形
5 □同寘實相，俱憩道場。

梁普通四年（523）四月正法無盡藏寫華嚴經卷二九題記

SH.023

寫經尺寸爲26.0×1042.9cm，由23紙粘貼，卷首缺損。舊題「吐魯番出土」。

參：中村不折1927，中，4頁；書苑6-9，寫經24；小笠原宣秀1961b，14頁；池田温1990，113頁；王素1997，146頁；中村集成上，137頁；馮培紅、白雪2011，89頁；毛秋瑾2014，208-209頁；包曉悅2015b，101頁。

1 梁普通四年太歲　卯四月，正法无盡藏寫。

梁大同元年（535）正月淳于□寫金剛般若波羅蜜經題記

SH.025

寫經尺寸爲26.4×82cm，有絲欄，存48行，題記4行，下部皆殘。王樹枏舊藏，有題籤「梁大同元年寫經殘卷，十四，出鄯善，晉卿珍藏」，庚戌（1910）臘八日王樹枏跋，又有庚戌歲除趙惟熙跋。

參：訪古録卷一，25頁；中村不折1927，中，5頁；書苑6-9，寫經26；唐長孺1983b，192-193頁；池田温1990，119頁，圖48；王素1997，148-149頁；中村集成上，142-143頁；馮培紅、白雪2011，89-90頁；朱玉麒2012a，87頁；包曉悅2015b，101頁；許雲和2015，56-60頁。

1 大同元年正月一日，散騎常侍淳于[　]
2 於芮芮，願造金剛波若經一百卷。令[　]
3 届梁朝，謹卒本誓。以斯功果，普施人[　]
4 境。

北周武成元年（559）比丘道全寫妙法蓮華經題記

SH.049

寫經尺寸爲 26.0×532.3cm，存 311 行，題記 3 行。

參：書苑 7-2，寫經 2-10；中田勇次郎 1970, 157-158 頁；池田温 1990, 129 頁，圖 54；中村集成上，271 頁。

1 武成元年十二月廿日，高昌丁谷窟比丘道全，咸（減）割身才（財），寫
2 法華一部。上爲七世師長父母，現及己身，下爲一切群生。
3 聞此經文者，普共成仏。

麴氏高昌延昌三十一年（591）二月十五日高昌王麴乾固寫仁王般若波羅蜜經卷上題記

Mannerheim MS. 22

與柏林舊藏吐魯番出土高昌王麴乾固寫經内容相同。

參：西脇常記 2011a, 25-26 頁；西脇常記 2016, 187-190 頁，圖 15。

延昌卅一年辛亥歲二月十五日，白衣弟子高昌□
感必應。是以三灾擾世，仰憑以獲安，九□
投誠般若者，則何以雪惡徵於將來，保□
諷誦者證涅槃之果。謶以斯慶，願時□
老，福算延遐，胤嗣安吉。又願七祖先□
（後缺）

麴氏高昌延昌三十一年（591）十二月十五日高昌王麴乾固寫仁王般若波羅蜜經卷上題記

德國舊藏吐魯番寫本

此卷不見現存柏林國家圖書館及東亞藝術博物館，當是二戰時亡佚或毀失，此據池田温轉録大谷勝真録文。

參：大谷勝真 1936a, 24-27頁；池田温 1990, 143-144頁，No. 311；王素 1997, 209頁；西脇常記 2009, 251-254頁；王旭送 2011, 45-46頁；閆廷亮 2012, 90-96頁；西脇常記 2011a, 26-28頁；趙青山 2013, 57-61頁。

延昌卅一年辛亥歲十二月十五日，白衣弟子高昌王麴乾固，稽首歸命常住三寶，和南一切諸大菩
薩。蓋聞覺道潛通，秉信可期，至理冥會，精感必應。是以三灾擾世，仰憑獲安，九横干
時，迴向而蒙泰。今國處邊荒，勢迫間攝，疫病既流，有增无損。若不歸依三寶，投誠
般若者，則何以雪惡徵於將來，保元吉於兹日哉。是以謹尋斯趣，警（敬）寫仁王經一百
五十部，冀受持者發无上之因，諷誦者證涅槃之果。謶以斯慶，願時和歲豐，

6 國彊民逸，寇横潛聲，灾疫輟竭。身及内外，疹患[實]除，還年卻老，福算延遐，胤嗣
7 安吉。又願七生先靈，考妣往識，濟蒙（愛）欲之何（河），果涅槃之岸。普及一切六道四生，齊會道
場，同證常樂。

麴氏高昌延昌三十一年（591）十二月十五日高昌王麴乾固寫仁王般若波羅蜜經卷上題記

Mannerheim MS. 63

柏林舊藏吐魯番出土高昌王麴乾固寫經内容相同。

參：榮新江 1996a, 151 頁；西脇常記 2009, 251-252 頁，圖 3；閆廷亮 2012, 91 頁；西脇常記 2011a, 25-26 頁；西脇常記 2016, 187-190 頁，圖 16。

1 延昌卅一年辛亥歲十二月十五日，白衣□
2 蓋聞覺道潛通，秉信可期，至[理]□
3 蒙泰。今國處邊荒，勢迫間攝，疫病□
4 雪惡徵於將來，保元吉於茲日哉。是以謹尋斯[趣]，□
5 上之因，諷誦者證涅槃之果。謶以斯慶，願時和□
6 及内外，疹患實除，還年卻老，福算延遐，[胤]□
7 果涅槃之岸。普及一切六道四生，齊會道□

麴氏高昌延昌三十七年（597）十月十六日高昌王寫金光明經卷三題記

Ch 1891（T II T 1008）

寫經尺寸爲15×37.5cm，存20行，題記7行。爲高昌王麴乾固寫經題記。吐峪溝遺址出土。

參：KCBT I, 153頁，圖24/28；池田温1990, 151頁；王素1997, 217頁；榮新江1998b, 317頁；姚崇新1999, 62頁；Nishiwaki 2001, 114；余欣2010a, 103頁；閆廷亮2012, 92頁；余欣2012, 173-174頁；彭傑2015, 70頁。

延昌卅七丁巳歲十月十六日，使持節大將軍大□
希近時羅栘跋弥磑伊和（利）地屠廬悌隨□
稽首歸命常住三寶。蓋聞万行殊修，功□
善，綿故留芳。纖芥之惡，嬰於果（累）劫，故仰尋□
明有部，異（冀）受持者拔六趣之屋，誠誦者除三□
部護持，國作（祚）永除（隆），蕃維〔□〕茂。七祖先靈，内外□
身康彊，四大寧吉，時和歲豐，□

麴氏高昌王麴乾固寫仁王般若波羅蜜經題記

Ch 271（T II 2067）

尺寸爲11.9×11.4cm，存7行。現存文字與已佚柏林藏麴氏高昌延昌三十一年（591）十二月高昌王麴乾固寫仁王般若波羅蜜經卷上題記文字相同，當同爲高昌王麴乾固寫仁王經題記。

參：榮新江 1998b，314 頁；Nishiwaki 2001，115，圖 24；西脇常記 2009，249-250 頁；西脇常記 2011a，24-25 頁。

（前缺）

1 ……□□□……

2 ……稽首歸命常住三寶，和南一[切]諸大薩菩（菩薩）

3 ……灾擾世，仰憑以獲安吉。九横干時，迴向而

4 ……□无損。若有歸依三寶，投誠般若者，則以何

5 ……[仁]王經一百五十部，冀受持者發无

6 ……[國]彊民逸，寇横潛聲，灾疫輟竭。身

7 ……安吉。又願七祖先靈，考妣往識，濟受（愛）欲之何（河），

8 ……[證]常樂。

麴氏高昌麴建暈寫楞伽經題記

Ch 1192（T II 1513）

尺寸爲 17.8×13.9cm，存 5 行，隸書，極整潔。此當爲麴氏高昌時期寫經題記。

參：池田温 1990，163 頁；王素 1997，221 頁；榮新江 1998b，316 頁；Nishiwaki 2001，114-115，圖 23。

1 蓋聞積財靈府，終獲如意之寶；寄飯神鉢，必蒙□
2 威將軍領宿衛事麴建暈，仰感誠言，誓心弥陁，□
3 伽經一部。即請僧轉讀、校定已訖，讀誦習者獲无□
4 證彼岸之果。冀已斯福，又願七世先靈，考妣往魄，□
5 法忍。又願弟子捨身受身，受持正法，廣利衆生。

隋仁壽二年（602）寫金剛般若波羅蜜經論卷中題記

MIK III 114(T)

寫經尺寸爲 26.2×34.5cm，存 5 行，楷書精寫，有烏絲欄。原卷兩頭的木軸均在，但寫本僅存尾部。尾題後隔行寫隋仁壽二年（604）題記（圖二一）。

參：榮新江 1996b，315 頁；榮新江 1998b，322 頁；Nishiwaki 2001，117，圖 25。

1 大隋仁壽二年太歲壬戌四月八日，捻相弟子獎
2 率善緣，共造修多羅藏，到四年甲子之歲，
3 始得成就。以茲福善，莊嚴國家，〔□〕歷無疆，洪
4 基永固。上至有頂，下及無間，六道四生，普入願
5 海。

（中空一行）

6 第一藏經

麴氏高昌延和八年（609）廣昌公主元臺寫摩訶般若波羅蜜經卷二題記

SH.012

寫經尺寸爲26.9×519.7cm，卷首破損，由十三紙粘貼，存244行，題記6行，隸書，有絲欄。

參：小笠原宣秀1961b，17頁；王素1997，237頁；池田温2004，5-37頁；中村集成上，59頁；余欣2010a，103頁；包曉悦2015b，101頁。

1 延和八年己巳歲正月九日，白衣弟子廣昌公主元臺，稽首歸命常住三寶。盖
2 聞積財靈府，終獲如意之寶；寄飯神鉢，必蒙天廚之味。弟子仰感誠言，
3 誓心弥篤。故簡帋墨，敬寫八時般若經一部。即請僧轉讀、校定已訖，諷誦
4 習者獲无上之因，轉讀者證彼岸之果。冀以斯福，願七世先靈考妣往魄，普及法
5 界，超寤无生，獲深法忍。又願弟子捨身受身，護持正法，廣利衆生，高
6 栖常樂。

高昌義和五年（618）和伯姬寫妙法蓮華經卷六題記

上海圖書館021（812399）

寫經尺寸爲27.3×1006cm，題記存6行，烏絲欄，楷書，字體較一般寫經濃重端莊，爲精抄本。義和爲高昌王國

年號，故此寫經當自吐魯番出土。義和年間（614-619），高昌國曾發生政變，孟憲實、姚崇新曾推測此題記中的「夫人和氏伯姬」可能是當時取代麴氏而執掌高昌王權的政變首腦之妻。原卷各品題下，有朱書「和夫人經」，在已知寫經中比較少見，可見這位和夫人不同一般。

參：上海圖書館藏敦煌遺書目録，98頁；關尾史郎 1990a，6頁；池田温 1990，178頁；上圖 1，彩版 7，150頁；孟憲實、姚崇新 1996，165-166頁；王素 1997，250頁；榮新江 2004b，323-324頁。

1 妙法蓮花經卷第六　　陰抄
2 義和五年戊寅歲十月十一日，清信女夫人和氏伯姬，稽首歸命
3 常住三寶。聞一諦幽昧，顯自九經之文；三空淵旨，彰於十二之説。
5 弟子仰惟斯趣，敬寫法華經一部。冀金教永傳於千載；玉
6 響不朽於万祀。謶以斯福，仰願國祚永隆，本枝万葉。願
7 過去先靈，面聖湌（餐）音；現在親因緣眷屬，恒履休
7 和，未來見佛。普共有識，同霑斯潤。

麴氏高昌延壽四年（627）九月抄仁王般若波羅蜜經卷上題記

高昌殘影 133 號

寫經尺寸爲 19.3×46.2cm，存 15 行，題記 4 行。前、上缺，有烏絲欄，楷書。經文尾鈐「奏聞奉信」朱印。大阪四天王寺出口常順藏吐魯番文獻，原爲德國吐魯番探險隊收集品。

參：高昌殘影，圖版 XXIV－XXV；池田温 1990, 181 頁；古寫本展，No. 26；關尾史郎 1990b, 1-4、5-8 頁；關尾史郎 1991, 6 頁；王素 1997, 280 頁；藤枝晃 2005, 64-65 頁。

高昌國人寫添品妙法蓮華經卷四至六題記

1 延壽四年丁亥歲九月二日，
2 經生令狐善歡抄，用
3 紙十九張。崇福寺
4 法師玄覺覆校。

Ch 5501(T III Y 1000)

寫經尺寸爲 25.2×549cm，存 312 行，高昌國寫經。尾題存三行。交河故城出土。

參：KCBT I, 125 頁，圖 12/14；池田温 1990, 158, 250 頁，No. 377, 692；Nishiwaki 2001, 119。

1 妙法蓮華經卷第六　　一校竟
2 釋比丘法幢讀誦流通。
3 清信士左雙德所寫供養經。

高昌國暈臺寫請觀世音菩薩消伏毒害陀羅尼經題記

Ch 5545(T II T 1216)

寫經尺寸爲 27×383.5cm，共 199 行，高昌國人寫經。題記存 4 行。吐峪溝遺址出土。

參：KCBT I, 165 頁，圖 25/32；池田温 1990, 255 頁，No. 722；榮新江 1998b, 321 頁；Nishiwaki 2001, 119。

1 盖聞夫真妙果，大士投巖，思聞半偈之指（旨）。今正信
2 佛弟子倩（清）信女暈臺，割咸（減）資財，敬寫消伏
3 毒經一卷。願讀誦者發无上之心，願法界衆生，
4 一時成佛。

唐顯慶元年（656）張歡伯寫妙法蓮華經卷一題記

Ch 1892（T II 1585）

尺寸爲 14.5×41.5cm，存 7 行，唐人正楷寫經，有界欄。按，張歡伯又見吐魯番阿斯塔那 42 號墓出土唐令狐鼠鼻等差科簿（？），時間爲貞觀二十一年至二十四年間，其中張士亮父歡伯年七十一。（吐魯番出土文書叁，112 頁）

參：KCBT I, 57 頁，圖 11/12；池田温 1990, 201 頁，No. 539；榮新江 1998b, 317 頁；Nishiwaki 2001, 117；陳國燦 2002b, 55 頁。

1 □□□□□響流三界。是以全法半唱，
2 □□□□□徒而入正，莫不皮紙骨筆，
3 □□□□□之願。白衣弟子張歡伯，

4 □啓六弊昏情，執八正而
5 □，敬寫法華經一部。願讀
6 □者知究竟之性。法界蒼生，
7 □成佛果。顯慶元年五月
8 □

唐龍朔二年（662）九月麴明倫寫妙法蓮華經題記

SI 4bKr. 71v（SI 4062）

寫本前殘，殘存尾題「華經卷第十」，後存題記 10 行。

參：荒川正晴 2000, 165-166 頁；梅村坦 2002，圖 IV；Tugusheva 2013, 238（圖）。

1 □□□門□子，必假三車；四衢適情，終希寶座。故知化城
2 接古，中路安神，草庵息疲，唯存一食。是以妙法詮旨，
3 權變難思，一乘運通，多途時惻。今有交河縣主薄（簿）
4 麴明倫，割捨資財，爲亡妣寫妙法蓮華經一部。若乃梵音
5 初轉於行間，法鼓振響於宇内。尋教則會悟无生，
6 入理乃捨凡成聖。莊潢既周，功歸施主。願亡婆託識
7 華臺之内，安神法喜之堂，飡八水而往上生，沐四聲

8 而超大劫。主薄（簿）即身，家内大小，元身之罪頓銷，一
9 形之福斯具。法界有形，一時成佛。
10 龍朔二年九月上旬寫訖。

唐西州高昌縣武城鄉人結社寫妙法蓮華經卷一題記

Ch 5509（T II T 1000）

寫經尺寸爲 22.9×89.2cm，存 46 行，題記 15 行，唐人寫經。吐峪溝遺址出土。本件題記無明確紀年，文欣據阿斯塔那 61 號墓所出文書相關人名互見情況，考其人均爲高昌縣武城鄉人，時間約在咸亨四年（673）之前。

參：KCBT I, 56 頁，圖 10/11；池田温 1990, 194 頁，No. 526；Nishiwaki 2001, 121-122；陳國燦 2002b, 89 頁；文欣 2007, 136 頁。

1 盖聞一乘妙理，法界傳通，十二部經，金口所演。況復
2 嶺真空之教，王舍滅罪之文，火宅方便之言，險
3 善權之説，莫不受持頂戴。即福利無邊，書
4 弘宣，還生万善。今有佛弟子比丘惠德、齊□
5 歡德、趙永伯、范守□、趙衆洛、范阿隆、趙願洛、宋客仁、□□
6 洛、趙延洛、張君信、索緒子、張憧信、范歷德、趙隆軌、王儁□
7 劉常洛、范慈隆、趙武隆、張豊洛、張定緒、張君德、范□□

范進住、趙隆子、竹根至、劉明伯、趙惡仁、范黑眼等，敬□□
往劫，重正法於此生，棄形命而不難，捨珎財而轉□
遂即人々割寶，各々抽珎，敬寫法華一部。其經□□
耳聞，消煩蕩穢，心念口誦，證寂滅樂。用斯□
願合社七祖魂靈，覲奉世雄；見在尊長，□
□危自身，福備家口。善兹小果，悟大真常。□
倍加福祐。外道歸正，龍鬼興慈，有識□
□□唅靈，俱霑聖道。

周長壽二年（693）譯佛説寶雨經卷二題記

MIK III 113(T II)

寫經尺寸爲26×631cm，首殘尾完，存311行。尾部下邊略殘，全卷已托裱。楷書精寫，有烏絲欄。尾題存30行，記該經爲大周長壽二年（693）九月三日在佛授記寺譯，後有譯場列位，文字與敦煌寫本S. 2278佛説寶雨經卷九和奈良東大寺聖語藏寫本寶雨經卷二題記基本相同。此本用武周新字，當是官頒之本。

參：古寫本展，No. 5；榮新江 1996b, 315頁；榮新江 1996c, 13頁；榮新江 1998b, 322頁；Drège 1999, 47-48；Nishiwaki 2001, 118；大西磨希子 2014, 74-74頁，圖4；大西磨希子 2015, 47-51, 54頁。

佛説寶雨經卷第二

大周長壽二年歲次癸巳九月丁亥朔三日己丑佛授記寺譯
大白馬寺大德沙門懷義監譯
南印度沙門達摩流支宣釋梵本
中印度王使沙門梵魔兼宣梵本
京濟法寺沙門戰陁譯　語
佛授記寺沙門慧智證譯語
佛授記寺沙門道昌證梵文
天宮寺沙門達摩難陁證梵文
大周東寺都維那清源縣開國公沙門處一筆受
佛授記寺都維那昌平縣開國公沙門德感筆受
佛授記寺沙門思玄綴文
長壽寺主沙門智瀲綴文
佛授記寺都維那贊皇縣開國公沙門知静證義
大周東寺都維那豫章縣開國公沙門惠儼證義
天宮寺上座沙門知道證義
大周東寺上座江陵縣開國公沙門法明證義
長壽寺上座沙門知機證義

18 大奉先寺上座當陽縣開國公沙門慧稜證義
19 佛授記寺沙門神英證義
20 佛授記寺主渤海縣開國公沙門行感證義
21 京西明寺沙門圓測證義
22 婆羅門僧般若證譯
23 婆羅門臣李無諂譯語
24 婆羅門臣度破具寫梵本
25 鴻州慶山縣人臣叱干智藏寫梵本
26 婆羅門臣迦葉烏擔寫梵本
27 婆羅門臣剎利烏臺寫梵本
28 專當典麟臺楷書令史臣徐元處
29 專當使文林郎守左衛翊二府兵曹參軍事傅守真

（餘白）

周久視元年（700）九月賈方素爲氾德達寫彌勒上生經題記

SH.072

尺寸爲24.3×266.1cm，隸書，有絲欄，全卷135行，存題記3行，有武周新字。按氾德達卒於久視元年九月十四日，廿二日入葬（侯燦、吴美琳吐魯番出土磚誌集注下，608-609頁），此經當爲其祈冥福所寫。後有庚戌（1910）季冬朔日王樹枏跋：「此卷出鄯善，劉寶臣得之貽余。」

參：訪古録卷二，16頁；中村不折 1927，下，4-5頁；書苑 7-2 圖版 33；小笠原宣秀、小田義久 1980, 105頁；池田温 1990, 248頁，圖 100；中村裕一 1991，圖版 8, 40頁；陳國燦 2002b, 154頁；中村集成中，29頁；朱玉麒 2012a, 85頁；包曉悦 2015b, 102頁。

1 久視元年九月十五日白衣弟子氾德達供養，

2 普照寺僧法浪校定，

3 交河縣龍泉鄉人賈方素抄。

周長安二年（702）六月宋知古寫妙法蓮華經卷二題記

SH.073

尺寸爲 25. 5×131. 4cm，存 60 行，題記 2 行。前部殘缺，有絲欄。用武周新字。後有宣統辛亥（1911）冬十月成本璞跋：「此卷出於敦煌石洞……宣統辛亥冬十月，素文先生大人命題。本璞書。」從題記提到天山府及其原爲梁玉書（素文）舊藏，所謂出敦煌石洞一說，恐難成立。

參：書苑 7-2 圖版 34；池田温 1990, 259頁，圖 101；陳國燦 2002b, 156-157頁；中村集成中，31頁；李方 2011, 404-405頁；程喜霖、陳習剛 2013, 121頁；包曉悦 2015b, 102-103頁。

1 大周長安二年歲次壬寅六月丁酉朔，天山府

2　右果毅男宋知古爲亡父敬寫法華經一部。

唐景龍三年（709）九月於大德静素邊寫經題記

SH.168-8

尺寸爲13.1×18.0cm，存8行，有烏絲欄。題記2行。下部殘斷。吐魯番三堡出土，梁玉書（素文）舊藏，裱入六朝及唐人墨跡（二十二）册子中。

參：中村集成下，61頁；包曉悦2015b，119頁。

1　景龍三年酉歲九月十八日□

2　大德静素師邊於未時□

（後缺）

唐麴敬□寫般若心經題記

高昌殘影221號

尺寸爲12×29.5cm，經文存4行，題記5行，下半殘缺。唐人寫經。

參：高昌殘影，圖版XXXVII；池田温1990，250頁，No. 690；古寫本展，No. 29；藤枝晃2005，116頁。

1　菩薩戒弟子麴敬□

2　理聖人弟子，今爲過亡□

3 資益過亡父母，魂歸［　］
4 又願現存上下福康千□［　］
5 之泰。法界離苦，僉歸［　］

唐穆石師抄經題記

Ch 133v（T II Y 17.4）

尺寸爲9.3×13.4cm，殘存半行字，字有欄，楷書，甚整嚴，唐人寫經。交河故城出土。

參：榮新江1998b，314頁；Nishiwaki 2001，125-126。

1 ［　］十七日穆石師抄

唐人寫菩薩瓔珞本業經卷下題記

Ch 895（T II T 1297）

尺寸爲12.3×12cm，共6行，唐人寫經，題記存2行。吐峪溝遺址出土。

參：KCBT I，178頁，圖27/36；池田温1990，253頁；榮新江1998b，315頁；Nishiwaki 2001，118。

1 ［　］嚮則教軌弥淪，典誥［　］
2 ［　］□□□既□［　］

（後缺）

唐人寫佛説灌頂七萬二千神王護比丘咒經卷一二題記

Ch 923（T II 1840）

尺寸爲 12×53.4cm，共 15 行，唐人寫經。題記存 4 行，殘存下半，楷書，有界欄，字寫出欄外。三、四行筆體與前不同。

參：KCBT I, 170 頁，圖 26/33；池田温 1990, 254 頁；榮新江 1998b, 315 頁；Nishiwaki 2001, 118-119。

（前缺）

1 □一十五張

2 □□左法柔供養

3 □倉生，闡楊正法，弘宣佛道。

4 □弟子沙門僧海達選茲

（後缺）

僧獻寫經尾題

Ch 983（T I α）

尺寸爲 12.7×19.6cm，存 5 行，楷書精寫，字體渾重，有烏絲欄。高昌故城 α 遺址出土。

參：榮新江 1998b, 315 頁；Nishiwaki 2001, 120。

（前缺）

□獻書。
僧拔初校，
僧儼重校。
掌藏彭城寺僧明 浄名寺僧達經始。
監藏彭城寺僧曜奉持。

（餘白）

寫佛名經題記

Ch 1765（T II T 3005）

尺寸爲12×7cm，存5行，有界欄，字在楷書隸書之間。吐峪溝遺址出土。

參：榮新江1998b, 317頁；Nishiwaki 2001, 115；余欣2010a, 100-101頁；余欣2012, 166頁。

（前缺）

夫光建聖容，必尅无□
子龍父母兄弟，命過□
五百佛名一卷，願斯□

4 愛五族所生之處，屬□

5 斯願壹時作，廣度□

（餘白）

寫經題記

Ch 2696（T II T 1446）

尺寸爲 12.4×6.8cm，存 3 行，吐峪溝遺址出土。

參：榮新江 1998b, 319 頁；Nishiwaki 2001, 115-116。

（前缺）

1 □七世父母□

2 宿命。願如來拔護，常在□

3 筆惡手拙，字具而已。惠。

寫經題記

SH.168-7

尺寸爲 12.5×5.6cm，存題記 1 行。吐魯番三堡出土，梁玉書（素文）舊藏，裱入六朝及唐人墨跡（二十二）册子中。

參：中村集成下，60 頁；包曉悦 2015b, 119 頁。

1 元年庚辰歲五月十一日傳□

洛京曆日王家彌勒下生經印板雕字題記

高昌殘影501號

尺寸爲16.2×10.6cm，存經文1行，題記4行，前、後、上缺，印本，有下框線。大阪四天王寺出口常順藏吐魯番文獻，原爲德國吐魯番探險隊收集品。

參：高昌殘影，圖版LXI；榮新江1997d, 12-13頁；藤枝晃2005, 238頁。

（前缺）

1 洛京朱家裝印

2 洛京曆日王家雕字記

3 □從悔奉爲亡妣，特印此經一百卷，伏□

4 □還往凈方，面禮弥陁，親□

（餘白）